TRICOLORE Total 3

CW01549345

Copymasters & Assessment

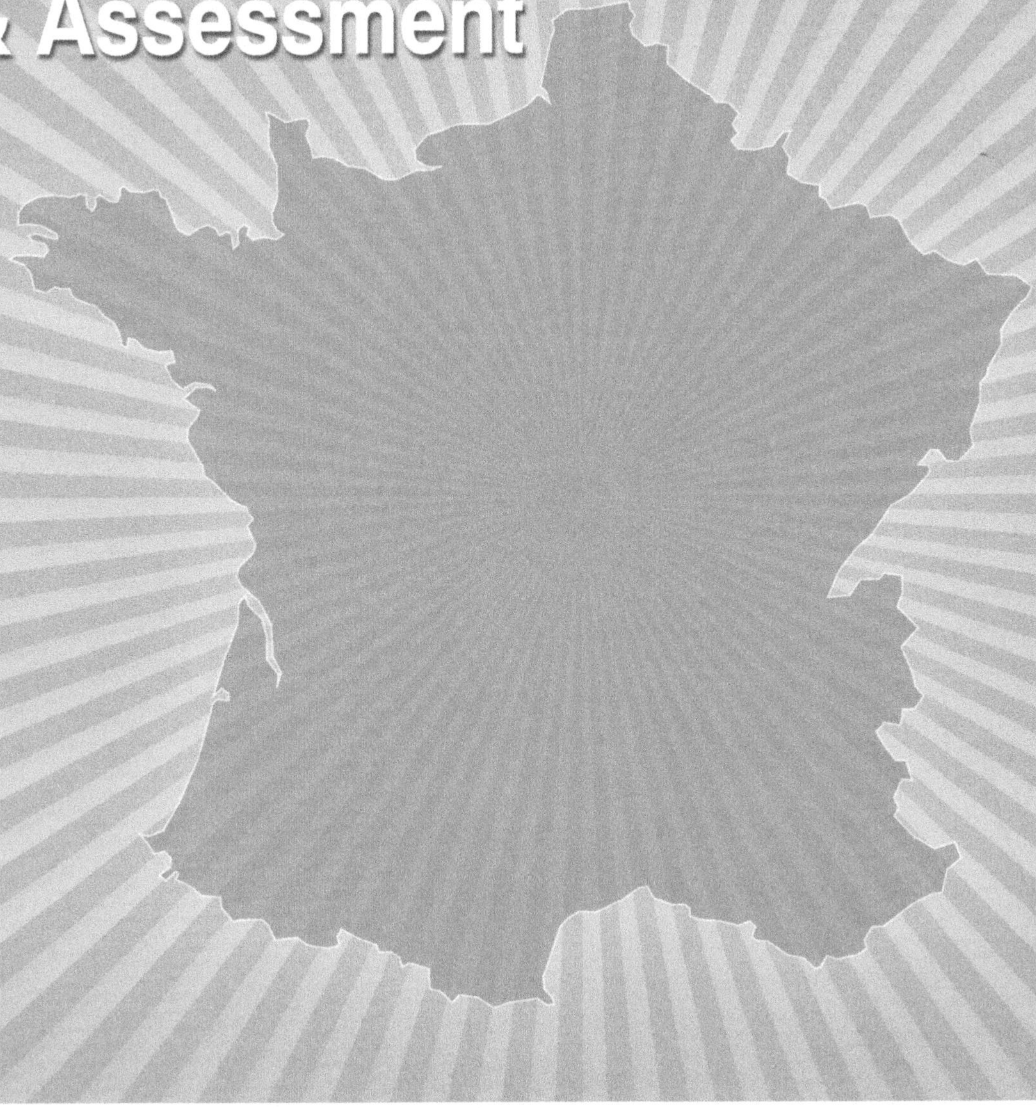

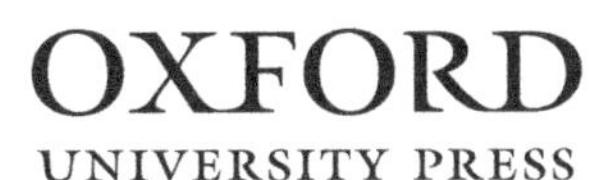

Heather Mascie-Taylor
Michael Spencer
Sylvia Honnor

OXFORD
UNIVERSITY PRESS

OXFORD
UNIVERSITY PRESS

Great Clarendon Street, Oxford, OX2 6DP, United Kingdom

Oxford University Press is a department of the University of Oxford. It furthers the University's objective of excellence in research, scholarship, and education by publishing worldwide. Oxford is a registered trade mark of Oxford University Press in the UK and in certain other countries

Text © Heather Mascie-Taylor, Michael Spencer and Sylvia Honnor 2011
Original illustrations © Oxford University Press 2014

The moral rights of the authors have been asserted

First published by Nelson Thornes Ltd in 2011
This edition published by Oxford University Press in 2014

All rights reserved. No part of this publication may be reproduced, stored in a retrieval system, or transmitted, in any form or by any means, without the prior permission in writing of Oxford University Press, or as expressly permitted by law, by licence or under terms agreed with the appropriate reprographics rights organization. Enquiries concerning reproduction outside the scope of the above should be sent to the Rights Department, Oxford University Press, at the address above.

You must not circulate this work in any other form and you must impose this same condition on any acquirer

British Library Cataloguing in Publication Data
Data available

978-1-4085-1516-7

5

Printed in Great Britain by Bell & Bain Ltd, Glasgow

Acknowledgements

p27 all Corel (NT); p53 Ex ©S. Greg Panosian/iStockphoto,1©Patrick Escudero/Hemis/Corbis, 2 ©Fotosearch/Photo Library, 3 ©Jean-Marc Truchet/Getty Images, 4 ©Rosine Mazin/Photo Library, 5 ©Mike McQueen/Photo Library; p139 Michael Spencer; p147 a ©Amriphoto/iStockphoto, b ©Sergiy Zavgorodny/iStockphoto, c ©Lya Cattel/iStockphoto, d David De Lossy/Getty Images, e ©Pascal Rondeau/Allsport/Getty Images, f ©Galina Burtseva/iStockphoto, g ©technotr/iStockphoto.

Although we have made every effort to trace and contact all copyright holders before publication this has not been possible in all cases. If notified, the publisher will rectify any errors or omissions at the earliest opportunity.

Links to third party websites are provided by Oxford in good faith and for information only. Oxford disclaims any responsibility for the materials contained in any third party website referenced in this work.

Table des matières

Table des matières

Tricolore Total 3 © Mascie-Taylor, Spencer, Honnor, Oxford University Press

Rubrics and instructions

Arrange … les mots correctement	*Arrange … the words correctly*
Change …	*Change …*
les mots en couleurs/soulignés	*the words in colour/underlined*
de partenaire	*partner*
de rôle	*roles*
Choisis …	*Choose …*
les bonnes phrases	*the right sentences*
la bonne réponse de la liste	*the right answer in the list*
les bons mots pour finir la phrase	*the right words to finish the sentence*
parmi les mots de la case	*from the words in the box*
Coche …	*Tick …*
la bonne phrase	*the right sentence*
la case	*the box*
Complète …	*Complete …*
avec la bonne forme du verbe	*with the correct part of the verb*
avec les mots de la case	*with the words in the box*
la grille	*the grid*
le tableau	*the table*
les phrases	*the sentences*
en français	*in French*
Corrige …	*Correct …*
les erreurs/les fautes	*the mistakes*
les phrases fausses	*the wrong sentences*
Décris …	*Describe …*
Dis …	*Say …*
pourquoi	*why*
Donne …	*Give …*
les renseignements	*the information*
des conseils	*some advice*
ton avis/opinion	*your opinion*
Écoute …	*Listen …*
la conversation	*to the conversation*
l'exemple	*to the example*
Écris …	*Write …*
le mot qui ne va pas avec les autres	*the word which doesn't go with the others*
une phrase	*a sentence*
la bonne lettre	*the right letter*
les numéros qui correspondent	*the numbers which correspond*
les détails	*the details*
une petite description	*a short description*
un article	*an article*
une lettre	*a letter*
une carte postale	*a postcard*
un e-mail	*an e-mail*
une réponse	*a reply*
dans le bon ordre	*in the correct order*
environ … mots	*about … words*
ton avis avec des raisons	*your opinion with reasons*
Entoure …	*Circle …*
Explique …	*Explain …*
comment	*how*
pourquoi	*why*
Fais correspondre …	*Match up …*
Fais …	*Write/Make up …*
une description	*a description*
une liste	*a list*
un résumé	*a summary*
Finis …	*Finish …*
les phrases	*the sentences*
Identifie …	*Identify …*
les phrases correctes	*the correct sentences*

Indique …	*Indicate …*
si les phrases sont vraies (V) ou fausses (F) ou pas mentionnées (PM)	*if the sentences are true or false or not mentioned.*
Lis …	*Read …*
l'histoire	*the story*
la lettre/le message	*the letter/the e-mail*
les phrases suivantes	*the following sentences*
le texte	*the text*
Mentionne …	*Mention …*
Mets …	*Put …*
les mots/les images dans le bon ordre	*the words/the pictures in the right order*
la bonne lettre dans la case	*the right letter in the box*
Note …	*Note …*
les différences	*the differences*
deux/trois détails	*two or three details*
les numéros qui correspondent	*the numbers which correspond*
Pose … des questions	*Ask … some questions*
Prépare …	*Prepare …*
un dépliant	*a leaflet*
Qui est-ce?	*Who is it?*
Qui dit quoi?	*Who says what?*
Raconte …	*Talk about …*
ce que tu as fait	*what you did*
les choses que tu as faites	*the things that you did*
tes impressions	*your impressions*
Regarde …	*Look at …*
cette publicité	*this advert*
les images	*the pictures*
la carte	*the map*
Remplis …	*Fill in …*
le tableau/la grille/les blancs	*the table/the grid/the blanks*
en français	*in French*
Réponds …	*Answer …*
à ce questionnaire	*this questionnaire*
à la lettre/au message	*the letter/the e-mail*
à toutes les questions	*all the questions*
Souligne …	*Underline …*
la bonne réponse	*the right answer*
Travaillez à deux	*Work in pairs*
Trouve …	*Find …*
la bonne réponse à chaque question	*the right answer to each question*
les erreurs	*the mistakes*
la phrase qui correspond à chaque image	*the sentence which goes with each picture*
le titre qui correspond à chaque texte	*the title which goes with each text*
Utilise …	*Use …*
les mots dans la case/ la liste ci-dessous	*the words in the box/ list below*
Vérifie …	*Check …*
les réponses	*the answers*
Vrai ou faux?	*True or false?*

D'autres expressions

À deux	*In pairs*
Trouve/Chasse à l'intrus	*Find the odd one out*
ci-dessous	*below*
Mots mêlés	*Word search*
Pour t'aider …	*To help you …*
Qu'est-ce que ça veut dire?	*What does that mean?*

English and French spelling patterns

Cognates and false friends
Many words are written in the same way and have the same meaning as English words, although they may be pronounced differently. Here are some common ones:
une invention, la police, le bus, une ambulance
Other words are only slightly different and can easily be guessed, e.g.
danser, le téléphone, l'âge, une difficulté
However, there are a few words which look as if they mean the same as in English, but don't, e.g. *des chips* (crisps). These are known as false friends (*les faux amis*).

The following table sets out the main patterns that occur in English and French spelling.

English	French
Word ends in **-a** propagand**a**	ends in **-e** *la propagand**e***
Word ends in **-al** individu**al**	ends in ***-el*** *individu**el***
Word ends in **-ar**, **-ary** popul**ar** summ**ary**	ends in ***-aire*** *popul**aire*** *le somm**aire***
Verb ends in **-ate** to calcul**ate**	ends in ***-er*** *calcul**er***
Word ends in **-c**, **-ck**, **-ch**, **-k**, **-cal** electroni**c** atta**ck** epo**ch** ris**k** physi**cal** (education)	ends in ***-que*** *électroni**que*** *une atta**que*** *une épo**que*** *un ris**que*** *(l'éducation) physi**que***
Word contains **d** (in) a**d**vance	***d*** omitted *(en) avance*
Word begins with **dis-** **dis**courage **dis**agreement	begins with **dé-** or **dés** ***dé**courager* *un **dés**accord*
Word ends in **-e** futur**e**	final **e** omitted *le futur*
Word has no final **-e** tent	word ends in **-e** *une tent**e***
Word ends in **-er** memb**er**	ends in **-e** or ***-re*** *un memb**re***
Word ends in **-ing** interest**ing**	ends in ***-ant*** *intéress**ant***
Present participles ending in **-ing** while watch**ing**	ends in ***-ant*** *en regard**ant***

English	French
Word includes **-oun-** pron**oun**ce	includes ***-on*** *pron**on**ce*
Word ends in **-our**, **-or**, **-er** (with) vig**our** radiat**or** football**er**	ends in ***-eur*** *(avec) vigu**eur*** *un radiat**eur*** *un footbal**leur***
Word ends in **-ous** enorm**ous** seri**ous**	ends in **-e** or **-eux** *énorm**e*** *séri**eux***
Word includes **-o-**, **-u-** g**o**vernment b**u**ddhist	includes ***-ou*** *le g**ou**vernement* *b**ou**ddhiste*
Word includes **s** intere**s**t ho**s**pital	includes circumflex accent *l'intér**ê**t* *l'h**ô**pital*
Word includes **s** **s**chool **s**pace	includes ***é*** or **es** *une **é**cole* *l'**es**pace*
Word includes **-u** f**u**nction	includes **-o** *une f**o**nction*
Word ends in **-ve** positi**ve**	ends in ***-f*** *positi**f***
Adverb ends in **-ly** normal**ly**	ends in ***-ment*** *normale**ment***
Word (noun) ends in **-y** quantit**y** entr**y**	ends in **-é**, **-ée**, **-e** *la quantit**é*** *l'entr**ée***
Word (noun) ends in **-y** comed**y** (political) part**y**	ends in **-ie**, ***-i*** *une coméd**ie*** *le part**i** (politique)*
Verb infinitive to arrive to confirm	adds **-r**, **-er** *arrive**r*** *confirm**er***

Tricolore Total 3 © Mascie-Taylor, Spencer, Honnor, Oxford University Press

G/3

Les sons français (1) 

1 Les voyelles

French spellings	Equivalent sound in English	Examples
a, **à**	**a** as in c**a**t	**a**mi, voil**à**, chev**a**l
â	**a** as in f**a**ther	**â**ge, b**â**timent

Écoute, répète et écris la bonne lettre.

1 ......, **2** ......, **3** ......, **4** ......, **5** ......, **6** ......

a âge **b** ananas **c** avons **d** bâtiment **e** lapin **f** pâtes

2 Les consonnes

French spellings	Equivalent sound in English	Examples
c (before a,o,u), **qu**, **k**	**c** as in **c**ar	é**c**ole, **c**ar, **qu**atorze, **k**ilo
ch	**sh** as in **sh**e	**ch**âteau, **ch**eval, fâ**ch**é

Écoute, répète et écris la bonne lettre.

1 ......, **2** ......, **3** ......, **4** ......, **5** ......, **6** ......

a carte **b** chaussette **c** fiche **d** contraire **e** kilomètre **f** quartier

3 Des phrases ridicules *Écoute, répète et complète les phrases.*

1 La dame va à la table du _ _ _ _ _ avec de la salade.

2 On vend des _ _ _ _ _ âgées dans le vieux bâtiment.

3 Le coiffeur consomme _ _ _ _ _ _ concombres quand il court sur le quai.

4 Les _ _ _ _ _ de Charlotte chantent chez Charles le charcutier.

4 Les voyelles

French spellings	Equivalent sound in English	Examples
-é, **-ée**, **-ez**, **-er** (at end of word, exceptions: ch**er**, hiv**er**), **-ied**, **-ef**, **-es**, **-et** (at end of word)	**a** as in d**a**y	**été**, employ**ée**, all**ez**, jou**er**, p**ied**, cl**ef**, l**es**, **et**
e (often in one-syllable words)	**e** as in th**e**	j**e**, m**e**, l**e**, pr**e**mier, s**e**maine
è, **ê**, **aî**, **ais**, **ert**	**e** as in th**ere**	fr**è**re, **ê**tre, ch**aî**ne, pal**ais**

Écoute, répète et écris la bonne lettre.

1 ......, **2** ......, **3** ......, **4** ......, **5** ......, **6** ......

a avez **b** ce **c** élève **d** mais **e** parler **f** prêter

5 Les consonnes

French spellings	Equivalent sound in English	Examples
g (before a, o, u)	**g** as in **g**ate	**g**arage, **g**orge, **g**uichet
g (before e, i, y); **j**	**s** as in trea**s**ure	**g**enou, **g**irafe, **j**ambe, pa**ge**
gn	**ni** as in o**ni**on	bai**gn**er, monta**gn**e

Écoute, répète et écris la bonne lettre.

1 ......, **2** ......, **3** ......, **4** ......, **5** ......, **6** ......

a étage **b** garçon **c** gentil **d** oignon **e** joli **f** magasin

6 Des phrases ridicules *Écoute, répète et complète les phrases.*

1 Pépé a laissé les _ _ _ _ _ du musée chez l'épicier.

2 Mon frère préfère les concerts d'_ _ _ _ _ au palais de la reine.

3 Le gentil général joue en _ _ _ _ avec une girafe géniale.

4 Des Espagnoles gagnent des _ _ _ _ _ _ _ magnifiques à la montagne.

7 Les voyelles

French spellings	Equivalent sound in English	Examples
i, **î**, **y** (alone or before some consonants – not m or n)	**ee** as in f**ee**t	**i**ci, **î**le, **i**l **y** a
i or **y** (before a vowel)	**y** as in **y**es	p**i**ano, **y**eux

Écoute, répète et écris la bonne lettre.

1 ......, **2** ......, **3** ......, **4** ......, **5** ......, **6** ......

a dîner **b** idée **c** milieu **d** lion **e** terrible **f** yaourt

Les sons français (2)

8 Les consonnes

French spellings	Equivalent sound in English	Examples
h is not pronounced	silent	**h**omme, **h**ockey, **h**ôtel
r	pronounced differently	**r**aisin, **r**ègle, ouv**rir**

Écoute, répète et écris la bonne lettre.

1 ......, **2** ......, **3** ......, **4** ......, **5** ......, **6** ......

a hamster **b** heureux **c** hôpital **d** régulièrement **e** rentrer **f** rue

9 Des phrases ridicules *Écoute, répète et complète les phrases.*

1 Il rit s'il y a des _ _ _ _ _ _ qui dînent au cybercafé sur l'île.

2 Heureusement, les huit héros du _ _ _ _ _ _ habitent un hôtel au Havre.

3 Richard, dans une rage, refuse de rendre le _ _ _ rouge.

10 Les voyelles

French spellings	Equivalent sound in English	Examples
o, **ô**, **au**, **eau**, **aux**	**o** as in c**o**pe	eur**o**, c**ô**té, **au**, **eau**, chev**aux**
o (before a pronounced consonant)	**o** as in h**o**t	p**o**rte, c**o**mme, p**o**ste

Écoute, répète et écris la bonne lettre.

1 ......, **2** ......, **3** ......, **4** ......, **5** ......, **6** ......

a animaux **b** beau **c** sorte **d** bientôt **e** frigo **f** rose

11 Les consonnes

French spellings	Equivalent sound in English	Examples
s (at beginning of word)	**s** as in **s**afe	**s**ouris
ss		boi**ss**on
c (before e, i), **ç**		**c**itron, **ç**a
sc, **ti** (in words ending in **-tion**)		**sc**iences, solu**ti**on

Écoute, répète et écris la bonne lettre.

1 ......, **2** ......, **3** ......, **4** ......, **5** ......, **6** ......

a essentiel **b** garçon **c** océan **d** pollution **e** saucisse **f** scène

12 Des phrases ridicules *Écoute, répète et complète les phrases.*

1 Allô! Le héros aux beaux chevaux est sur le dos dans l'_ _ _

2 En octobre, un orchestre a porté un objet _ _ _ _ _ _ dans le dortoir.

3 Ce garçon sert six _ _ _ _ _ saucissons sensationnels au centre de la station.

13 Les voyelles

French spellings	Equivalent sound in English	Examples
ou	**oo** as in c**oo**l	v**ou**s, r**ou**ge, t**ou**j**ou**rs
ou (before a or i), **oi**, **oy**	**w** as in **w**ag or **w**eep	**ou**i, **oi**seau, v**oi**là
u	no equivalent	nat**u**re, r**u**e, s**u**r

Écoute, répète et écris la bonne lettre.

1 ......, **2** ......, **3** ......, **4** ......, **5** ......, **6** ......

a bureau **b** genou **c** Louis **d** ouest **e** répondu **f** tu

14 Les consonnes

French spellings	Equivalent sound in English	Examples
t, **th**	**t** as in **t**ea	**t**ante, **th**éâ**t**re, **t**ourner, **t**élé

Écoute, répète et écris la bonne lettre.

1 ......, **2** ......, **3** ......, **4** ......, **5** ......, **6** ......

a tapis **b** tennis **c** thé **d** thon **e** tomate **f** tortue

Tricolore Total 3 © Mascie-Taylor, Spencer, Honnor, Oxford University Press

Les sons français (3)

15 Des phrases ridicules *Écoute, répète et complète les phrases.*

1 En août, tout le _ _ _ _ _ _ joue aux boules sur la pelouse à Toulouse.

2 Oui, tu dois envoyer au roi trois _ _ _ _ _ _ _ dans une boîte.

3 Dans la rue, Hercule a vu la _ _ _ _ _ _ d'une tortue.

4 En théorie, la tante de Thierry trouve du _ _ _ en Tunisie.

16 Les voyelles

French spellings	Equivalent sound in English	Examples
eu (exception: **eu** – past participle of **avoir**)	no equivalent	f**eu**, curi**eu**x, génér**eux**
eu, **eur**, **œur**	no equivalent	l**eur**, c**œur**, n**eu**f
ui	no equivalent	l**ui**, h**ui**t, c**ui**sine

Écoute, répète et écris la bonne lettre.

1 ......, **2** ......, **3** ......, **4** ......, **5** ......, **6** ......

a huile
b nuit
c peut
d sœur
e vendeur
f veux

17 Les consonnes

French spellings	Equivalent sound in English	Examples
x (before a vowel)	as **gs** in eg**gs**	e**x**amen, e**x**emple
x (before a consonant)	as **ks** in kic**ks**	e**x**cuser, e**x**pliquer
z, **s** (between two vowels)	**z** as in **z**oo	ga**z**, chai**s**e, cho**s**e

Écoute, répète et écris la bonne lettre.

1 ......, **2** ......, **3** ......, **4** ......, **5** ......, **6** ......

a fraise
b excellent
c raison
d exact
e explosion
f zèbre

18 Des phrases ridicules *Écoute, répète et complète les phrases.*

1 Mathieu, très heureux, a fait la queue pour le _ _ _ des œufs.

2 À neuf heures, leur _ _ _ _ _ curieuse veut pleurer avec eux.

3 Une nuit, _ _ _ _ cuisiniers comptent les cuillères avec lui.

4 Il écrit des exercices dans l'examen, puis s'_ _ _ _ _ _ et s'en va en excursion.

5 Zut, on a saisi seize _ _ _ _ _ _ _ et douze roses dans le zoo.

19 Les voyelles

When a vowel is followed by m or n, these letters are pronounced differently. These are called 'nasal vowels' and there are four of them.

Nasal vowel	Examples
-am, **-an**, **-em**, **-en**	c**am**ping, bl**an**c, **em**ploi
-on, **-om**	m**on**, m**on**tre, n**om**, n**om**bre
-im, **-in**, **-aim**, **-ain**	**im**per, **in**génieur, f**aim**, m**ain**
-um, **-un**	**un**, br**un**, parf**um**, l**un**di

Écoute, répète et écris la bonne lettre.

1 ...., **2** ...., **3** ...., **4** ...., **5** ...., **6** ...., **7** ...., **8** ....

a parfum
b ambition
c enfant
d enfin
e évidemment
f comptable
g impressionnant
h quelqu'un

20 Des phrases ridicules *Écoute, répète et complète les phrases.*

1 Cent enfants chantent au _ _ _ _ en même temps.

2 Le _ _ _ du cochon de mon oncle Léon est Melon.

3 Cinq trains importants apportent du _ _ _ _ au magasin.

4 Lundi, j'ai emprunté un manteau _ _ _ _ de quelqu'un à Verdun.

Preparing for tests (1)

Listening and reading

Using the title, pictures and questions

The title, pictures and questions can give you a clue to the subject matter. Note any names used.

Instructions

There may be a range of different tasks, e.g. questions in French/English, completing a grid, choosing the correct picture or word.

Read the instructions carefully to find out how to give your answer, e.g.

Coche la case qui correspond.	Tick the correct box.
Complète la grille.	Complete the grid.
Écoute et écris la bonne lettre.	Listen and write the correct letter.
Lis ce message.	Read the message.
Pour chaque phrase, écris Vrai ou faux.	For each sentence, write True or false.
Réponds aux questions.	Reply to the questions.
Trouve les paires.	Find the pairs.

Look at the mark scheme to work out how much information to give. For two marks, you usually need to give two details.

Coping with unknown vocabulary

Both in tests and in real life you will come across words which you do not understand. But you may find that you do not need to understand every word. Often the same thing is said again in a different way.

- Use your knowledge of English. Many French words are the same or similar and have the same meaning, e.g. *l'électricité, le gaz*. These are called cognates.
- But there are a few *faux amis* (false friends) which look the same as English but have a different meaning, e.g. *le car* (coach), *la veste* (jacket).
- Use the words that you know, e.g. if you know *vendre* (to sell), you could guess *un vendeur/une vendeuse* (sales assistant).
- Look out for prefixes (letters added to the beginning of words), e.g. *re-* adds the idea of 'again' or 'back': *commencer* (to begin), *recommencer* (to begin again); *in-* adds the idea of 'not': *utile* (useful), *inutile* (useless).
- Look out also for suffixes (letters at the end of a word), such as these:

French	English
-ment *(lentement)*	**-ly** (slowly)
-té *(une spécialité)*	**-y** (speciality)
-ie *(la biologie)*	**-y** (biology)
-eur/-euse *(un chanteur)*	**-er** (singer)
-ant *(intéressant)*	**-ing** (interesting)
-eux *(délicieux)*	**-ous** (delicious)
-que *(électronique)*	**-ic** (electronic)

- Check whether the word is: a noun – look out for *un, une, des, le, la, l', les*; or a verb – look out for the endings and tense.
- Look out for negatives such as *ne ... pas* (not); *ne ... plus* (no more, no longer).
- Does the context help? If the passage is about a hotel, could the unknown word refer to facilities at the hotel, e.g. *un ascenseur* (a lift)?
- If you still can't work it out, make a reasonable guess or look it up, if you're allowed to use a dictionary.

Listening

In a test you will usually be allowed to listen to the passage twice. The first time, listen carefully to get the general gist. Note the tone of voice to get an idea of the mood. You could jot down a few key points, e.g. a number or a date, but be careful about this because you may miss the next point.

When you do make notes, you may find it easier to jot down the French, particularly of numbers, and then work out the exact meaning later. You can use abbreviations or symbols as long as you can understand them later.

Remember that some words look the same in French and in English, but they are pronounced differently, e.g. *accident, ticket, portion, cousin, instrument, fruit.*

Reading

Skimming and scanning

It is useful to skim through the whole text to get a general idea of the main points.

Reading for detail

Sometimes you need to find out certain key pieces of information but you do not need to read through the whole passage. In that case, look quickly through the text to spot what you need. (You can go back through the rest later if you want to.)

- Find the important words in the question and try to spot them in the text, e.g.
  Question: Qu'est-ce que Marie a perdu?
  Extrait du texte: Charlotte a décidé de préparer ses affaires pour les vacances. Soudain, sous son lit, elle a trouvé une montre. «Tiens, Marie a perdu sa montre. C'est peut-être ça!»
  Réponse: Elle (Marie) a perdu sa montre.
- Sometimes the question gives you a pointer to what you have to look for, e.g.
  combien? – look for a number
  où? – look for a place
  qui? – look for a person.

Checking your answers

When you have completed your answers, check that the answers that you have given correspond to the instructions. Make sure you have ticked the correct number of boxes. If you left something blank, make a reasonable guess.

Tricolore Total 3 © Mascie-Taylor, Spencer, Honnor, Oxford University Press

Preparing for tests (2)

Speaking and writing

Communicating well
This applies to both speaking and writing.

Question words
Make sure you understand the main question words:

combien?	how many? how much?
comment?	how? what ... like?
où?	where?
pourquoi?	why?
qui?	who?
quand?	when?

Use the same tense
Listen for the tense used (present, past, etc.) and any time marker words (*demain, hier*). You usually answer in the same tense.

Give detailed answers
Give plenty of detail, whenever it is relevant, for example:
– *Tu aimes le sport?*
– *Non, je ne suis pas très sportif, mais j'aime l'informatique. J'ai un ordinateur dans ma chambre et j'aime beaucoup surfer sur Internet.*

Use connectives
These can make sentences longer and more interesting.

d'abord	first of all	*ensuite*	next
et	and	*mais*	but
ou	or	*parce que*	because
plus tard	later	*puis*	then
si	if		

Give opinions

C'est ... / C'était ...	It is ... / It was ...
À mon avis ...	In my opinion ...

Give reasons
Je ne vais pas souvent à la piscine parce que je n'aime pas la natation.
I don't go to the swimming pool much because I don't like swimming.

Speaking

Preparation
Practise reading aloud and trying to sound French. You often get extra marks for good pronunciation. Speak clearly so that your listener can hear you easily.

Record yourself and listen to the recording.

Prepare as much material in advance of a test as you can, e.g. a description of yourself, leisure interests, family, home, town, holidays.

If appropriate, try to use two or more tenses (referring to present, past, future) and time marker words, e.g.

hier	yesterday
samedi dernier	last Saturday
demain	tomorrow
dans quelques jours	in a few days

Conversation
Listen carefully to the person asking questions and try to give detailed answers. Try to do most of the talking in a test. Always expand on *Oui/Non* answers, e.g.
– *Tu aimes la musique?*
– *Oui, j'aime écouter de la musique rock, mais je ne joue pas d'un instrument.*
– *Qu'est-ce que tu as vu comme films récemment?*
– *J'ai vu «Le seigneur des anneaux». J'ai beaucoup aimé le film. C'était vraiment excellent.*

Try to stick to what you know.

Avoid getting into complicated explanations. But do try to vary your sentences and use connecting words like *mais* (but) and *parce que* (because), e.g.
Nous n'avons pas d'ordinateur à la maison, mais je peux utiliser Internet à la bibliothèque.

Role-play tasks
Read the notes carefully and do all the tasks required. You may be given some choice in what you can say.

Be polite. Use *bonjour, au revoir, s'il vous plaît* and *merci* when appropriate.

Remember to use the correct form of address: *tu* or *vous*.

Writing

Read the instructions carefully and any notes to help you. You may be able to adapt some of the language used there in your answer.

If you do use any text from the question, double-check that you have spelt it correctly.

Make sure that you answer any questions required by the task, e.g. if it asks *Comment est ta ville?*, give a full description of your town.

For most questions, accuracy and spelling are important, so pay careful attention to these.

Use some longer sentences with connecting words.

Checking your work
Allow time at the end to check what you have written. It's a good idea to have a set procedure for this and to check for one thing at a time.

- Check that you have answered all the questions and not missed any out and that your answers are neat and clear.
- Check verb endings.
- With the perfect tense, check that you have used the correct auxiliary verb (*avoir* or *être*); check past participles, especially irregular ones. With verbs taking *être*, check that the past participle agrees (has an extra *-e* or *-s*) with feminine or plural subjects.
- Check that any adjectives used agree with the words described.
- Check that any plural words have a final *-s* or *-x* if needed, e.g. *des livres, les cheveux*.

Révision 1

1 5-4-3-2-1

Trouve ...

5 choses qui commencent par 'c'
4 choses qu'on met aux pieds
3 choses qui commencent par 'j'
2 choses qui commencent par 'p'
1 chose qui commence par 'r'

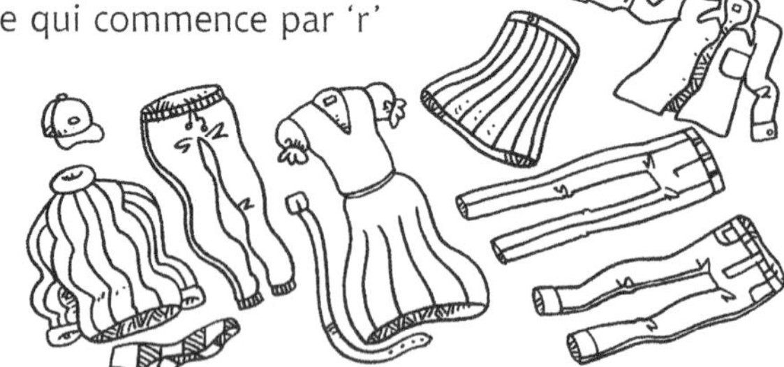

2 Des mots mêlés

Trouve les mots.

1 en ....

2 en ....

3 en ....

4 à ....

5 en ....

6 en ....

7 en ....

8 en ....

9 à ....

10 à ....

11 à ....

12 à ....

t	r	a	l	p	u	c	d	e	y
b	p	b	a	t	e	a	u	n	o
a	v	a	i	t	c	r	e	n	p
r	i	d	c	h	e	v	a	l	l
b	a	t	o	a	v	i	o	n	a
i	m	o	b	y	l	e	t	t	e
v	é	l	o	z	m	o	t	o	b
o	t	q	u	p	i	e	d	y	u
l	r	t	r	a	i	n	x	q	s
v	o	i	t	u	r	e	f	e	e

3 À la gare

a ***Complète les mots avec des voyelles.***
b ***Écris l'anglais.***

Exemple: 1 l *e* g *u* *i* c h *e* t – *ticket office*

1 l __ g __ __ c h __ t ....
2 __ n __ l l __ r - r __ t __ __ r ....
3 __ n __ l l __ r s __ m p l __ ....
4 __ n h __ r __ __ r __ ....
5 l __ q __ __ __ ....
6 l __ s __ l l __ d' __ t t __ n t __ ....
7 l __ k __ __ s q __ __ ....
8 l __ s __ r t __ __ ....

4 C'est quel bâtiment?

Tu pars de X. Suis les directions et écris la bonne lettre.

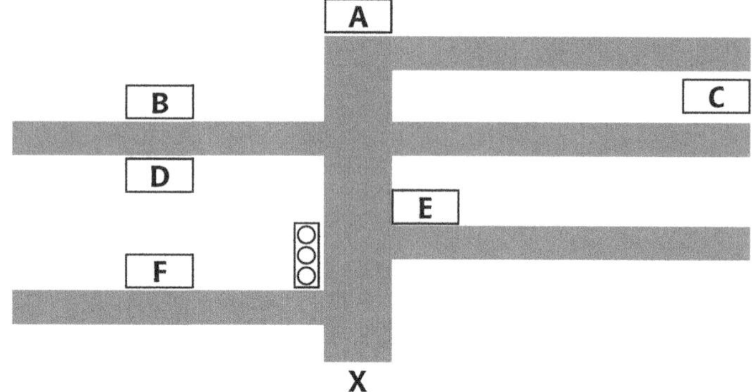

- Prenez la première à droite. La poste est au coin de la rue.
- Allez tout droit, puis prenez la deuxième rue à droite. Vous voyez le musée à gauche.
- Allez tout droit, et voilà la gare.
- Tournez à gauche au carrefour. La banque est à droite, en face de l'office de tourisme.
- Aux feux, tournez à gauche et le supermarché est à droite.

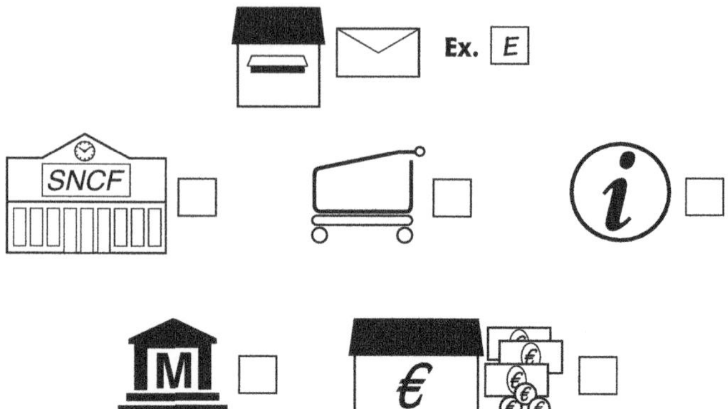

Tricolore Total 3 © Mascie-Taylor, Spencer, Honnor, Oxford University Press

G/9

Révision 2

1 On aide à la maison

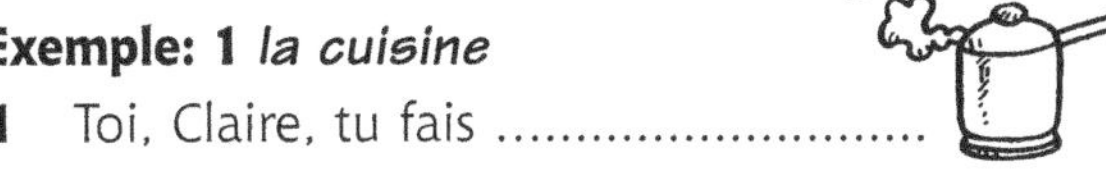

Complète les phrases.

Exemple: 1 *la cuisine*

1 Toi, Claire, tu fais ....

2 Toi, Ibrahim, tu passes ....

3 Raj et Sika font ....

4 Nadine lave ....

5 Thomas et Jonathan, vous faites ....

6 Magali et Émilie travaillent ....

7 Et moi, je travaille sur .... !

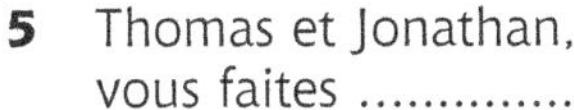

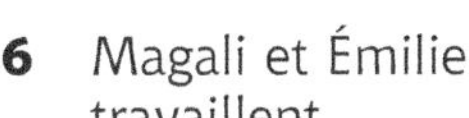

2 Au café

Qu'est-ce qu'on prend?

Exemple: 1 *c*

1 Papa choisit une boisson alcoolisée et gazeuse. ☐

2 Maman prend une boisson alcoolisée mais non gazeuse. ☐

3 Charlotte prend une boisson chaude mais sans lait. ☐

4 Abdul prend une boisson froide gazeuse. ☐

5 Luc choisit une boisson froide non gazeuse. ☐

6 Fatima choisit une boisson chaude avec du lait. ☐

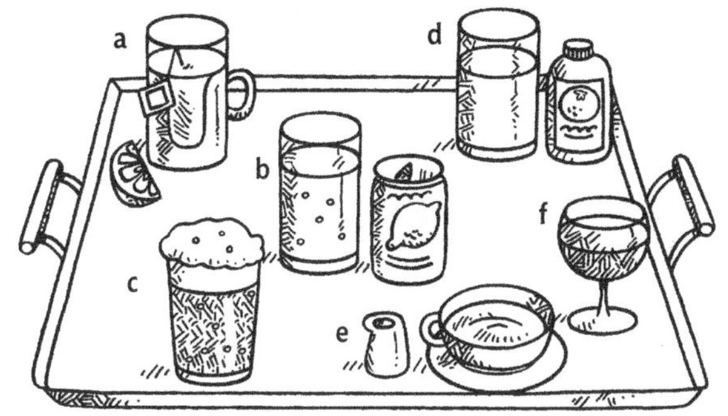

un thé au citron — une limonade — une bière
un jus de fruit — un café au lait — un verre de vin rouge

3 C'est bon?

Complète les phrases.

1 un pain au ....

2 un sandwich au ....

3 une glace à la ....

4 un jus d'............................

5 un paquet de ....

6 une portion de ....

7 un morceau de ....

8 une tarte aux ....

9 un café au ....

10 une omelette aux ....

4 Un acrostiche

Complète l'acrostiche avec les mots qui manquent.

Ex. now (9)
1 but (4)
2 after (5)
3 if (2)
4 at last (5)
5 very (4)
6 because (5, 3)
7 next, then (7)
8 also (5)
9 before (5)
10 and (2)

Ex. (vertical): *m a i n t e n a n t*

Révision 3

1 Sept magasins

Écris le nom du magasin où on peut acheter ces produits.

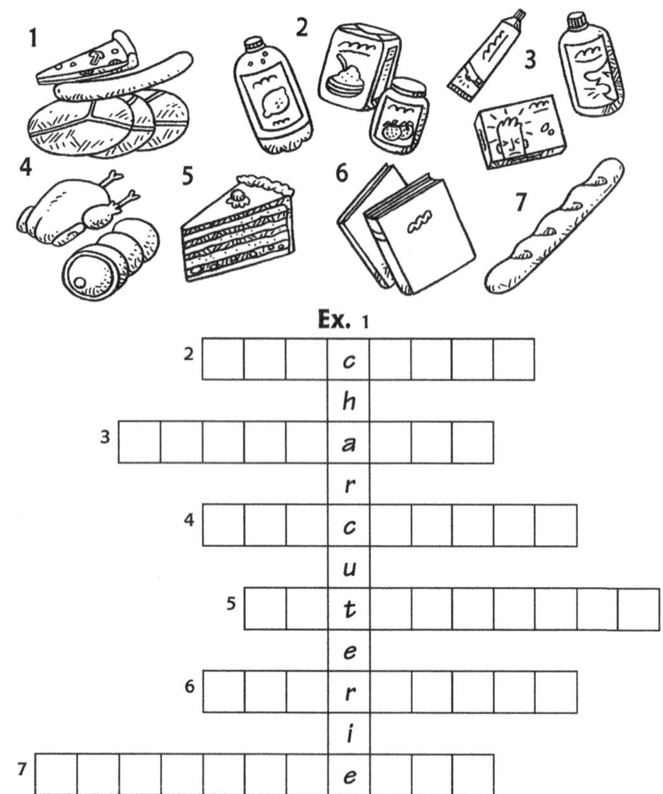

2 Qu'est-ce qu'on a oublié?

Regarde la liste et le panier. Qu'est-ce qu'on a oublié?

500 g de tomates
125 g de pâté
2 baguettes
3 pains au chocolat
un paquet de biscuits
un kilo d'oranges
un litre de lait

1 paire de chaussettes 'fantaisie'
1 bracelet et 1 peluche pour Caroline
2 paquets de bonbons (pour Jean et Alain)
2 cartes d'anniversaire
3 cartes postales

un stylo, du papier à lettres
un jeu de cartes
2 bouteilles de coca
des chaussettes noires
2 paquets de chips (grands)
des lunettes de soleil

3 Des achats

Chaque personne a l'argent exact pour une chose illustrée. Qu'est-ce qu'on achète?

Exemple: 1 Elle achète ***une tablette de chocolat.***

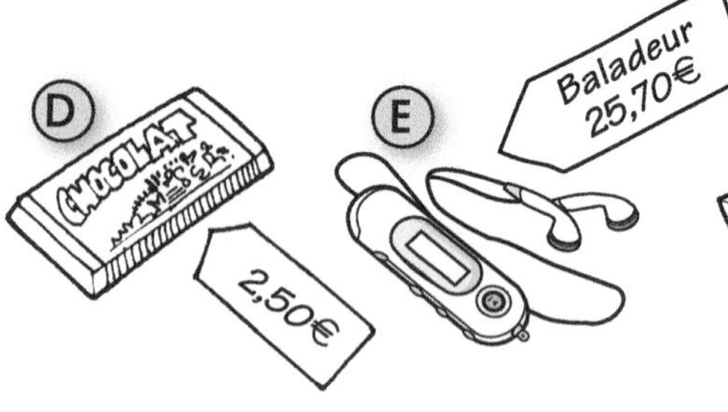

F
15,90€

1 Karima a deux euros cinquante. Elle achète ....

2 Ibrahim a douze euros vingt. Il achète ....

3 Lise a dix euros quarante. Elle achète..............................

4 Julie a dix-neuf euros trente-cinq. Elle achète..............................

5 Charlotte a vingt-cinq euros. Elle achète..............................

6 Nicolas a quinze euros quatre-vingt-dix. Il achète..............................

7 Raj a vingt-six euros soixante-dix. Il achète ....

8 Stéphanie a huit euros cinquante-neuf. Elle achète ....

Tricolore Total 3 © Mascie-Taylor, Spencer, Honnor, Oxford University Press

Révision 4

1 Le jeu des sept différences

Suzanne et Boris ont choisi presque les mêmes repas, mais il y a sept différences. Regarde bien les plateaux pour les trouver.

Exemple: *Sur le plateau de Suzanne, il y a une bouteille d'Orangina, mais sur le plateau de Boris, il y a de la limonade.* ou *Suzanne a choisi de l'Orangina, mais Boris a pris de la limonade.*

Le plateau de Suzanne

Le plateau de Boris

2 Un acrostiche

Complète l'acrostiche avec les mots qui manquent.

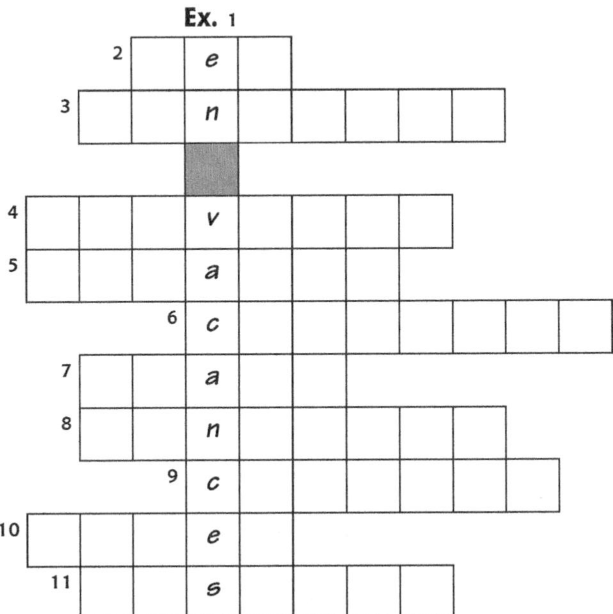

1 Cet été, nous allons en France ... ... (2, 8)
2 Nous allons au bord de la ... (3)
3 Moi, je vais à la ... : nous louons un gîte dans les Alpes. (8)
4 Je voudrais acheter quelque chose de typique comme ... (8)
5 Quand on voyage en avion, il ne faut pas avoir trop de ... (7)
6 Ma cousine va à la ... pour des vacances à la ferme. (8)
7 Moi, j'adore la ... : on peut faire des châteaux de sable, puis nager dans la mer. (5)
8 Je porte toujours mes ... de soleil. (8)
9 Nous allons faire du ... . Nous avons une grande tente. (7)
10 Quand je serai riche, je logerai dans un ... de luxe. (5)
11 Il y aura une belle ... où je peux nager ou me relaxer. (7)

3 Des mots en groupes

Trouve le mot qui ne va pas avec les autres. (Si possible, dis pourquoi.)

Exemple: 1 *boisson (On fait du sport dans les autres.)*

1 piscine, stade, boisson, gymnase
....

2 framboise, jambon, ananas, cerise
....

3 pharmacie, librairie, pâtisserie, géographie
....

4 dessin, oreille, jambe, pied
....

5 escalade, natation, peinture, équitation
....

6 charcuterie, biologie, informatique, chimie
....

7 bibliothèque, anniversaire, université, mairie
....

8 facteur, ordinateur, dessinateur, vendeur
....

4 5-4-3-2-1

Trouve ...

5 couleurs ....
....

4 verbes ....
....

3 mois ....

2 jours ....

1 numéro ....

rouge août mettre dimanche blanc
jouer seize jaune venir marron
noir mars juin faire vendredi

Chantez! Quelle semaine! (1)

Intro.
(before verses 1 and 3)

A7

D7 **E7** **D7**

A7 **E7** **A** **B**

1. Lun-di j'ai té-lé-pho-né À ma co - pine,

E **A**

— Et puis j'ai de - man - dé_ — Tu viens à la pisc - ine?

A7 **D** **D7** **A**

— Mais ma co-pine a ou - bli - é,____ elle n'est pas ve - nue.

to coda, end verse 4

F♯ **B** **E**

— Et moi j'ai sup-po - sé_ Qu'elle ne m'aim-e plus._

middle 8

A7 **D7**

Jeu - di, rend-ez-vous à l'hôp-i - tal____ Six heures dans la salle d'att - ente.

E7 **D7**

— Ven - dre-di, on est par - ti faire du cam - ping_____ Mon

Tricolore Total 3 © Mascie-Taylor, Spencer, Honnor, Oxford University Press

S/2

TRICOLORE 3
Total

Chantez! Quelle semaine! (2)

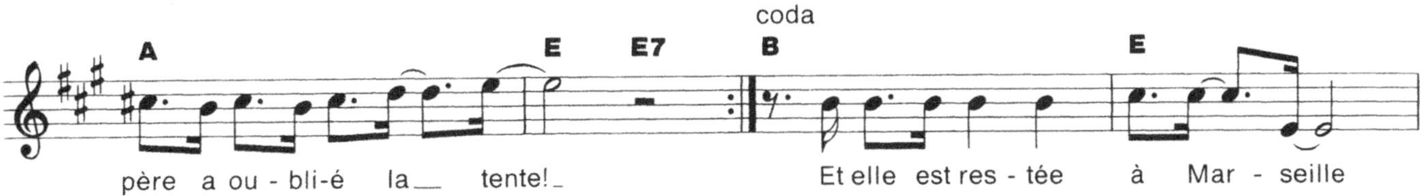
coda
A
E
E7
B
E
père a ou - bli-é la___ tente!_
Et elle est res - tée à Mar - seille

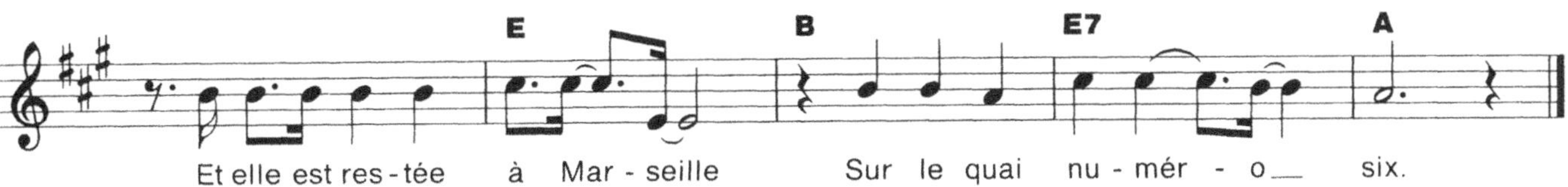
E
B
E7
A
Et elle est res-tée à Mar - seille
Sur le quai nu - mér - o___ six.

1
Lundi, j'ai téléphoné
À ma copine,
Et puis j'ai demandé,
'Tu viens à la piscine?'
Mais ma copine a oublié,
Elle n'est pas venue.
Et moi, j'ai supposé
Qu'elle ne m'aime plus.

2
Mardi, j'ai téléphoné
À ma petite sœur,
Et puis j'ai demandé,
'Tu viens m'chercher en voiture?'
Mais ma sœur m'a oublié,
Elle n'est pas venue.
Et je suis rentré à pied,
Même si je n'ai pas voulu.

3
Mercredi, je suis resté
À la maison.
Ma mère m'a demandé
De balayer le balcon.
Mais ma mère m'a oublié,
Elle m'a laissé dehors.
Et j'ai passé toute la nuit
Avec le vent du nord.

Jeudi, rendez-vous à l'hôpital,
Six heures dans la salle d'attente.
Vendredi, on est parti faire du camping.
Mon père a oublié la tente!

4
Le week-end est arrivé,
J'ai pris le train pour Nice.
J'ai demandé au porteur
De porter ma valise.
Mais le porteur a oublié
De monter ma valise
Et elle est restée à Marseille,
Et elle est restée à Marseille,
Sur le quai numéro 6.

Tricolore Total 3 © Mascie-Taylor, Spencer, Honnor, Oxford University Press

Chantez! Paris magnifique

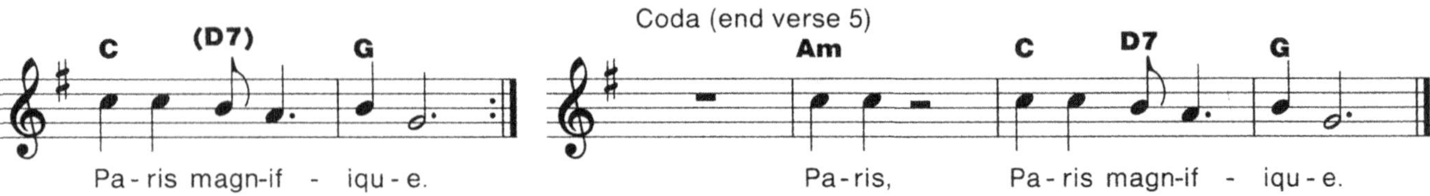

1 Nous avons visité
La tour Eiffel cet été,
Et le Louvre, un grand musée,
Paris, Paris magnifique.

2 On a pris le métro,
Et aussi un des bateaux,
De la Seine, tout est si beau,
Paris, Paris magnifique.

3 Un jour, nous sommes allés
Jusqu'à l'Île de la Cité,
Nous avons beaucoup marché,
Paris, Paris magnifique.

4 Nous nous sommes promenés
Le long des Champs-Élysées
Où on trouve de beaux cafés,
Paris, Paris magnifique.

5 On est parti de bonne heure,
Avec Philippe et sa sœur,
Pour aller au Sacré-Cœur,
Paris, Paris magnifique.
Paris, Paris magnifique.

Tricolore Total 3 © Mascie-Taylor, Spencer, Honnor, Oxford University Press

S/4

TRICOLORE
Total
3

Chantez! Les vacances d'autrefois

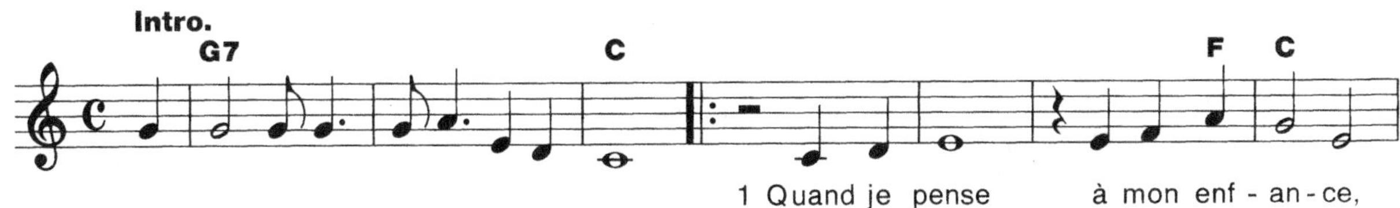
Intro.
G7
C
F
C
1 Quand je pense à mon enf - an - ce,

G7
C
F
C
Je me rap-pelle - de mes vac-ances. Dans le vil - lage de mes grands-par-ents,

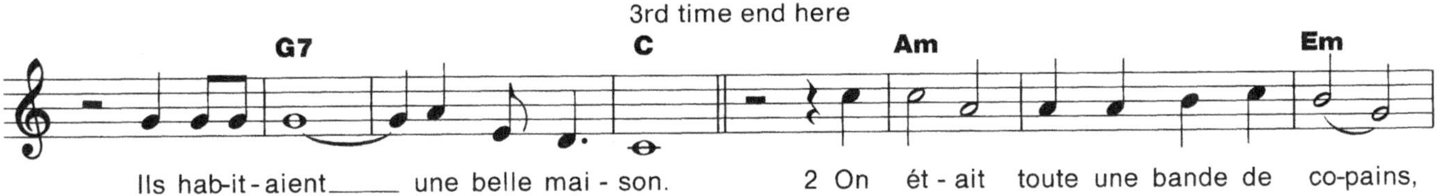
3rd time end here
G7
C
Am
Em
Ils hab-it-aient une belle mai - son. 2 On ét - ait toute une bande de co-pains,

Am
G
Am
On par - tait de bon mat - in. La jour - née, on se

Em
Am
F
G
baign-ait dans la riv - ière, Le soir, on dans-ait en plein air.

1 Quand je pense à mon enfance,
Je me rappelle de mes vacances.
Dans le village de mes grands-parents,
Ils habitaient une belle maison.

2 On était toute une bande de copains,
On partait de bon matin.
La journée, on se baignait dans la rivière,
Le soir, on dansait en plein air.

3 Aux mois de juin, de juillet, d'août,
Le soleil brillait, il faisait beau.
Nous, on était vraiment contents,
On se promenait tous en vélo.

4 On était toute une bande de copains,
On partait de bon matin.
On jouait au volley sur la plage,
On faisait du camping sauvage.

5 Le dernier jour, on a fait la fête,
On préparait un grand repas,
Il y avait Jean-Luc, Franck et Colette,
Et on jouait de la guitare.

Chantez! Tout ça, je le ferai demain

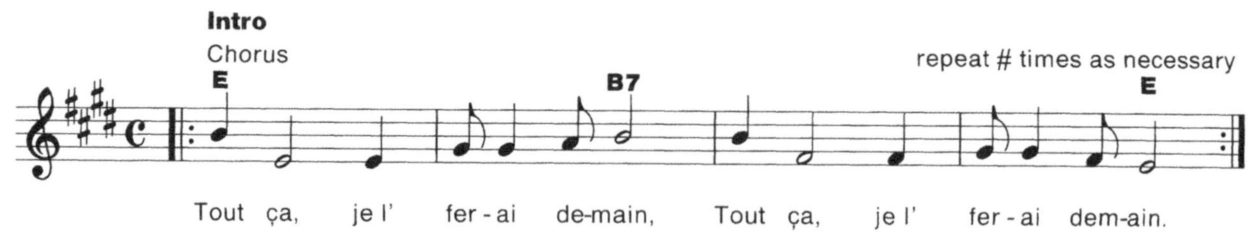

Tout ça, je le ferai demain,
Tout ça, je le ferai demain.

6 Repasser les vêtements,
Aller chercher de l'argent.

5 Ranger la bibliothèque,
Et préparer les biftecks.

4 Ensuite laver la voiture,
Faire la vaisselle, ouf! c'est dur.

3 Puis enlever la poussière,
Nettoyer la cuisinière.

2 Et passer l'aspirateur,
Réparer l'ordinateur.

1 Faire les courses aux magasins,
Travailler dans le jardin.

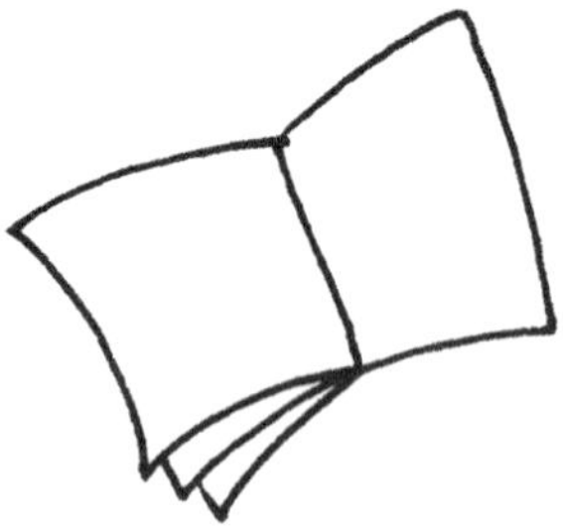

Tout ça, je le ferai demain,
Tout ça, je le ferai demain.

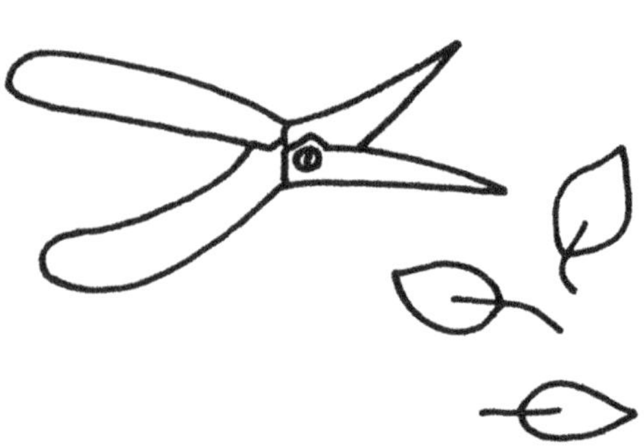

Tricolore Total 3 © Mascie-Taylor, Spencer, Honnor, Oxford University Press

Chantez! Pour aller à la plage (1)

Intro.

C G7 C

1 — Par-don

F | repeat as necessary | D

Mes-sieurs Dames, La plage, c'est près d'i - ci? — Al- lez tout droit jusqu' aux feux,

D | verse 6 to coda | G

— Pre- nez la prem-ière rue à droite, Al - lez jusqu' au bout de la rue.______ — Ah,

Am G F

mon-sieur, je suis dé - so - lé(e), Mais pour al - ler à la plage, C'est as - sez

G C | last verse | coda G

com - pli - qué. — Mer - tour-né à gauche et à droite.___ Oui,

Am C

c'ét - ait vrai, c'ét-ait com - pli - qué, Ce n'ét-ait pas tout près et j'ai beau-coup mar-ché, Mais

F G G7 C

j'ai quand même con - tin - u - é, Et puis, j'y suis ar - riv - é(e)!

Chantez! Pour aller à la plage (2)

1 – Pardon, Messieurs-Dames,
La plage, c'est près d'ici?
– Prenez la première rue à droite,
– Allez jusqu'au bout de la rue.
– Ah, monsieur, je suis désolée,
Mais pour aller à la plage,
C'est assez compliqué.

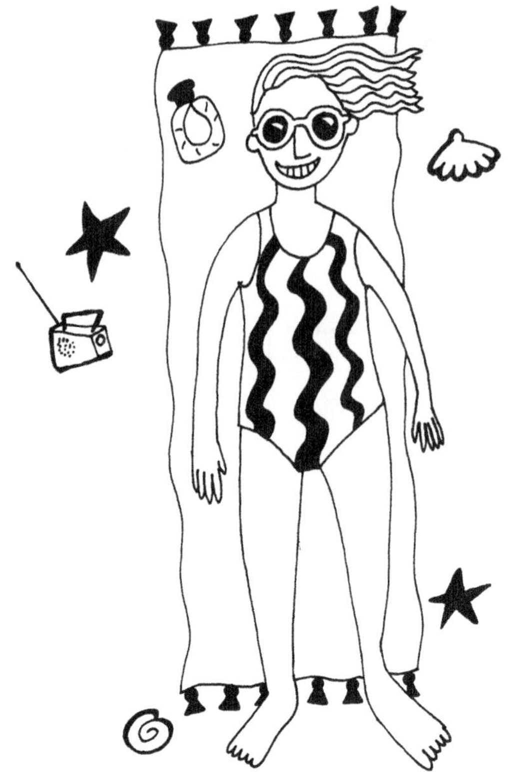

2 – Pardon, Messieurs-Dames,
La plage, c'est près d'ici?
– Allez tout droit jusqu'au tournant,
– Prenez la première rue à droite,
– Allez jusqu'au bout de la rue.
– Ah, monsieur, je suis désolée,
Mais pour aller à la plage,
C'est assez compliqué.

3 – Pardon, Messieurs-Dames,
La plage, c'est près d'ici?
– Descendez la rue jusqu'au pont,
– Allez tout droit jusqu'au tournant,
– Prenez la première rue à droite,
– Allez jusqu'au bout de la rue.
– Ah, monsieur, je suis désolée,
Mais pour aller à la plage,
C'est assez compliqué.

4 – Pardon, Messieurs-Dames,
La plage, c'est près d'ici?
– Prenez la deuxième rue à gauche,
– Descendez la rue jusqu'au pont,
– Allez tout droit jusqu'au tournant,
– Prenez la première rue à droite,
– Allez jusqu'au bout de la rue.
– Ah, monsieur, je suis désolée,
Mais pour aller à la plage,
C'est assez compliqué.

5 – Pardon, Messieurs-Dames,
La plage, c'est près d'ici?
– Allez tout droit jusqu'aux feux,
– Prenez la deuxième rue à gauche,
– Descendez la rue jusqu'au pont,
– Allez tout droit jusqu'au tournant,
– Prenez la première rue à droite,
– Allez jusqu'au bout de la rue.
– Ah, monsieur, je suis désolée,
Mais pour aller à la plage,
C'est assez compliqué.

6 – Merci bien, Messieurs-Dames,
La plage, je l'ai trouvée.
Je suis allée ici et là,
J'ai tourné à gauche et à droite.
Oui, c'est vrai, c'était compliqué,
Ce n'était pas tout près et j'ai beaucoup marché,
Mais j'ai quand même continué,
Et puis, j'y suis arrivée!

Tricolore Total 3 © Mascie-Taylor, Spencer, Honnor, Oxford University Press

Les pays et les régions francophones

❶ Le français dans le monde

Complète le texte avec les mots de la case.

a francophones **b** Guyane **c** parlent
d personnes **e** Sénégal

Il y a 160 millions de **1** .... dans plus de 50 pays et régions du monde qui **2** .... français. On appelle ces pays les pays **3** .... La plupart de ces pays sont d'anciennes colonies françaises, comme le **4** .... et le Maroc. D'autres régions, comme la **5** .... et la Martinique, sont des départements d'outre-mer (les DOM).

❷ À toi de choisir!

3 continents

....

....

....

2 pays ou régions francophones

....

....

1 océan

....

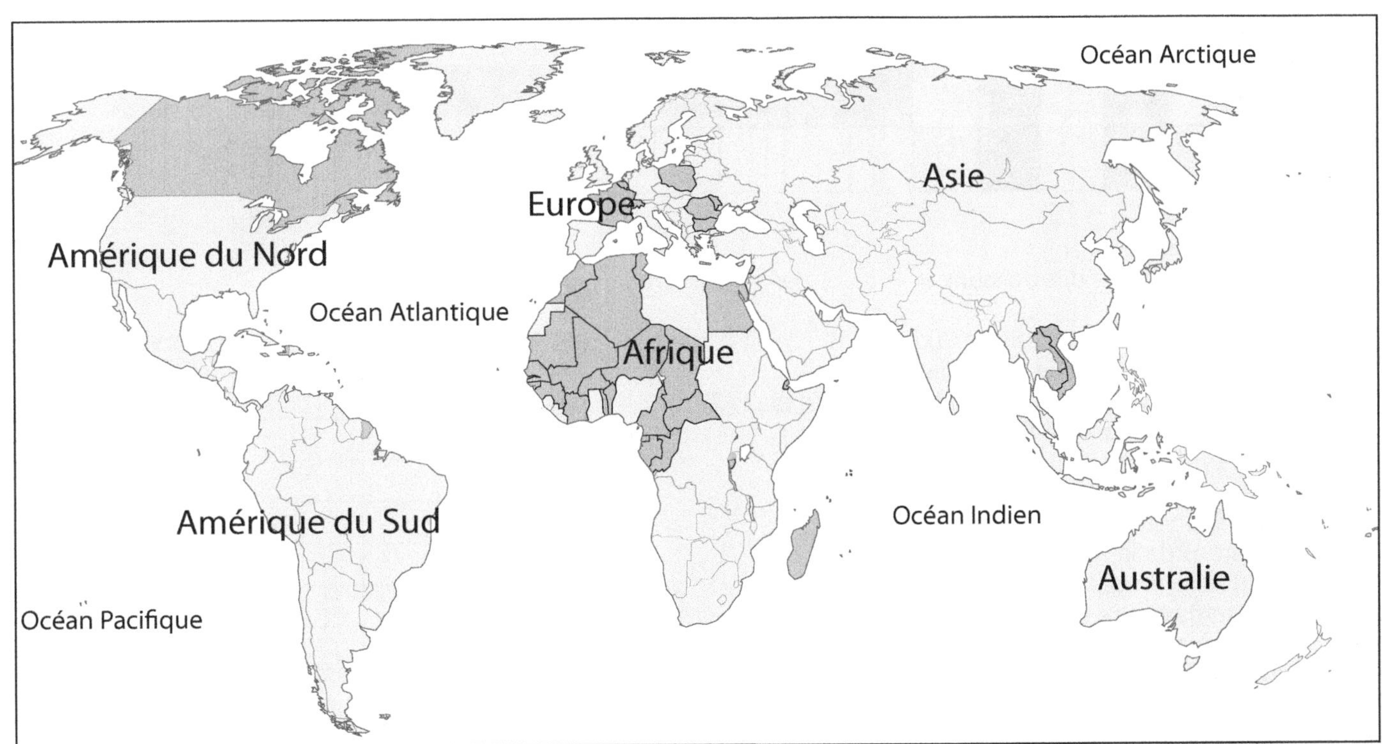

Des verbes réguliers

1 Mots croisés

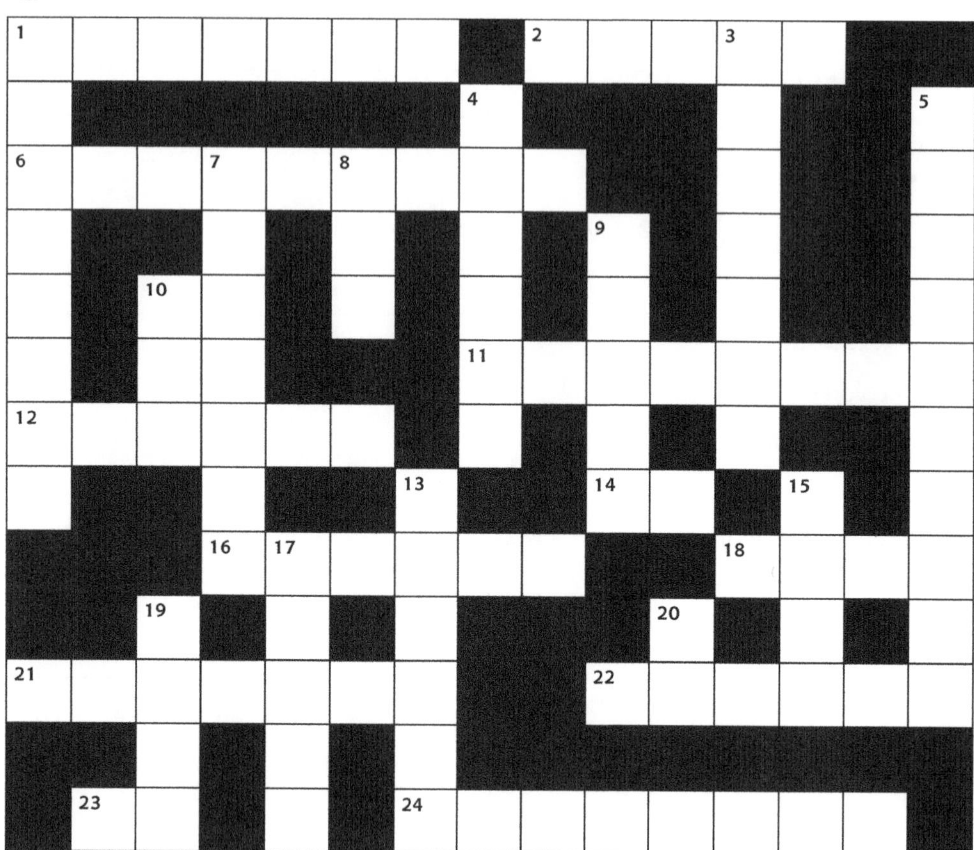

Horizontalement

1 Alors, moi, j'achète des boissons et vous ... des sandwichs. (*acheter*) (7)
2 Tu ... au badminton au collège? (*jouer*) (5)
6 Ma mère ... à la banque. (*travailler*) (9)
10 Qu'est-ce qu'... parle comme langues au Canada? (2)
11 Nous ... du poulet à midi. (*manger*) (8)
12 Il ... un bruit dans la nuit. (*entendre*) (6)
14 Est-ce que ... réponds vite à tes e-mails? (2)
16 Je ... le sport ennuyeux. (*trouver*) (6)
18 ... écoutons de la musique rock. (4)
21 Il ... un livre. (*choisir*) (7)
22 Qu'est-ce que vous ... de ce film? (*penser*) (6)
23 Moi, ... regarde souvent des films à la télé. (2)
24 Est-ce que vous ... quelque chose? (*entendre*) (8)

Verticalement

1 Vous ... Jonathan? Il vient tout de suite. (*attendre*) (8)
3 Qu'est-ce que tu ... faire le week-end prochain? (*espérer*) (7)
4 Le prof ... l'ordinateur. (*allumer*) (6)
5 Vous ... des cartes postales? (*choisir*) (10)
7 Ils ... aussi des hamsters au marché des oiseaux. (*vendre*) (7)
8 Qu'est-ce que les garçons font? ... regardent le match. (3)
9 Le match ... à quelle heure? (*finir*) (5)
13 Je ... la maison à 7h30 le matin. (*quitter*) (6)
15 ... commencez à quelle heure au collège? (4)
17 Il ... longtemps à Paris? (*rester*) (5)
19 Elle ... au football ce soir. (*jouer*) (4)
20 Moi, ... parle français et allemand. (2)

2 Lexique

Français	Anglais
acheter	
allumer	
chercher	
choisir	
écouter	
entendre	
espérer	
finir	
manger	
penser	
quitter	
rendre	
rester	*to stay, to remain*
travailler	
trouver	
vendre	

Tricolore Total 3 © Mascie-Taylor, Spencer, Honnor, Oxford University Press

La Guyane française

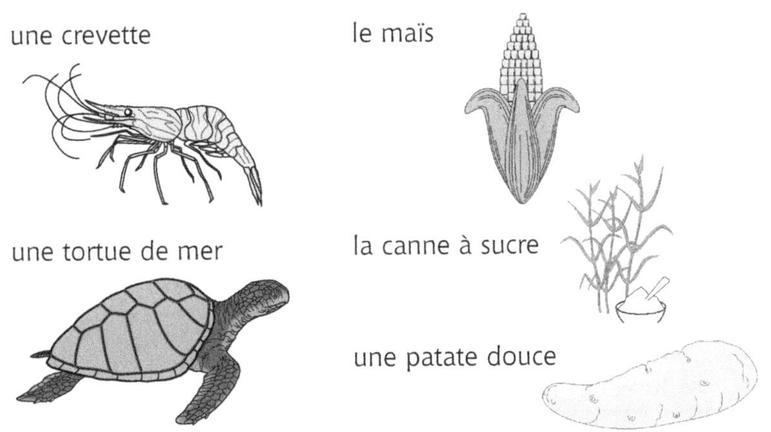

L'OCÉAN ATLANTIQUE
St Laurent du Maroni
Les îles du Salut
Kourou
Cayenne
LA GUYANE FRANÇAISE
LE SURINAM
LE BRÉSIL

Nom:	La Guyane française
Situation:	en Amérique du Sud, bordée par le Surinam, le Brésil et l'océan Atlantique
Population:	217 000 habitants
Gouvernement:	département d'outre-mer (DOM)
Langues principales:	le français, le créole
Climat:	tropical: 30 °C en moyenne la saison des pluies (de janvier à juin) la saison sèche (de juillet à décembre)
Capitale:	Cayenne
Monnaie:	l'euro
Fuseau horaire:	Quand il est 12h00 à Londres, il est ... 9 heures du matin (GMT –3)
Aspects du paysage:	assez plat avec beaucoup de fleuves la forêt amazonienne occupe 95% du pays
Activités économiques:	la canne à sucre, le maïs, les patates douces les crevettes le bois (le bois de rose, etc.) le centre spatial à Kourou (des fusées Ariane)
Fêtes et festivals:	le carnaval de mardi gras (en février ou mars)
Aspects touristiques:	Cayenne — le port, la place des Palmistes, le musée départemental, le village chinois Kourou — le Centre spatial guyanais Les îles du Salut — (autrefois des prisons) pour voir des perroquets, des tortues de mer, etc. La forêt amazonienne
Activités sportives:	sur la côte: le surf, la planche à voile, la voile

Des questions et des réponses

Consulte la fiche et trouve la bonne réponse à chaque question.

1 ......, **2** ......, **3** ......, **4** ......, **5** ......, **6** ......

1 Où se trouve la Guyane?
2 Qu'est-ce qu'on y parle comme langues?
3 Comment est le climat?
4 Comme monnaie, qu'est-ce qu'on utilise?
5 Quand il est midi à Londres (GMT), quelle heure est-il en Guyane?
6 Qu'est-ce qui est intéressant pour les touristes qui aiment la nature?

a On utilise l'euro, comme en France.
b En Amérique du Sud.
c On peut voir la forêt amazonienne.
d Le climat est tropical, il fait 30 degrés C en moyenne.
e On y parle le français et le créole.
f Il est neuf heures du matin.

Des verbes irréguliers

1 Des expressions utiles

Trouve les paires.

1 ......, **2** ......, **3** ......, **4** ......, **5** ......, **6** ......, **7** ......

1	Qu'est-ce qu'il dit?	**a**	I don't think so.
2	Tu prends ton vélo?	**b**	What does he say?
3	Je ne crois pas.	**c**	I don't understand.
4	Tu sais nager?	**d**	Are you taking your bike?
5	Je ne comprends pas.	**e**	I think so.
6	On part tout de suite?	**f**	Are we leaving straightaway?
7	Je pense que oui.	**g**	Do you know how to swim?

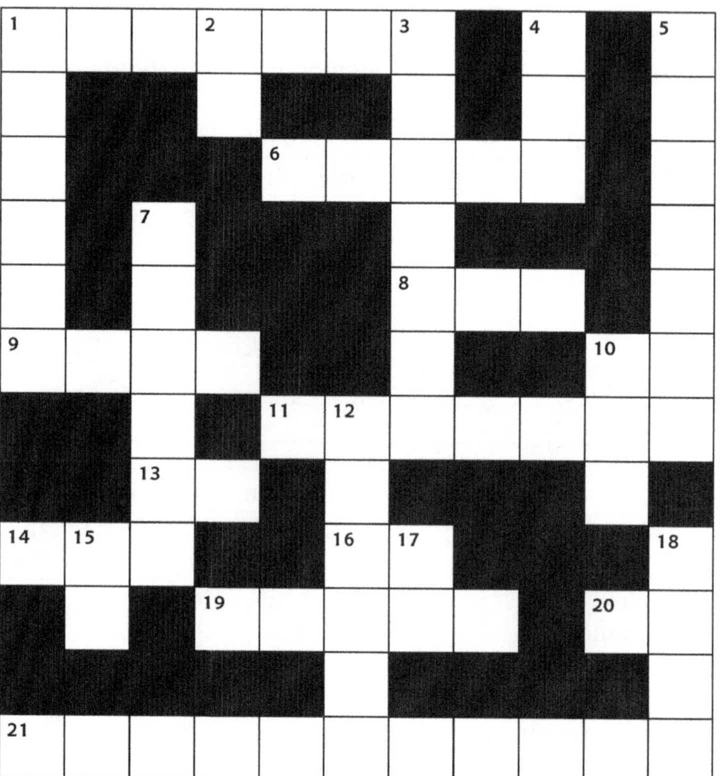

2 Mots croisés

Horizontalement

1 Nous ... bientôt. Tu es prêt? (*are leaving*) (7)
6 J'... des e-mails. (*write*) (5)
8 Quelle heure ...-il? (*is*) (3)
9 Je ne ... pas. (*know*) (4)
10 Est-ce qu' ... voit la tour Eiffel du sommet? (2)
11 Les élèves ... leur cahier sur la table. (*put*) (7)
13 Tu ... sûr que ton ami habite ici? (*are*) (2)
14 Qu'est-ce que tu ... comme livres? (*read*) (3)
16 Elle ... à la piscine tous les mercredis. (*go*) (2)
19 Non, je ne ... pas. (*believe, think*) (5)
20 ... suis canadien. (2)
21 Mes chiens ... très bien. (*understand*) (11)

Verticalement

1 Je ... le bus pour aller au collège. (*take*) (6)
2 ... viens au club des jeunes? (2)
3 Mes amis ... souvent pendant les vacances. (*go out*) (7)
4 Qu'est-ce que tu ...? (*say*) (3)
5 Les touristes ... visiter le château le dimanche. (*can*) (7)
7 Qu'est-ce que vous ... comme sports? (*do*) (6)
10 Ils ... quel âge, tes frères? (3)
12 J'... souvent des textos à mes amis. (*send*) (6)
15 Il parle arabe, mais ... apprend le français au collège. (2)
17 J'... une sœur aînée. (2)
18 Elle ... jouer au badminton dimanche soir. (*wants*) (4)

Tricolore Total 3 © Mascie-Taylor, Spencer, Honnor, Oxford University Press

Des animaux

1 C'est quel animal?

Complète les mots avec des voyelles et écris la traduction en anglais. Regarde les images (Activité 2) pour t'aider.

Exemple: 1 u n o i s e a u ....bird......

un chat   un cheval   un chien
un cochon d'Inde   un hamster   un lapin
un oiseau   un poisson rouge

1 _n _ _ s_ _ _ ....
2 _n ch_ t ....
3 _n ch _ _ n ....
4 _n l_ p_ n ....
5 _n ch_ v_ l ....
6 _n p _ _ ss_ n ....
7 _n c _ ch _ n d' _ nd _ ....
8 _n h_ mst_r ....

2 Vous avez un animal?

Écoute les conversations et trouve l'image qui correspond.

Exemple: 1 B

1 ....., **2** ....., **3** ....., **4** ....., **5** ....., **6** ....., **7** ....., **8** .....

A
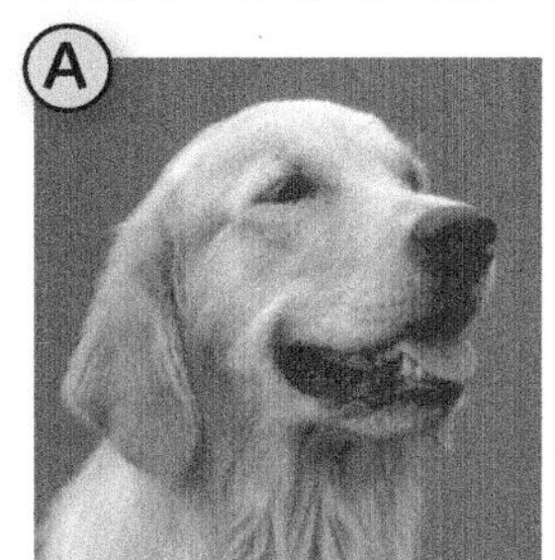

B

C

D

E

F

G

H
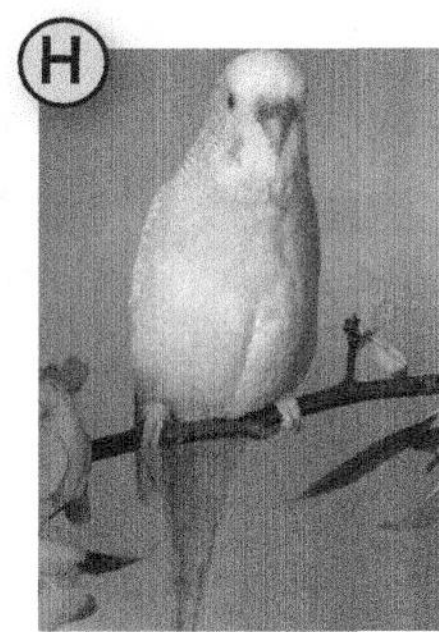

3 Un acrostiche

1 Il est petit et il vit dans l'eau. Il est souvent orange. (7, 5)
2 C'est un animal végétarien qui a de longues oreilles et une toute petite queue. (5)
3 C'est un animal domestique qui est très populaire, mais ce n'est pas un chat. (5)
4 C'est un petit animal, nocturne, de couleur jaune. (7)
5 Il est plus petit qu'un lapin, mais plus grand qu'une souris. Il est originaire de l'Amérique du Sud. (6, 1'4)
6 C'est un oiseau qui est plus grand qu'une perruche, et qui est souvent très coloré. (9)
7 Les chats aiment bien chasser ce petit animal, qui a une longue queue. (6)
8 Pour faire de l'équitation on a besoin d'un .... (6)

1 2 3 4 5 6 7 8

4 On parle des animaux

Travaillez à deux. Posez des questions et répondez à tour de rôle.

- Quel est ton animal préféré?
- Tu as un animal ou tu connais quelqu'un qui a un animal?
- Qu'est-ce que c'est? Il/Elle est comment? Comment s'appelle-t-il/elle?

Tricolore Total 3 © Mascie-Taylor, Spencer, Honnor, Oxford University Press

Des adjectifs

1 Des adjectifs utiles

Écris le mot anglais.

français	anglais
allemand(e)	....
amusant(e)	*fun*
bavard(e)	....
beau/bel/belle	*fine, beautiful*
blanc(he)	....
britannique	....
calme	*calm, quiet*
fort(e)	*strong, good (at)*
fou/folle	....
gentil(le)	*kind, nice*
grand(e)	....
gros(se)	....
jeune	....

français	anglais
joli(e)	*pretty*
long(ue)	*long*
maigre	....
merveilleux/-euse	....
mignon(ne)	....
paresseux/-euse	....
patient(e)	....
raide	....
raisonnable	*sensible*
sérieux/-euse	....
sociable	*sociable*
vieux/vieil/vieille	....

2 C'est le contraire

a *Henri et Henriette*

Les deux animaux sont complètement différents. Lis la description de l'un et complète la description de l'autre avec des adjectifs de l'activité 1.

Ex: Henri est petit. Henriette est ......*grande*......

1 Henri est gros. Henriette est ....

2 Henri est noir. Henriette est....................

3 Henri est actif. Henriette est ....

4 Henriette est vieille. Henri est ....

5 Henriette est timide. Henri est ....

6 Henriette est un peu méchante.
Henri est très ....

Nous avons deux chiens: Henri est un chien, Henriette est une chienne.

b *Claude et Claudette*

Complète les descriptions avec des adjectifs de l'activité 1.

1 Claude est impatient. Claudette est ....

2 Claudette est calme. Claude est ....

3 Claude est amusant. Claudette est un peu ....

4 Claudette est toujours raisonnable. Quelquefois, Claude est complètement ....

5 Claude est mince. Claudette est un peu ....

6 Claude a les cheveux courts et frisés. Claudette a les cheveux .... et ....

Nous habitons chez Claude et Claudette. Ils sont jumeaux mais ils ne se ressemblent pas.

3 Des cartes postales

a *Souligne le bon mot.*

Bien arrivés à Florence. C'est une (**1 a** joli **b** jolie **c** jolis) ville (**2 a** intéressant **b** intéressante **c** intéressants) avec une (**3 a** beau **b** bel **c** belle) cathédrale (**4 a** célèbre **b** célèbres). À midi, on a mangé dans un (**5 a** bon **b** bonne **c** bonnes) (**6 a** petit **b** petite **c** petits) restaurant. Comme dessert, on a pris des glaces (**7 a** délicieux **b** délicieuse **c** délicieuses). Nos amis (**8 a** italien **b** italienne **c** italiens) sont très (**9 a** gentil **b** gentille **c** gentils), mais un peu (**10 a** fou **b** folle **c** fous).
Sarah et Nicolas

b *Complète le texte avec le bon adjectif.*

Bonjour de La Rochelle, où je passe un week-end (1)............................... (*marvellous*) à faire de la planche à voile. Notre monitrice est (2)......................... (*German*) et elle est très (3)............................... (*nice*). On loge à l'auberge de jeunesse. C'est dans un (4)............................... (*old*) bâtiment, mais bien équipé. Il y a un groupe de jeunes (5)........................... (*British*) ici. Ils ne sont pas (6)............................... (*strong*) en français mais ils sont (7).................... (*fun*)!
Magali

Tricolore Total 3 © Mascie-Taylor, Spencer, Honnor, Oxford University Press

Mangetout et Tigre

❶ Le matin

Mangetout et Tigre sont deux chats qui se ressemblent mais qui ne s'aiment pas.

a *Chez Mangetout*

Complète les textes pour Mangetout.

1 Mangetout **Ex.** ..*se réveille*.. vers dix heures du matin. (*se réveiller*)

2 Il ...., (*se laver*) puis il .... lentement. (*se lever*)

3 Il .... à chasser des oiseaux, mais il n'attrape rien. (*s'occuper*)

4 Il .... un peu dans le jardin, (*s'amuser*) puis il.......... .... (*s'ennuyer*)

5 Il .... au soleil. (*se reposer*)

6 Puis il .... et il va en ville. (*se lever**)

b *Chez Tigre*

Que dit Tigre? Complète ses phrases.

1 Je **Ex.** ..*me réveille*.. vers onze heures.

2 Je ...., (*se laver*) puis je .... lentement. (*se lever**)

3 Puis, je .... à chasser des souris. (*s'occuper*)

4 Je .... un peu, (*s'amuser*) puis je .... (*s'ennuyer*)

5 Je .... au soleil. (*se reposer*)

6 Puis je .... (*se lever**) et je cherche de la nourriture.

**se lever* takes an accent in some parts of the verb: *je me lève, tu te lèves, il se lève, ils se lèvent*

❷ L'après-midi

Complète les textes.

1 Mangetout et Tigre **Ex.** ...*se voient*.... (*se voir*) Ils ne .... pas bien. (*s'entendre*)

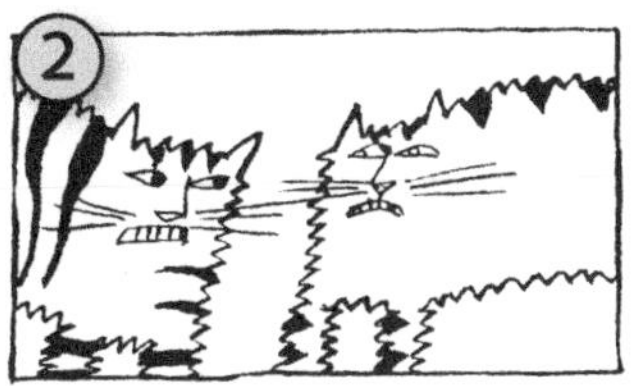

2 Ils .... (*se fâcher*)

3 Ils .... (*se battre*)

4 Mais Madame arrive, et ils .... (*s'échapper*)

La vie de tous les jours

Deux Français ont rempli un questionnaire sur leur vie quotidienne (*their everyday life*). Lis les questions et les réponses de Lucas et de Fatima, puis fais l'activité 1.

	Lucas	**Fatima**	**Moi**	**Nom: ....**
1 Est-ce que tu te réveilles de bonne heure (avant 6h50)?	*oui*	*non*		
2 Qui se lève le premier chez toi?	*ma mère*	*mon père*		
3 Comment t'habilles-tu pour aller au collège?	*en uniforme scolaire*	*en jean et en sweat*		
4 À quelle heure est-ce que tes cours se terminent?	*16h30*	*17h*		
5 Est-ce que tu te changes après l'école?	*oui*	*non*		
6 Quel genre de musique préfères-tu?	*la musique classique*	*la musique rock*		
7 Quels sports préfères-tu?	*le football et le tennis*	*le hockey et le basket*		
8 D'habitude, est-ce que tu te couches avant ou après tes parents?	*avant*	*après*		

1 Qui parle?

Lis les phrases et regarde le questionnaire. Décide à chaque fois si c'est Lucas (L) ou Fatima (F) qui parle.

Exemple: 1 *F (Fatima)*

1 Je me réveille à 7h30 et je me lève tout de suite. ....
2 C'est ma mère qui se lève la première chez moi. ....
3 Pour aller au collège, je m'habille en uniforme scolaire. ....
4 Mes cours se terminent à cinq heures. ....
5 Je me change après l'école. Je mets un jean et un sweat. ....
6 Je m'intéresse à la musique classique. ....
7 Je m'intéresse au hockey. ....
8 Je me couche assez tôt, à neuf heures et demie, avant mes parents. ....

2 ***Réponds au questionnaire pour décrire ta vie quotidienne.***

3 ***Interviewe un(e) camarade et note ses réponses sur la feuille.***

Tricolore Total 3 © Mascie-Taylor, Spencer, Honnor, Oxford University Press

Une vedette américaine (A) 

Travaillez à deux. Chaque personne a des renseignements différents. Posez des questions à tour de rôle pour remplir le formulaire.

Exemple: *C'est quand son anniversaire?*

Anniversaire:	_ _
Yeux:	marron
Cheveux:	blonds
Domicile:	_ _
Famille:	un grand frère, une petite sœur
Couleur préférée:	_ _
Passe-temps:	le shopping, le cinéma, danser, chanter, lire
Sports pratiqués:	la natation, le basket

Pour t'aider

C'est quand, son ...?
Où habite-t-elle?
Quelle est sa ...? Quels sont ses ...?

✂ -

Une vedette américaine (B) 

Travaillez à deux. Chaque personne a des renseignements différents. Posez des questions à tour de rôle pour remplir le formulaire.

Exemple: *Ses yeux sont de quelle couleur?*

Anniversaire:	le 2 décembre
Yeux:	_ _
Cheveux:	_ _
Domicile:	Hollywood
Famille:	_ _
Couleur préférée:	le bleu pâle
Passe-temps:	_ _
Sports pratiqués:	_ _

Pour t'aider

Ses yeux/cheveux sont de quelle couleur?
Est-ce qu'elle a ...?
Quels sont ses ...?
Qu'est-ce qu'elle ...

Tricolore Total 3 © Mascie-Taylor, Spencer, Honnor, Oxford University Press

Écoute et parle 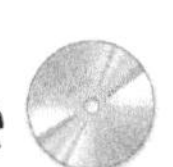

1 Comment ça s'écrit?

a ***L'alphabet***

Écoute et répète.

A B C D N O P Q
E F G H R S T U
I J K L M V W X Y Z

b ***Les accents***

Écoute et répète.

à, è, ù, é
â, ê, î, ô, û
ë, ç

2 À la française

Many words look the same in English and French but they are pronounced differently.

Écoute, répète et écris la bonne lettre.

Exemple: 1 *e*

1 ……, **2** ……, **3** ……, **4** ……, **5** ……, **6** ……

a concert **c** latin **e** orange
b distance **d** moment **f** record

3 Des questions utiles

Écoute et complète les questions.

1 Qu'est-ce que tu aimes comme _ _ _ _ _ _ _?

2 Quel _ _ _ as-tu?

3 Ton _ _ _ , comment ça s'écrit?

4 C'est _ _ _ _ _ , ton anniversaire?

5 Il y a combien de personnes dans ta _ _ _ _ _ _ _ _?

6 Qu'est-ce que tu vas faire _ _ _ _ _ _ _ ?

4 Des conversations

Écoute les questions et réponds comme indiqué, puis écoute pour vérifier.

1 Les animaux

– Quel est ton animal préféré?

– ……………………………………………

– Tu as un animal à la maison?

– ✓ ……………………………………………

– Comment s'appelle-t-il et comment est-il?

– BUGS ……………………………………………

2 Ma meilleure amie

– Elle est comment, ta meilleure amie?

– ……………………………………………

– Est-ce qu'elle a les cheveux longs?

– ✗ ……………………………………………

– Elle aime les mêmes choses que toi?

– ✓ ……………………………………………

3 Une journée scolaire

– Pendant la semaine, tu te lèves à quelle heure, normalement?

– ……………………………………………

– Comment vas-tu au collège?

– ou ……………………………………………

– Qu'est-ce que tu fais pendant la pause-déjeuner?

– CANTINE et quelquefois ……………………………………………

Tricolore Total 3 © Mascie-Taylor, Spencer, Honnor, Oxford University Press

Tu comprends?

1 Une interview

Écoute l'interview et note les renseignements.

Exemple: 1 *Olivier*

1 Prénom: ....

2 Âge: ....

3 Anniversaire: ....

4 Yeux: ....

5 Cheveux: ....

6 Famille: ....

7 Couleur préférée: ....

8 Passe-temps: ....

....

9 Animal préféré: ....

10 Sports pratiqués: ....

3 L'informatique

Écoute la conversation et choisis la bonne réponse.

1 – Quand est-ce que tu surfes sur le Net?

- **a** ☐ Tous les soirs.
- **b** ☐ Le samedi après-midi.
- **c** ☐ Surtout le week-end.

2 – Qu'est-ce que tu aimes faire sur Internet?

- **a** ☐ J'aime jouer aux jeux en ligne.
- **b** ☐ J'aime télécharger de la musique.
- **c** ☐ J'aime tchater avec mes amis et écrire des e-mails.

3 – Qu'est-ce que tu regardes comme sites?

– Je regarde des sites ...

- **a** ☐ sur le sport.
- **b** ☐ sur les vedettes.
- **c** ☐ sur le cinéma.

4 – Est-ce que tes parents utilisent Internet aussi?

– Oui, ils l'utilisent ...

- **a** ☐ un peu.
- **b** ☐ de temps en temps.
- **c** ☐ beaucoup.

5 – Pour faire quoi?

– Pour l'e-mail et pour ...

- **a** ☐ faire des achats.
- **b** ☐ consulter des sites sur les vacances.
- **c** ☐ lire les informations.

2 La vie en famille

Écoute les phrases 1–10 et trouve l'image qui correspond.

Exemple: 1 *B*

1 ......, **2** ......, **3** ......, **4** ......, **5** ......,

6 ......, **7** ......, **8** ......, **9** ......, **10** ......

Tricolore Total 3 © Mascie-Taylor, Spencer, Honnor, Oxford University Press

Sommaire

Now I can ...

■ ask questions

Comment t'appelles-tu?	What's your name?
Comment ça s'écrit?	How is it spelt?
Quel âge as-tu?	How old are you?
Où est-ce que tu habites?	Where do you live?
Quelles langues parles-tu?	Which languages do you speak?
Qu'est-ce que tu aimes faire le week-end?	What do you like doing at weekends?
Qu'est-ce que tu pratiques comme sports?	Which sports do you do?
C'est quand, ton anniversaire?	When is your birthday?
Tu as des frères et sœurs?	Do you have brothers and sisters?
Quels sont tes passe-temps?	What are your hobbies?

■ give personal information

Je m'appelle ...	I'm called ...
J'ai ... ans.	I'm ... years old.
Comme langues, je parle ...	The languages I speak are ...
Comme passe-temps ...	For hobbies...
Le week-end, j'aime ...	At the weekend, I like ...
Comme sports, je pratique ...	For sports, I practise ...
Je joue au/à la/à l'/aux ...	I play ...
Je fais du/de la/de l'...	I do ...

■ talk about technology and the internet

un baladeur MP3	MP3 player
brancher	to plug in
un cam	web-cam
un clavier	keyboard
un écran	screen
un e-mail	e-mail
effacer	to delete
en ligne	online
fermer	to shut down
un fichier	file
une imprimante	printer
un lecteur MP3	MP3 player
un lien	link
marquer	to highlight
un mot de passe	password
un moteur de recherche	search engine
numérique	digital
un ordinateur	computer
un pseudo	nickname
rechercher	to search for
une souris	mouse
surfer sur Internet	to surf the net
taper	to type
tchater	to chat online
la technologie	technology
télécharger	to download
une touche	key

■ talk about families

J'ai ... frères / ... sœurs.	I have ... brothers / ... sisters.
Je n'ai pas de frères et sœurs.	I don't have any brothers and sisters.
J'ai un demi-frère / une demi-sœur.	I have a half-brother / stepbrother / half-sister / stepsister.
Je suis enfant / fils / fille unique.	I'm an only child.
Mon père / Ma mère est mort(e).	My father / mother is dead.
Mes parents sont divorcés.	My parents are divorced.
un beau-père	stepfather, father-in-law
une belle-mère	stepmother, mother-in-law
un(e) cousin(e)	cousin
un demi-frère	stepbrother, half-brother
une demi-sœur	stepsister, half-sister
un(e) enfant	child
une famille nombreuse	big family (5 children or more)
une femme	wife, woman
une fille / un fils (unique)	(only) daughter / son
un frère	brother
une grand-mère	grandmother
un grand-père	grandfather
les grands-parents	grandparents
un jumeau(x) / une jumelle(s)	twin(s)
le mari	husband
la mère	mother
un oncle	uncle
un parent	parent, relation
le père	father
les petits-enfants	grandchildren
une sœur	sister
une tante	aunt

■ talk about pets

un chat	cat
un cheval	horse
un chien	dog
un lapin	rabbit
un oiseau	bird
un perroquet	parrot
une perruche	budgerigar
une poisson rouge	goldfish
une souris	mouse

■ talk about friends

un(e) ami(e)	friend
un(e) camarade	colleague, classmate
un copain / une copine	friend
mon (ma) meilleur(e) ami(e)	my best friend
un(e) petit(e) ami(e)	boyfriend / girlfriend
le sens de l'humour	sense of humour

■ use adjectives *(see Student's Book page 14)*

Mon frère est grand avec les cheveux blonds et les yeux bleus.	My brother is tall with blond hair and blue eyes.
Ma sœur est petite avec les cheveux noirs et frisés, et les yeux marron.	My sister is small with black, curly hair and brown eyes.
Elle est complètement folle.	She's completely mad.

■ use reflexive verbs *(see Student's Book page 152)*

Je m'entends bien avec ...	I get on well with ...
Je me dispute (assez) souvent avec mon frère / ma sœur / mes parents.	I (quite) often argue with my brother / my sister / my parents.
En semaine, je me lève à ...	In the week, I get up at ...
En général, je me couche à ...	Usually I go to bed at ...

Tricolore Total 3 © Mascie-Taylor, Spencer, Honnor, Oxford University Press

Épreuve: Écouter

A Qui sont-ils?

Pour chaque personne, choisis la bonne image.

Exemple: *E*

1 ☐ **2** ☐ **3** ☐

4 ☐ **5** ☐

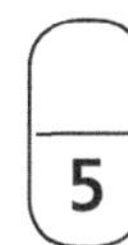

B La famille

Pour chaque personne, choisis les deux phrases qui correspondent.

Ex. Philippe: .....*C*..... et .....*E*.....

1 Sophie: .... et ....

2 Vincent: .... et ....

3 Jihane: .... et ....

A Je suis fille unique.
B Je ne m'entends pas bien avec mon frère.
C J'ai beaucoup de frères.
D J'ai un petit frère.
E Mes frères sont mariés.
F Ma sœur habite en Suisse.
G J'habite avec ma mère.
H Mon frère est sympa.

6

C À l'ordi

Écoute les jeunes et complète la grille.

	l'e-mail	le shopping	la musique	le travail scolaire et les devoirs	les blogs	le sport	les jeux
Amir				**Ex.** ✓			
Surya							
Lucas							
Nathalie							
Benoît							
Mélanie							
Pierre							
Charlotte							

8

D Les amis

On parle des amis. Qu'est-ce qu'on dit? Complète les phrases en français.

Exemple: Laure est très ..*sympa*...

1 Laure a .... ans.

2 Sébastien est ....

3 Catherine est très ....

4 Luc est ....

5 Claire est ....

6 Marc est ....

paresseux/-euse
sérieux/-euse
quatorze
quinze
sympa
actif/-ive
généreux/-euse
intelligent(e)

6

TOTAL

Épreuve: Parler

Carte A

Une semaine typique

You are talking to a young French person about everyday life. Your teacher or another person will play the part of the French person and will speak first.

1. Say when you usually get up on weekdays.
2. Say what languages you're learning.
3. Say what you do at the weekend.
4. Ask your friend if he/she likes sport.

Carte B

Une semaine typique

Tu parles avec un(e) jeune Français(e). Moi, je suis le/la jeune Français(e).

1. Tu te lèves à quelle heure en semaine?
2. Qu'est-ce que tu apprends comme langues?
3. Qu'est-ce que tu fais le week-end?
4. Oui, j'aime bien le sport. Je joue au football le samedi.

/12

Conversation

Prépare tes réponses aux questions puis travaille avec ton professeur.

- **Ma famille et moi**

  Quel âge as-tu?

  Tu as des frères et sœurs?

  Tu as un animal?

  Tu t'entends bien avec qui dans ta famille? Pourquoi?

- **L'internet**

  Tu passes combien d'heures par semaine en ligne?

  Qu'est-ce que tu fais principalement?

  Quels sont tes sites préférés?

  Tu lis des blogs? Si oui, de qui?

  Tu fais des jeux en ligne?

  À ton avis, est-ce que l'internet est utile pour le travail scolaire? Pourquoi?

/13

TOTAL /25

Tricolore Total 3 © Mascie-Taylor, Spencer, Honnor, Oxford University Press

Épreuve: Lire (1)

A Un message

Complète le message avec des mots/expressions de la case.

Salut!
Je **Ex.** ......*i*... Marine, et j'ai 13 ans. J'ai **1** ...., Luc, qui est **2** .... que moi – il a 15 ans. J'ai aussi une demi-sœur, mais elle n' **3** .... pas avec nous car elle est **4** .... J'adore ma mère – elle est toujours très **5** .... Mes parents sont **6** ...., mais je vois mon père le week-end.

a habite	**b** un frère
c plus jeune	**d** divorcés
e sympa	**f** plus âgé
g petite	**h** une sœur
i m'appelle	**j** mariée

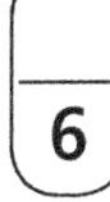

/6

B La Nouvelle-Calédonie

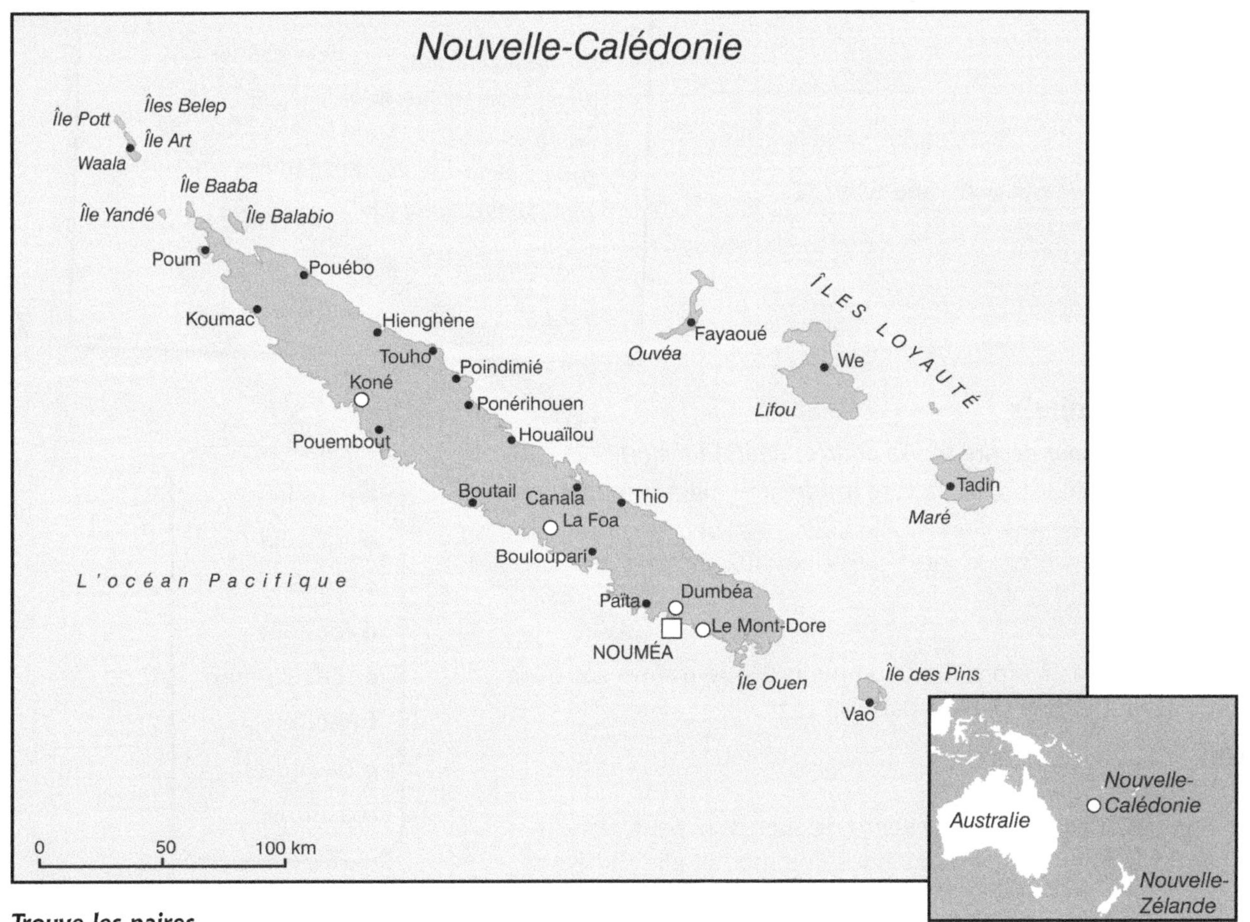

Trouve les paires.

Exemple: La Nouvelle-Calédonie est un groupe d'îles ....*e*..

1. Les deux pays les plus proches ......
2. La capitale, la seule grande ville, ...
3. À La Nouvelle-Calédonie on ......
4. Le paysage est très varié; ......
5. De novembre à mai il fait chaud ......
6. On voit des poissons magnifiques en ......

a et il pleut; c'est la saison des cyclones.
b mer et dans les lagons.
c sont l'Australie et la Nouvelle-Zélande.
d parle français et d'autres langues locales.
e qui se trouve dans l'océan Pacifique.
f s'appelle Nouméa.
g il y a des montagnes, des vallées et des plaines.

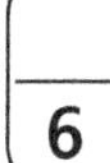

/6

Épreuve: Lire (2)

C Une lettre de Kévin

Read the letter and then answer the questions in English.

1 What does Kévin's father say about him and why? (2)

....

....

2 Give one complaint that his mother makes about him.

....

....

3 Why does Kévin complain about ...

a his brother? ....

....

b his sister ....

....

4 Who else has he fallen out with, and why? (2)

....

....

Salut!

Je m'appelle Kévin, et la vie est vraiment difficile pour moi. Je me dispute avec tout le monde.

D'abord, mon père dit que je suis paresseux parce que je ne lave pas la voiture. Puis ma mère trouve que je ne travaille pas assez au collège, et que je passe trop de temps au téléphone.

Mon frère aîné peut sortir le soir et rentrer quand il veut. Moi, en semaine, je me couche à dix heures et demie!

Et ma petite sœur – elle m'énerve. Elle passe son temps devant la télé quand je fais mes devoirs. Mais le pire, c'est ma petite amie. Elle ne veut jamais venir avec moi au match de foot.

Aidez-moi, s'il vous plaît!!!

Kévin

/ 7

D Les petit(e)s ami(e)s

On écrit à un magazine pour décrire son/sa petit(e) ami(e) idéal(e).

Pour chaque personne, choisis dans la case les deux qualités importantes.

Exemple: Voici ma petite amie idéale. Elle aime être avec les autres, faire de nouvelles rencontres, et elle adore sortir, participer aux sports, etc.

Qualités: ...*b*... et ...*h*...

- **a** grand(e)
- **b** sociable
- **c** timide
- **d** fou/folle
- **e** sérieux/-euse
- **f** petit(e)
- **g** bavard(e)
- **h** actif/-ive

1 Mon petit copain idéal? Alors, il est comme moi – je n'aime pas parler aux autres, tu sais. Et puis, il n'est pas trop petit.

Qualités: .... et ....

2 Oui, j'ai une petite amie idéale. D'abord, je suis assez petit, donc je n'aime pas les filles qui sont plus grandes que moi. Et elle s'intéresse aux mêmes choses que moi: je m'intéresse à l'histoire et aux langues, mais je n'aime pas le sport.

Qualités: .... et ....

3 Mon petit ami idéal, je le connais déjà. C'est Nicolas. Il adore parler – il parle tout le temps! Et il aime faire des choses stupides; au collège, les profs ne l'aiment pas, mais moi, je l'adore!

Qualités: .... et ....

/ 6

TOTAL / 25

Tricolore Total 3 © Mascie-Taylor, Spencer, Honnor, Oxford University Press

Épreuve: Écrire et grammaire

Ⓐ Questionnaire

Complète le questionnaire en français.

Description physique: **Ex.** ....*taille moyenne*..........

Cheveux: ....

Yeux: ....

Passe-temps préféré: ....

Langues parlées: ....

/4

Ⓑ Des verbes

Fill in the missing verbs in the present tense.

a Des questions

Ex. Est-ce que tu ...*joues*..... aux cartes? (*jouer*)

1 Où est-ce que vous .... ? (*habiter*)

2 Qu'est-ce que tu .... faire le samedi? (*aimer*)

3 Qu'est-ce qu'on .... comme langues au collège? (*apprendre*)

4 Les cours .... à quelle heure normalement? (*finir*)

b Des phrases

1 Beaucoup d'élèves .... au collège en bus. (*aller*)

2 Comme sport, on .... de la natation et de la gymnastique. (*faire*)

3 Mon meilleur ami .... un peu bavard, mais très sympa. (*être*)

4 Nous .... dans la même classe. (*être*)

/8

Ⓒ Tous les jours

Ex. Normalement, je ...*me réveille*... à 7 heures. (*se réveiller*)

1 Je .... et je me prépare pour l'école. (*se lever*)

2 Mon frère, il .... en uniforme scolaire. (*s'habiller*)

3 Il est amusant et nous .... bien. (*s'entendre*).

4 Mes amis .... aux cours de technologie. (*s'intéresser*)

5 On .... pour déjeuner à midi. (*s'arrêter*)

/5

Ⓓ Un e-mail

Écris un e-mail* en français *à un(e) ami(e). Réponds aux questions suivantes:

- Qu'est-ce que tu aimes faire en ligne?
- Quand est-ce que tu te connectes à l'internet?
- Quelle sorte de sites aimes-tu? Pourquoi?
- Pose une question sur Internet à ton ami(e).

Ex. ...*Je participe aux forums*...

....

....

....

....

....

/8

TOTAL /25

Tricolore Total 3 © Mascie-Taylor, Spencer, Honnor, Oxford University Press

La page des jeux

1 Des monuments dans le désordre

Voici des monuments de Paris, mais les lettres sont mélangées. C'est quel monument?

Exemple: 1 *la Seine*

1 Sea line __ a _ _ _ _ _ _ _
2 angled her a car _ _ _ r _ _ _ _ _ A _ _ _ _ _
3 scare leo-curé _ _ S _ _ _ _ _ - _ _ _ _ _ _ _
4 rule love _ _ _ _ _ v _ _
5 alto fuel fire _ _ t _ _ _ _ _ _ _ _ _ _ _
6 sam pléyés le-chess _ _ s _ _ _ _ _ _ _ _ _ - _ _ y _ _ _ _ _
7 mp reel'd chariot l' _ _ _ _ _ _ _ _ _ _ _ p _ _
8 dump election rope _ _ _ _ _ _ _ _ e _ _ _ _ _ _ _ _ _ _ u
9 rat deals defence _ e _ _ _ _ _ _ _ _ _ F _ _ _ _ _ _ _
10 do send repair team _ _ _ _ _ _ _ - _ _ _ _ _ d _ P _ _ _ _ _

2 Chasse à l'intrus

Souligne le mot qui ne va pas avec les autres.

Exemple: 1 *une cathédrale, une église, une tour, une mosquée*

1 une cathédrale, une église, une tour, une mosquée
2 un bus, une colline, un funiculaire, un train
3 une avenue, un musée, une place, une rue
4 dimanche, juillet, lundi, mardi
5 un centre commercial, un fleuve, un magasin, un marché
6 l'ascenseur, l'escalier, le funiculaire, l'intérieur

3 À Londres

Connais-tu bien Londres? Fais ce jeu pour le savoir. Trouve le bon endroit.

a Buckingham Palace
b la cathédrale Saint-Paul
c Harrods
d Madame Tussaud's
e le musée d'Histoire naturelle
f la Tamise
g la Tour de Londres
h Tower Bridge
i Trafalgar Square
j Westminster

Exemple: 1 *f*

1 C'est le fleuve qui passe par Londres.
2 C'est un pont célèbre qui a deux tours.
3 Sur cette grande place, il y a un monument très haut et il y a beaucoup de pigeons.
4 C'est le musée où l'on peut voir des dinosaures.
5 Ce grand magasin, très célèbre, n'est pas dans Oxford Street.
6 C'est le quartier de Londres où se trouvent le Parlement et une abbaye célèbre.
7 C'est un monument historique près du fleuve et où l'on peut voir des 'Beefeaters' et des bijoux de la reine.
8 Cette cathédrale célèbre se trouve dans le quartier le plus vieux de Londres.
9 Ce palais royal est la résidence officielle de la reine à Londres.
10 Dans ce musée, on peut voir des tableaux historiques et actuels à travers des statues en cire.

4 Un acrostiche

Écris les bons mots.

Tricolore Total 3 © Mascie-Taylor, Spencer, Honnor, Oxford University Press

Le passé composé

1 Trouve les paires

Complète les phrases et trouve la bonne image.

Exemple: 1 *acheté – D*

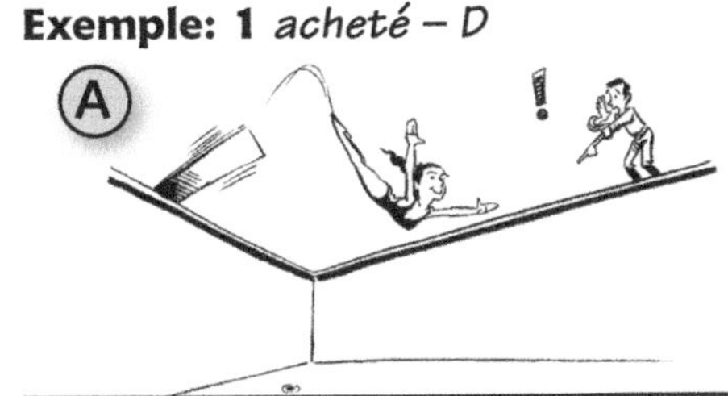

1 Ma mère a .... ce t-shirt hier, mais il est trop grand. (*acheter*) ☐

2 J'ai .... le dictionnaire, mais ce n'est pas dedans. (*consulter*) ☐

3 Il a .... de réparer le téléviseur! (*essayer*) ☐

4 Attention! On n'a pas encore .... la piscine. (*remplir*) ☐

5 Ça y est! J'ai .... quelque chose à lire. (*choisir*)

6 Vous n'avez pas .... votre permis de conduire. (*réussir*) ☐

7 Nous avons .... le facteur, mais il est en retard. (*attendre*) ☐

8 J'ai .... mes sandwichs! (*perdre*) ☐

9 Comment? Je n'ai pas ....! (*entendre*) ☐

2 La journée de Sophie

Complète les phrases.

Exemple: 1 *a fini*

1 Sophie .... son petit déjeuner à 7h15. (*finir*)
2 Elle .... la maison à 7h30. (*quitter*)
3 Elle .... son amie, Nuria. (*rencontrer*)
4 Elles .... le bus ensemble. (*attendre*)
5 Les cours .... à 8h30. (*commencer*)
6 À midi, Sophie .... à la cantine. (*déjeuner*)
7 Elle .... une salade et des fruits. (*choisir*)
8 Après le déjeuner, elle .... avec des amies. (*discuter*)
9 L'après-midi, on .... sur l'ordinateur. (*travailler*)
10 Puis on .... au handball. (*jouer*)
11 Le cours de sport .... à 16h45. (*finir*)
12 Le soir, Sophie et Nuria .... pour un contrôle. (*réviser*)
13 Elles .... à 19h30. (*dîner*)
14 Puis elles .... un jeu à la télé. (*regarder*)

3 Une journée récente

Décris une journée récente.
Voici des idées:

- J'ai quitté la maison à ...
- Au collège, les cours ont commencé à ...
- À midi, j'ai mangé/acheté/choisi/...
- Puis – jouer au football/
  jouer aux cartes/
  discuter avec mes amis/...
- Les cours – finir à ...
- Le soir – regarder la télé/
  écouter de la musique/
  travailler pour l'école/
  jouer sur l'ordinateur/...

Où vont ces touristes?

1 Où vont ces touristes?

a ***Ces touristes ont voyagé en métro hier. Complète les descriptions avec les verbes de la case A. Tu peux utiliser chaque verbe plusieurs fois.***

b ***Qu'est-ce qu'ils ont visité? Écris le nom d'un monument de la case B.***

1 Luigi Spinoza **Ex.** *a pris* le métro à Abbesses. Puis il .... le funiculaire. Au sommet, il .... une grande église blanche. **C'est** ....

2 Julie McCarthy .... le métro à Bir-Hakeim. Là, elle .... un monument très connu et très haut. Après, elle .... son pique-nique. **C'est** ....

3 Boris et Ingrid Herzog .... un taxi pour l'Île de la Cité. Là, ils .... une cathédrale célèbre. Ils sont montés au sommet d'une des tours et ils .... voir tout Paris. **C'est** ....

4 Les élèves du collège Archbishop James .... une excursion en car. Ils .... les monuments principaux, puis ils .... le musée des Science, qui se trouve près des Champs-Elysées. **C'est** ....

5 Pedro Gonzales .... un taxi pour la place Charles de Gaulle. Il .... un monument qui commémore* les victoires de Napoléon. Il .... la tombe du Soldat inconnu* et il .... un guide du monument. **C'est** ....

A
- a acheté
- a mangé
- a pris
- a visité
- a vu
- ont fait
- ont pris
- ont pu
- ont visité
- ont vu

B
- L'Arc de Triomphe
- Notre-Dame
- Le Palais de la découverte
- Le Sacré-Cœur
- La tour Eiffel

commémorer – *to commemorate (remember)*   la tombe du Soldat inconnu – *the tomb of the unknown soldier*

2 Mots croisés

a ***Écris le participe passé des verbes dans les mots croisés.***

b ***Écris la traduction de l'infinitif en anglais. Pour t'aider, cherche dans le dictionnaire.***

Horizontalement

4 apprendre (6) **Ex.** *to learn*
6 faire (4) ....
7 écrire (5) ....
11 voir (2) ....
12 ouvrir (6) ....
13 avoir (2) ....
14 lire (2) ....
15 disparaître (7) ....
18 savoir (2) ....

Verticalement

1 dire (3) ....
2 paraître (4) ....
3 être (3) ....
5 prendre (4) ....
8 comprendre (7) ....
9 boire (2) ....
10 promettre (6) ....
11 vouloir (5) ....
16 pouvoir (2) ....
17 rire (2) ....

3 Une carte postale

Complète la carte postale avec des verbes au passé composé.

Salut, Sika!
Hier, il (**1** *pleuvoir*) **Ex.** *a plu* .... toute la journée, alors nous (**2** *mettre*) .... un imper et nous (**3** *faire*) .... du shopping en ville. On (**4** *prendre*) .... un chocolat chaud au café, et après, j'(**5** *pouvoir*) .... aller au cinéma avec une amie. Nous (**6** *voir*) .... un bon film. Mes parents (**7** *écrire*) .... des cartes postales et puis ils (**8** *avoir*) .... la chance d'aller à un concert à la cathédrale.
À bientôt
Charlotte

Tricolore Total 3 © Mascie-Taylor, Spencer, Honnor, Oxford University Press

C'est quelle station? (A)

Travaillez à deux. Inventez des conversations, puis changez de rôle.
Tu es touriste à Paris et tu veux visiter ces endroits:

	destination	billet(s)
Ex.	le Sacré-Cœur	2
1	Notre-Dame	4
2	le Centre Pompidou	carnet
3	le bois de Boulogne	3

Exemple:

Touriste: *Deux billets, s'il vous plaît.*
Employé(e): *Ça fait 3 euros 40.*
Touriste: *Pour le Sacré-Cœur, c'est quelle station?*
Employé(e): *C'est la station Anvers.*
Touriste: *Et c'est quelle direction?*
Employé(e): *Prenez la direction Porte Dauphine.*

Maintenant, changez de rôle. Tu es employé(e) à la RATP (les transports parisiens). Ton/Ta partenaire est touriste à Paris. Regarde le tableau et réponds à ses questions.

For the current price of tickets, look on the Paris metro website (www.ratp.fr) and amend the conversation as appropriate.

Tarif:	
1 billet	1,70€
2 billets	3,40€
3 billets	5,10€
4 billets	6,80€
5 billets	8,50€
carnet (10 billets)	12,00€

	destination	station de métro	direction
Ex.	le Sacré-Cœur	Anvers	Porte Dauphine
4	la Grande Arche	La Défense	La Défense
5	le musée d'Orsay	Solferino	Porte de la Chapelle
6	la tour Montparnasse	Montparnasse Bienvenue	Mairie d'Issy

C'est quelle station? (B)

Travaillez à deux. Inventez des conversations, puis changez de rôle.
Tu es employé(e) à la RATP (les transports parisiens). Ton/Ta partenaire est touriste à Paris. Regarde le tableau et réponds à ses questions.

For the current price of tickets, look on the Paris metro website (www.ratp.fr) and amend the conversation as appropriate.

Exemple:

Touriste: *Deux billets, s'il vous plaît.*
Employé(e): *Ça fait 3 euros 40.*
Touriste: *Pour le Sacré-Cœur, c'est quelle station?*
Employé(e): *C'est la station Anvers.*
Touriste: *Et c'est quelle direction?*
Employé(e): *Prenez la direction Porte Dauphine.*

Tarif:	
1 billet	1,70€
2 billets	3,40€
3 billets	5,10€
4 billets	6,80€
5 billets	8,50€
carnet (10 billets)	12,00€

	destination	station de métro	direction
Ex.	le Sacré-Cœur	Anvers	Porte Dauphine
1	Notre-Dame	Cité	Porte d'Orléans
2	Le Centre Pompidou	Rambuteau	Mairie des Lilas
3	Le bois de Boulogne	Porte Maillot	Château de Vincennes

Maintenant, changez de rôle. Ton/Ta partenaire est employé(e) de la RATP. Tu es touriste à Paris et tu veux visiter ces endroits:

	destination	billet(s)
Ex.	le Sacré-Cœur	2
4	la Grande Arche	3
5	le musée d'Orsay	5
6	la tour Montparnasse	carnet

Deux jeux de logique

1 Qui est allé où, et comment?

Ces six Parisiens ont tous pris un moyen de transport différent pour visiter un endroit différent. Qu'est-ce qu'ils ont visité et comment ont-ils voyagé?

Exemple: *Ahmed est allé au Louvre en taxi.*

- Ahmed a visité un musée.
- Charlotte a pris le bus.
- Sophie a pris le métro.
- Jérôme a pris un moyen de transport qui a deux roues, mais ce n'est pas un vélo.
- Manon a pris un moyen de transport qui a deux roues.
- Charlotte n'est pas allée à un centre sportif.
- Jérôme a visité un monument très haut, mais il n'est pas en métal.
- Manon n'est pas allée au marché, ni au stade.

qui?	comment?					où?				
	en métro	à moto	en bus	en taxi	à vélo	le stade de France	le marché aux puces	la tour Eiffel	le Louvre	la Grande Arche
Ahmed						✗	✗	✗	✓	✗
Charlotte									✗	
Sophie									✗	
Jérôme									✗	
Manon									✗	

2 Le dernier métro

Lis le texte, puis fais ce jeu de calcul.

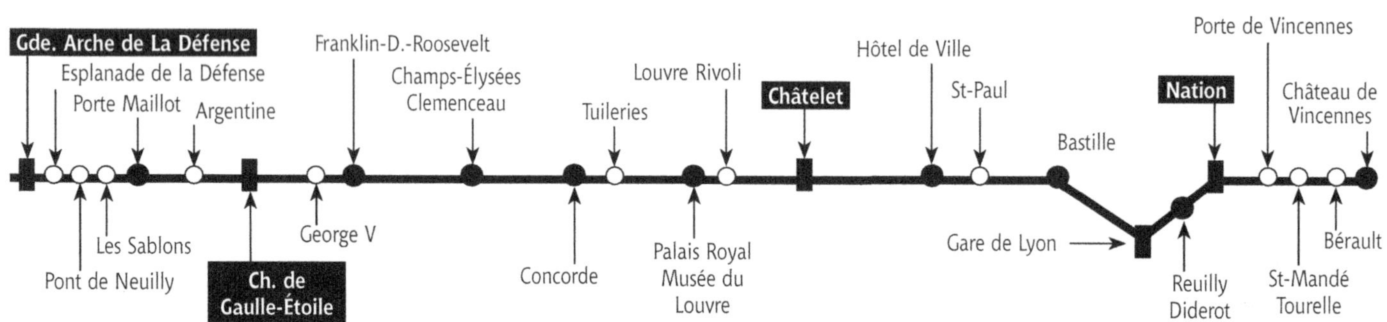

- Il était tard. Sur la ligne numéro 1, le dernier métro est parti de **La Défense** avec six passagers seulement. Après quelques minutes, il est entré dans la station **Charles de Gaulle-Étoile**.
- À **Charles de Gaulle-Étoile**, les six passagers sont restés dans le train, mais vingt-sept autres passagers sont montés.
- À **Concorde**, dix passagers sont descendus, et dix-neuf autres passagers sont montés.
- À **Châtelet**, dix passagers sont descendus du train.
- À **Hôtel de Ville**, un couple et deux garçons sont descendus et trois femmes sont montées.
- À **Bastille**, un contrôleur de la RATP est monté. Il a découvert que deux hommes voyageaient sans ticket, alors ces deux personnes sont descendues du train immédiatement, avec le contrôleur. Puis le train est parti.
- À **Gare de Lyon**, douze passagers sont sortis du train.
- À **Nation**, une petite fille est descendue du train avec sa mère. Tous les autres passagers sont restés dans le train jusqu'au terminus, **Château de Vincennes**.
- À **Château de Vincennes**, tout le monde est descendu.

Et maintenant, calcule!

1. Quand le train est parti de Châtelet, combien de passagers sont restés dans le train? ☐
2. Quand le train est arrivé à Hôtel de Ville, combien de femmes sont descendues? ☐
3. Combien de personnes sont montées dans le train à Bastille? ☐
4. Combien de personnes sont descendues du train à Nation? ☐
5. De quelle station est-ce que le train est parti avec le plus grand nombre de passagers? ☐
6. Combien de passagers étaient dans le train quand il est arrivé à sa destination? ☐

Tricolore Total 3 © Mascie-Taylor, Spencer, Honnor, Oxford University Press

La grève des transports

Jeudi: grève des transports parisiens
La grève des employés de la RATP va durer 24 heures, de minuit mercredi jusqu'à minuit jeudi

la grève – *strike*

a ***Ces personnes ont toutes réussi à aller à Paris, malgré la grève. Qu'est-ce qu'elles disent? Complète les phrases.***

1 Nous sommes arriv...... en hélicoptère.
2 Nous sommes arriv...... en montgolfière.
3 Je suis arriv...... à cheval.
4 Je suis arriv...... à roller.
5 Nous sommes arriv...... à tandem.
6 Je suis arriv...... à skate.
7 Nous sommes arriv...... à moto.
8 Nous sommes arriv...... en canoë.
9 Je suis arriv...... à planche à voile.

b ***Complète ce petit article avec la bonne forme du verbe arriver.***

Exemple: 1 *est arrivée*

On y arrive quand même!

Malgré la grève de la RATP hier, beaucoup de Parisiens ont trouvé un moyen, parfois original, de se rendre à Paris.
Une fille **1** .... à cheval;
une autre fille **2** .... à roller.
Un garçon **3** .... à skate,
deux autres **4** .... à tandem
et deux filles **5** .... à moto.
Deux familles ont choisi un moyen de transport aérien:
une famille **6** .... en hélicoptère
et une autre **7** .... en montgolfière.
Et on n'a pas oublié les moyens de transport aquatiques:
un homme et une femme **8** .... en canoë
et une fille **9** .... à planche à voile.

Questions, questions

1 Français–anglais

Trouve les paires.

Exemple: 1 *e*

1 ......, **2** ......, **3** ......, **4** ......, **5** ......,

6 ......, **7** ......, **8** ......, **9** ......, **10** ......

1 qui	**a** *when*
2 quand	**b** *what*
3 (qu'est-ce) que/qu'	**c** *at what time*
4 comment	**d** *why*
5 combien	**e** *who*
6 avec qui	**f** *how*
7 où	**g** *which ...*
8 à quelle heure	**h** *how much*
9 pourquoi	**i** *where*
10 quel(le)(s) ...	**j** *with whom*

2 Quelle est la question?

Voilà des questions et des réponses. Complète les questions avec des mots de l'activité 1.

1 – **Ex.** ...*Qu'est-ce que*... tu as fait hier?
– J'ai visité la tour Eiffel.

2 – .... es-tu parti?
– Nous sommes partis après le petit déjeuner.

3 – .... de personnes ont visité la tour?
– Il y avait cinq personnes dans notre groupe.

4 – .... n'a pas voulu monter au troisième étage?
– Tiffaine est restée au deuxième étage – elle n'a pas voulu monter plus haut.

5 – .... êtes-vous allés après la tour Eiffel?
– Après, nous avons visité le Centre Pompidou.

6 – .... avez-vous quitté le musée?
– À cinq heures précises.

7 – .... moyen de transport avez-vous pris à Paris?
– Nous avons pris le métro.

8 – .... avez-vous choisi le métro?
– Parce que c'est le plus pratique.

9 – .... as-tu trouvé la bonne station?
– C'est simple! J'ai demandé un plan du métro!

10 – .... es-tu rentré chez toi?
– Avec Tiffaine. Les autres sont allés dans un fast-food.

3 Questions et réponses

a ***Complète les questions en utilisant des mots de la case.***

Exemple: 1 *vu*

aimé allés déjeuné gagné
mangé rentré restés vu

1 Est-ce que tu as .... le match de football, samedi? (*to see*)
2 Qui a .... le match? (*to win*)
3 Quand es-tu .... à la maison? (*to return*)
4 Où est-ce que vous êtes .... dimanche? (*to go*)
5 Vous êtes .... là pendant combien de temps? (*to stay*)
6 Vous avez ....? (*to like*)
7 Est-ce que vous avez .... au restaurant? (*to have lunch*)
8 Qu'est-ce que tu as ....? (*to eat*)

b ***Complète les réponses avec la bonne forme des verbes avoir ou être.***

Exemple: a *avons*

a Oui, nous .... beaucoup aimé.
b Nous .... allés au Palais de la découverte.
c J'...................... mangé du poisson avec de la salade.
d Oui, j'...................... vu le match: on a bien joué.
e Nous .... restés deux ou trois heures.
f Oui, nous .... déjeuné dans un petit restaurant dans le quartier.
g L'équipe du collège Missy .... gagné le match.
h Je .... rentré à dix-huit heures.

c ***Trouve les paires.***

Exemple: 1 *d*

1 ......, **2** ......, **3** ......, **4** ......,

5 ......, **6** ......, **7** ......, **8** ......

Tricolore Total 3 © Mascie-Taylor, Spencer, Honnor, Oxford University Press

Mots croisés – le passé composé

a *Complète les mots croisés.*

b *Entoure tous les participes passés avec* ***avoir****.*

Souligne tous les participes passés avec ***être****.*

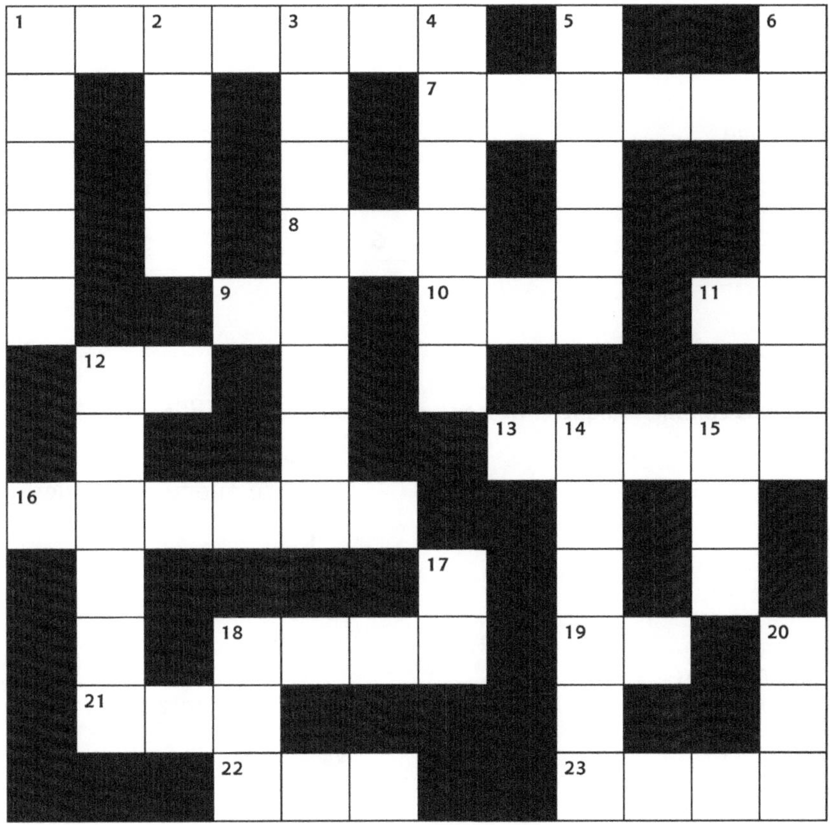

Horizontalement

1 Pouvez-vous m'expliquer ça? Je n'ai pas … (7)
7 Il a … la porte. (6)
8 La semaine dernière, mes parents … visité Paris. (3)
9 De la tour Eiffel, ils ont … toute la ville. (2)
10 Après ça, … sont descendus en ascenseur. (3)
11 … a bu un coca au café. (2)
12 Est-ce que … as eu beaucoup de cadeaux? (2)
13 J'ai … un CD à mon ami pour 5 euros. (5)
16 Ma copine est … dans le bus sans moi! (6)
18 … ne sommes pas rentrés ensemble. (4)
19 Le film était très drôle – j'ai beaucoup … (2)
21 J'ai … en retard parce que j'ai manqué le train. (3)
22 Le prochain train … arrivé à 15 heures. (3)
23 Moi, je ne … pas venu en métro. (4)

Verticalement

1 Les enfants ont … très vite pour gagner la course. (5)
2 Mon ami est triste parce que son poisson rouge est … (4)
3 Je suis … de Paris assez tard, vers 11 heures. (8)
4 Mathilde n'est pas là. Elle est déjà … (6)
5 Hier, nous … appris des choses intéressantes. (5)
6 J'ai … le bus pendant une demi-heure. Je n'étais pas content. (7)
12 Comment avez-vous … la visite du Louvre? C'était intéressant? (6)
14 À quelle heure sont-ils … dans le musée? (6)
15 Nous avons … 'Au revoir!' (3)
17 Tu … offert un cadeau à ta copine? (2)
18 Ma correspondante est … le 5 mai. (3)
20 Hier, il a fait froid, alors j'ai … un pull. (3)

Écoute et parle

1 Et après?

Écoute la lettre puis dis et écris la lettre qui suit dans l'alphabet.

Ex. 1 ...b... **2** .... **3** .... **4** .... **5** .... **6** .... **7** .... **8** .... **9** ....

2 Vocabulaire de classe

Écoute et complète les phrases.

1 Faites l'exercice 5 à la page _ _ _ .

2 Est-ce que je peux avoir un _ _ _ _ _, s'il vous plaît?

3 J'ai oublié mon _ _ _ _ _ _ .

4 Je n'ai pas de _ _ _ _ _ _.

5 Je n'ai pas fait mes _ _ _ _ _ _ _ _.

6 On va faire un contrôle _ _ _ _ _ prochain.

3 Des conversations

Écoute les questions et réponds comme indiqué ci-dessous, puis écoute pour vérifier.

1 En ville

– Qu'est-ce qu'il y a à voir dans la ville?

–

....

– Quand est-ce qu'ils sont ouverts?

–

t.l.j mais lundi

....

– Qu'est-ce qu'il y a pour les jeunes?

–

....

2 Une visite à Paris

– Qu'est-ce que tu as fait hier matin?

–

....

– Et hier après-midi?

–

....

– Quel temps a-t-il fait?

– mais

....

3 Des questions

Tu parles à un ami français. Pose les questions comme indiqué ci-dessous, puis écoute pour vérifier.

– Salut!

– Say hello and ask your friend where he went last Friday.

....

– Vendredi, je suis allé au collège, comme d'habitude.

– Ask what he did in the evening.

....

– J'ai vu un film au cinéma.

– Ask if he liked it.

....

– Oui, c'était bien.

Tricolore Total 3 © Mascie-Taylor, Spencer, Honnor, Oxford University Press

Tu comprends?

1 En ville

Écoute les phrases 1–10 et trouve l'image qui correspond.

Exemple: 1 *C*

1 ......, **2** ......, **3** ......, **4** ......, **5** ......,

6 ......, **7** ......, **8** ......, **9** ......, **10** ......

2 Dans le métro

Écoute les conversations et choisis la bonne réponse.

Exemple: 1 *a*

1 La touriste demande …
- **a** ☑ un plan du métro.
- **b** ☐ un ticket.
- **c** ☐ un carnet.

2 Le touriste achète …
- **a** ☐ un carnet.
- **b** ☐ un ticket.
- **c** ☐ un euro.

3 La touriste a acheté …
- **a** ☐ un billet.
- **b** ☐ dix billets.
- **c** ☐ un magazine.

4 Pour Concorde, il faut prendre la direction …
- **a** ☐ La Défense.
- **b** ☐ Nation.
- **c** ☐ Correspondance.

5 Pour la direction Nation, il faut suivre les panneaux de …
- **a** ☐ Sortie.
- **b** ☐ Renseignements.
- **c** ☐ Correspondance.

6 Pour la Cité des sciences, c'est …
- **a** ☐ Pont de Neuilly.
- **b** ☐ Porte de la Chapelle.
- **c** ☐ Porte de la Villette.

7 Le touriste doit changer à …
- **a** ☐ Pont de Sèvres.
- **b** ☐ Trocadéro.
- **c** ☐ Nation.

8 La touriste veut aller …
- **a** ☐ au château.
- **b** ☐ à l'aéroport.
- **c** ☐ au Louvre.

3 Une semaine de vacances

Devine les mots qui manquent, puis écoute la conversation pour vérifier.

Exemple: 1 *e allée*

a bateaux **b** tour **c** cathédrale **d** allé
e allée **f** musée **g** fermé **h** retournée
i appris **j** morte **k** resté **l** magasins

– Salut, Manon! Tu as passé de bonnes vacances?
– Oui, merci, Nahid! C'était super! Dimanche, je suis **1** .... à Rouen avec ma mère. Ma cousine habite là-bas. Ma mère est **2** .... à Paris, et moi, je suis restée trois jours chez ma cousine.
– Et qu'est-ce que vous avez fait?
– C'était ma première visite à Rouen, alors nous avons visité la **3** ...., puis la **4** .... de la Grosse Horloge et le **5** .... Jeanne d'Arc.
– Ah oui, Jeanne d'Arc est **6** .... sur la place du Vieux-Marché à Rouen. J'ai lu ça dans un livre d'histoire.
– Très bien, Nahid! Alors, mardi matin, nous sommes allées au port – tu sais, il y a de très grands **7** .... sur la Seine.
– Oui, on a **8** .... ça en géographie!
– Et tu sais ce qu'on a fait l'après-midi, toi?
– Euh, non.
– Alors, on est allées au fast-food, puis on a fait les **9** .... J'ai aimé ça! J'ai acheté un pull et un t-shirt.
– Très intéressant!! Moi, je suis **10** .... ici, à Paris.
– Et qu'est-ce que tu as fait?
– Eh bien, lundi, je suis **11** .... au Palais de la découverte avec mon copain.
– C'était intéressant?
– Ben, non – c'est **12** .... le lundi!

Sommaire

Now I can ...

■ talk about places in a town or city

Notre-Dame, c'est une cathédrale.	Notre-Dame is a cathedral.
Le Louvre, c'est un musée.	The Louvre is a museum.
au milieu de	in the middle of
une avenue	avenue
une cathédrale	cathedral
célèbre	famous
un centre commercial	shopping centre
une colline	hill
une église	church
un fleuve	river (flowing into the sea)
un funiculaire	funicular railway
un grand magasin	department store
une île	island
un jardin public	public gardens, park
un marché	market
un monument	monument
un musée	museum
une place	square
un quartier	district
situé(e)	situated
se trouver	to be situated

■ understand information in tourist materials

ouvert(e)	open
fermé(e)	closed
sauf (sf)	except
tous les jours (tlj)	every day
un jour férié	public holiday

■ say what the weather was like

il a fait beau	it was fine
chaud	hot
froid	cold
mauvais	bad (weather)
il y a eu du soleil	it was sunny
du brouillard	foggy
du vent	windy
il a plu	it rained
il a neigé	it snowed

■ travel by metro

Pour la tour Eiffel, c'est quelle station?	What station is it for the Eiffel Tower?
Pour Bir-Hakeim, c'est quelle direction?	What direction is it for Bir-Hakeim?
Est-ce qu'il faut changer?	Do I have to change?
Prenez la direction Pont de Sèvres ...	Go towards Pont de Sèvres ...
puis changez à Trocadéro et prenez la direction Nation.	then change at Trocadéro and follow signs for Nation.
Excusez-moi, je descends ici.	Excuse me, I'm getting off here.
Direction Nation, c'est par où, s'il vous plaît?	Where do I get the train for Nation?
C'est par là, où vous voyez 'Correspondance'.	Over there, where it says 'Connections'.
un carnet	book of tickets
un panneau	sign
la sortie	exit
la station de correspondance	interchange, connecting station
une station de métro	metro station
un tarif unique	flat-rate fare
un ticket	ticket

■ describe what I did, etc. using the perfect tense with avoir:

J'ai visité ...	I visited ...
On a pris ...	We took ...
Nous avons vu ...	We saw ... (Student's Book page 27)

with être

Je suis allé(e) à ...	I went to ... (Student's Book page 28)

■ use expressions of past time *(see Student's Book Vocabulaire et expressions utiles page 142 Section 5)*

■ talk or write about a place I have visited recently *(see also Student's Book page 33)*

Hier / Samedi / La semaine dernière,	Yesterday / On Saturday / Last week
On a visité ...	We visited ...
On a voyagé en ...	We travelled by ...
L'après-midi, on ...	In the afternoon we ...
Nous sommes restés là tout l'après-midi.	We stayed there all afternoon.
C'était (très / assez / pas) ... bien / intéressant / amusant / ennuyeux / fatigant / génial / affreux / horrible / nul	It was (very / quite / not) ... good / interesting / enjoyable / boring / tiring / great / terrible / awful / rubbish
Nous sommes rentrés à ...	We came back at ...
J'ai horreur de ... / Je déteste ...	I hate ...

■ ask and answer questions about what I did or what happened *(see also Student's Book page 32 and page 149)*

As-tu passé un bon week-end?	Did you have a good weekend?
Où es-tu allé(e)?	Where did you go?
Je suis allé(e) ...	I went ...
Qu'est-ce que tu as fait?	What did you do?
Tu as aimé?	Did you like / enjoy it?
Oui / Non, c'était ...	Yes / No, it was ...
Pierre, a-t-il visité le Louvre?	Has Pierre visited the Louvre?

■ use the perfect tense in the negative

Il n'a pas visité le Louvre.	He hasn't visited the Louvre.
Je n'ai pas eu le temps.	I didn't have time.
Nous n'avons pas fait ça.	We didn't do that.
Je ne suis pas sorti(e).	I didn't go out.
Elles ne sont pas entrées.	They didn't go in.

Tricolore Total 3 © Mascie-Taylor, Spencer, Honnor, Oxford University Press

Épreuve: Écouter

A À Paris

C'est quelle image? Écris la bonne lettre.

Ex. B 1 ☐ 2 ☐ 3 ☐ 4 ☐ 5 ☐

(A) (B) (C) (D) (E) (F)

/5

B Le métro

Pour chaque conversation, choisis la bonne image.

Ex. D 1 ☐ 2 ☐ 3 ☐ 4 ☐ 5 ☐

(A) 1,70€ (B) (C) CORRESPONDANCE (D) SORTIE (E) MÉTRO (F) MÉTRO

/5

C Une visite scolaire

Listen to the conversation and tick the sentences that are true.

1 ☑ These young people are discussing what to do on a school visit.
2 ☐ The *Grande Arche* is a monument in the area of *La Défense*.
3 ☐ There is a shopping centre in the same area.
4 ☐ *La Défense* is not close to the city centre.
5 ☐ There is no métro connection to *La Défense*.
6 ☐ There is no opportunity for shopping in the city centre.
7 ☐ Nobody in the group wants to go sightseeing.
8 ☐ They are not all interested in churches and cathedrals.
9 ☐ The science museum appeals to one of the boys.
10 ☐ It is open every day.
11 ☐ The *musée Grévin* is a good place to go if you're interested in the history of France.
12 ☐ It is open on Mondays.

/7

D À la Cité des sciences

Listen to the conversation and answer the questions in English.

1 When did Théo go to the *Cité des sciences*?

....

2 What was in the *Énergies* exhibition? (Give two details) (2)

....

3 Why was he unable to do some experiments?

....

4 What did he do in the section on sound? (Give one detail)

....

5 Approximately how long did he stay in the planetarium?

....

6 What did he think of the modern garden?

....

7 What did he do in the *Géode*?

....

/8

TOTAL /25

Épreuve: Parler

Carte A

Une visite scolaire

You are talking to a young French person about a recent visit. Your teacher or another person will play the part of the French person and will speak first.

1. Say you went to the château de Versailles with your class.
2. Say you went by underground and bus.
3. Say you visited the gardens.
4. Say it was interesting but a bit long.

Carte B

Une visite scolaire

Tu parles avec un(e) jeune Français(e). Moi, je suis le/la jeune Français(e).

1. Alors, où es-tu allé(e)?
2. Tu as voyagé comment?
3. Qu'est-ce que tu as fait?
4. C'était comment, la visite?

/12

Conversation

Prépare tes réponses aux questions puis travaille avec ton professeur.

À Paris

- Qu'est-ce qu'il y a à voir à Paris?
- Qu'est-ce qui t'intéresse surtout à Paris?
- Pourquoi? C'est comment?
- Comment peut-on voyager à Paris?

Une visite récente

- La visite, c'était quand?
- Où es-tu allé(e)?
- Avec qui et pour combien de temps?
- Qu'est-ce que vous avez fait?
- C'était comment, la visite?

/13

TOTAL /25

Tricolore Total 3 © Mascie-Taylor, Spencer, Honnor, Oxford University Press

Épreuve: Lire (1)

A C'est quel monument?

Écris la bonne lettre pour chaque image.

Ex. C

1 ☐

2 ☐

3 ☐

4 ☐

5 ☐

A Le Sacré-Cœur, c'est une grande église.
B Le Centre Pompidou est un bâtiment un peu extraordinaire.
C La tour Eiffel est très haute.
D Voici les Champs-Élysées, une longue avenue au centre de Paris.
E Devant le musée du Louvre, il y a la Pyramide.
F L'équipe nationale de foot joue au stade de France.

/ 5

B Dans le métro

Mets les deux parties des phrases ensemble. Écris la bonne lettre.

Ex. F **1** ☐ **2** ☐ **3** ☐ **4** ☐ **5** ☐ **6** ☐

Ex. Dans un carnet, ...
1 Est-ce qu'il faut ...
2 Prenez la direction Nation, puis ...
3 Pour le musée du Louvre, c'est ...
4 Pour changer de ligne, ...
5 Quand on veut quitter le métro ...
6 C'est moins cher si ...

A changer de ligne?
B on achète un carnet de tickets.
C quelle station?
D changez à Trocadéro.
E on suit le panneau Correspondance.
F il y a dix tickets.
G on suit le panneau Sortie.

/ 6

Épreuve: Lire (2)

C Paris à vélo

Read the article and answer the questions in English.

La RATP sur deux roues

Sept jours sur sept, les services Roue Libre de la RATP (les transports parisiens) proposent la location de vélos à l'heure, à la demi-journée ou à la journée. Les tarifs varient entre la semaine et le week-end. Il est aussi possible de suivre des visites découvertes à vélo commentées par des guides professionnels qui parlent plusieurs langues.

Il y a aussi des sites Cyclobus de location. Ce sont d'anciens bus de la RATP et chaque bus contient 60 vélos. On peut choisir des vélos de différents types et des accessoires. Rendez-vous: Place du Châtelet, Porte d'Auteuil (Gare routière RATP) et à Vincennes (Gare routière RATP).

Horaires:
Roue Libre: lundi à dimanche: de 9h à 19h
Cyclobus disponibles tous les jours, de mars à octobre (9h–19h également)

1 What service does *Roue Libre* offer tourists?

....

2 What is the minimum amount of time you can use this service?

....

3 Who leads the organised cycle tours?

....

4 What do the *Cyclobus* contain?

....

5 At how many places can they be found?

....

6 When is the *Cyclobus* service available? (Give two details) (2)

....

....

7

D Une visite à Paris

Lis ce message de Bastian.

Nous sommes arrivés à Paris à neuf heures et demie. D'abord, nous sommes allés à la cathédrale de Notre-Dame – c'est un bâtiment énorme! Je n'ai pas beaucoup aimé l'extérieur, mais l'intérieur est très impressionnant. Quand on est sortis, on a vite trouvé une station de métro pour aller à la tour Eiffel. Nous avons vu la tour Eiffel, mais nous ne sommes pas montés au sommet parce que mon petit frère a dit que c'était trop haut!

Après, mes parents ont décidé d'aller au Palais de la découverte, mais comme tu le sais, je ne m'intéresse pas aux sciences. Après ça, nous avons passé deux heures au Louvre. Normalement, l'art ne m'intéresse pas du tout, mais le Louvre, c'est autre chose! Mes parents ont aimé la plupart des tableaux, moi pas – mais il y avait des sculptures super cools!

Finalement, nous avons dîné dans un restaurant de luxe. C'était très cher, mais mes parents ont dit que c'était excellent. Moi, je préfère les hamburgers!

Puis nous avons pris le train pour rentrer chez nous. Je pense que la visite que j'ai préférée, c'était le Louvre.

Bastian

Complète les phrases en français. À chaque fois, utilise un mot de la case.

1 Bastian a passé .... à Paris.

2 Il a préféré .... de la cathédrale.

3 Ils .... montés au sommet de la tour.

4 Il n'a pas trouvé le Palais de la découverte ....

5 Au Louvre, il a aimé ....

6 Il a .... au restaurant avec sa famille.

7 Ils .... voyagé par le train.

- **a** les sculptures
- **b** mangé
- **c** les tableaux
- **d** l'intérieur
- **e** intéressant
- **f** ont
- **g** une journée
- **h** ne sont pas
- **i** aimé
- **j** impressionnant

TOTAL

Tricolore Total 3 © Mascie-Taylor, Spencer, Honnor, Oxford University Press

Épreuve: Écrire et grammaire

A À Paris

Écris le bon mot pour compléter les expressions.

Ex. une ....*station*..... de métro

1 la .... de Notre-Dame

2 le .... du Louvre

3 le .... de France

4 la .... Eiffel

5 La Seine est un ....

/5

B Mon journal

Complète le journal avec des verbes au passé composé.

VENDREDI Nous (**Ex.** *prendre*) ...*avons pris*... le train pour aller à Paris.

SAMEDI Le matin, j' (**1** *visiter*) .... la tour Eiffel. C'était impressionnant.

L'après-midi, nous (**2** *faire*) .... une promenade en bateau sur la Seine. On (**3** *voir*) .... beaucoup de monuments.

DIMANCHE Le matin, on (**4** *prendre*) .... le funiculaire jusqu'au Sacré-Cœur.

Le soir, j'(**5** *choisir*) .... une excursion en car, mais mes copines (**6** *préférer*) .... une visite au théâtre.

/6

C Une journée à Paris

In the following sentences, change the verb to the perfect tense.

Ex. Nous allons à la tour Eiffel. ......*Nous sommes allés*.... à la tour Eiffel.

1 Elles descendent dans le métro. .... dans le métro.

2 Le bus part à huit heures. .... à huit heures.

3 Il monte au deuxième étage. .... au deuxième étage.

4 Tu sors, Laura? ...., Laura?

5 Max et Pia, vous allez au Louvre? .... au Louvre?

6 Elle rentre à dix heures. .... à dix heures.

/6

D Une visite

Last week, you went to Paris. Write an e-mail to your friend in French.

Mentionne:
– le moyen de transport
– deux monuments
– ton opinion.

....

....

....

/8

TOTAL /25

Les loisirs

1 2 3

4 5 6

7 8 9

10 11 12

Trouve le bon texte pour chaque image.

Exemple: 1 *f*

a jouer d'un instrument
b faire de l'équitation
c faire du shopping
d danser
e aller au cinéma
f jouer au hockey
g faire de la natation
h prendre des photos
i écouter de la musique
j faire du théâtre
k regarder la télé/des DVD
l jouer sur l'ordinateur

Tricolore Total 3 © Mascie-Taylor, Spencer, Honnor, Oxford University Press

Les loisirs de Fabien

❶ Français–anglais

Complète le lexique.

Français	Anglais
a régulièrement	....
b souvent	....
c toujours	....
d tous les jours	.... *day*
e tous les lundis	*every* ....
f chaque mardi	*every* ....
g chaque mois	....
h chaque année	....
i une fois par semaine	*once a* ....
j deux fois par an	.... *a year*
k le dimanche	*on* ....
l le samedi matin	*on* ....
m le mercredi après-midi	*on* ....
n le vendredi soir	*on* ....

❷ L'agenda de Fabien 

Regarde l'agenda de Fabien (ci-dessous). Travaillez à deux. Posez des questions et répondez à tour de rôle. Pour vous aider, regardez le lexique (activité 1).

Exemple:

A *Est-ce que Fabien est libre lundi à 6 heures du soir?*
B *Non, il joue au football.*
A *Ah bon. Il joue souvent au football?*
B *Oui, trois fois par semaine.*
A *Pourquoi est-ce qu'il aime ça?*
B *Parce que c'est amusant, mais c'est fatigant aussi.*

Des questions:

1. Est-ce que Fabien sort le mardi soir?
2. Qu'est-ce qu'il fait le jeudi après-midi?
3. Qu'est-ce qu'il fait le samedi soir?
4. Est-ce qu'il reste à la maison le vendredi soir?
5. Où est-ce qu'il va le samedi?
6. Est-ce que Fabien est libre dimanche?

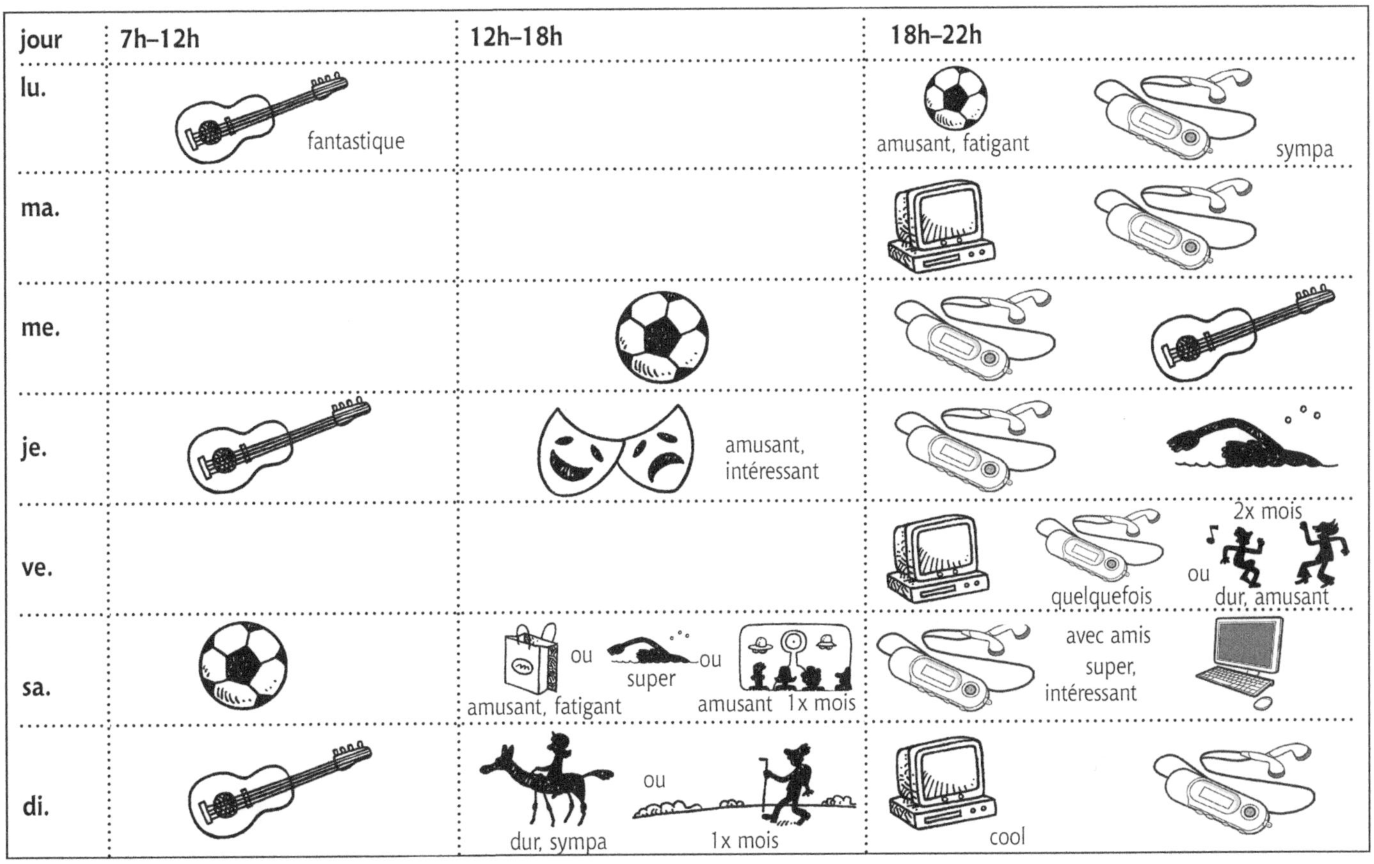

jour	7h–12h	12h–18h	18h–22h
lu.	fantastique		amusant, fatigant / sympa
ma.			
me.			
je.		amusant, intéressant	
ve.			quelquefois / 2x mois / ou / dur, amusant
sa.		ou / super / ou / amusant, fatigant / amusant 1x mois	avec amis / super, intéressant
di.		ou / dur, sympa / 1x mois	cool

❸ Les loisirs de Fabien

Écris quelques phrases sur les loisirs de Fabien.

Exemple: *Le lundi matin, Fabien joue de la guitare pendant un quart d'heure. Après les cours, il joue au football. Il adore ça et il s'entraîne trois fois par semaine. Le soir, il aime souvent écouter de la musique.*

3/3

Maintenant et autrefois

1 Mots croisés

Complète les mots croisés.

1			2				3			■	4
	■	■		■	■	■		■	■	■	
5		6	■	7	■	8					
	■		■		■	■		■	■	■	
■	■		■		■	9				■	
10					■	■		■	■	■	
	■		■	11					12	■	
	■		■		■	■		■		■	■
	■	■	13			14		■		■	15
	■	■		■	■		■	■		■	
16							■	■		■	
	■	■		■	■	■	■	■		■	
17					■	■	18				

Horizontalement

1 Il y a cinq ans, j'habitais à Paris, mais ..., j'habite à Lyon. (10)
5 Quand ... étaient jeunes, mes parents avaient les cheveux très longs. (3)
8 L'été dernier, nous ... en vacances en Espagne. (6)
9 À l'âge de six ou ... ans, je n'avais pas de devoirs, mais maintenant, c'est différent! (4)
10 ... elle était petite, ma mère voulait devenir chanteuse. (5)
11 Il y a trois ans, nous n'... pas beaucoup d'argent. (6)
13 J'... toujours en retard pour le collège – maintenant, j'ai un vélomoteur et j'arrive à l'heure. (5)
16 Quand nous habitions à Biarritz, nous ... à la plage quatre fois par semaine. (7)
17 À ... ans, mon grand-père travaillait déjà dans une usine. (5)
18 Quand j'étais ..., j'étais souvent malade. Maintenant, ça va bien. (5)

Verticalement

1 Mes parents n'étaient pas riches ... nous étions heureux. (4)
2 À l'âge de douze ans, je ... voulais pas faire mes devoirs. Et maintenant, c'est pareil! (2)
3 Maintenant, mes grands-parents habitent en ville, mais ..., ils habitaient à la campagne. (9)
4 Quand j'étais petite, je ... beaucoup de temps à la maison. Maintenant, je passe beaucoup de temps au collège! (7)
6 À l'âge de huit ans, je ne ... pas parler allemand. Maintenant, je sais parler allemand. (6)
7 Quand il était jeune, mon père ... des journaux pour gagner de l'argent. Maintenant, il vend des voitures. (7)
10 Mon école primaire était tout près et je ... la maison à 8 heures. Maintenant, je quitte la maison à 7 heures pour aller au collège. (8)
12 Il y a un an, ma sœur ... rarement, mais maintenant, elle sort chaque soir! (7)
13 Maman et papa, que faisiez-vous le week-end quand vous ... jeunes? (5)
14 Et mes grands-parents, qu'est-ce qu'... faisaient comme loisirs? (3)
15 Quand nous étions jeunes, il y ... beaucoup de choses à faire le week-end. (5)

2 Avant et après

Regarde les images et complète les phrases.

Pendant la nuit, les deux chèvres du voisin sont entrées dans le jardin. Aujourd'hui, il y a deux choux, trois laitues et quatre carottes. Les fleurs ne sont plus là – et les chèvres n'ont pas faim! Mais hier, ...

- il y .... six choux
- il y .... dix laitues
- il y .... beaucoup de carottes
- les fleurs .... là
- les chèvres .... faim.

Avant

Après

Tricolore Total 3 © Mascie-Taylor, Spencer, Honnor, Oxford University Press

À la télé

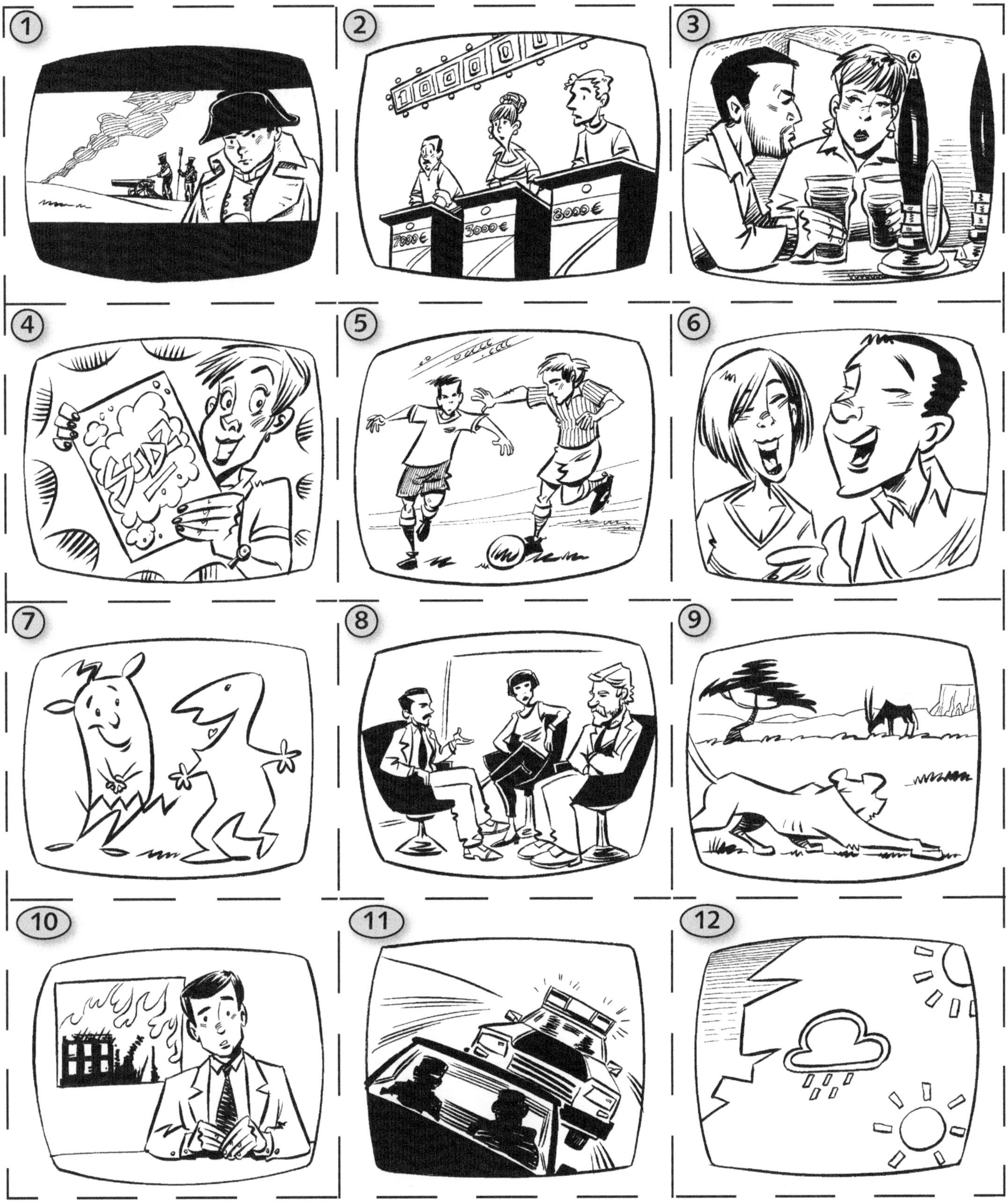

Trouve le bon texte pour chaque image.

Exemple: 1 *f*

a	une émission de sport	**d**	la pub(licité)	**g**	un documentaire	**j**	un talk-show
b	un feuilleton	**e**	une émission de variétés	**h**	un film policier (un polar)	**k**	la météo
c	un jeu télévisé	**f**	un film historique	**i**	les informations (le journal)	**l**	un dessin animé

Un sondage

a *Réponds aux questions sur les films, la télé et les livres. Pour t'aider, regarde aux pages 46–47 du livre de l'étudiant.*
b *Pose les questions à un(e) ami(e). Note les réponses. Est-ce qu'il/elle a les mêmes goûts que toi?*

	toi	**ton ami(e)**
A À la télé		
1 Qu'est-ce que tu as regardé récemment à la télé?		
2 C'est quel genre d'émission?		
3 Tu as aimé? Pourquoi?		
4 Quelle est ton émission préférée à la télé?		
5 C'est quel genre d'émission?		
6 Pourquoi aimes-tu ça?		
B Au cinéma (ou à la télé)		
1 Quel film as-tu vu récemment?		
2 Qui est le personnage principal? Qui sont les personnages principaux?		
3 Tu as aimé? Pourquoi?		
4 Quel est ton film préféré?		
5 C'est quel genre de film?		
6 Pourquoi aimes-tu ça?		
C Les livres		
1 Qu'est-ce que tu as lu récemment?		
2 C'est quel genre de livre?		
3 Qui est le personnage principal? Qui sont les personnages principaux?		
4 Tu as aimé? Pourquoi?		
5 Quel est ton livre préféré?		
6 C'est quel genre de livre?		
7 Pourquoi aimes-tu ça?		
D Les magazines		
1 Qu'est-ce que tu as lu récemment comme magazine?		
2 C'est quel genre de magazine?		
3 Tu as aimé? Pourquoi?		
4 Quel est ton magazine préféré?		
5 C'est quel genre de magazine?		
6 Pourquoi aimes-tu ça?		

Tricolore Total 3 © Mascie-Taylor, Spencer, Honnor, Oxford University Press

Les années 50

Les années 50

Il est difficile d'imaginer ses grands-parents quand ils étaient enfants. Romain a 14 ans; son grand-père est né en 1940 et sa grand-mère est née deux ans plus tard. Pendant les années 50, ils étaient donc adolescents. C'était comment, la vie d'un ado à cette époque?

Grand-père: Alors, tu sais, le mot «ado» n'était même pas courant quand j'avais ton âge. Je n'avais pas beaucoup de biens* matériels, pas comme les jeunes d'aujourd'hui. C'était peu après la guerre et nous n'étions pas riches. Moi, j'avais une radio dans ma chambre et j'écoutais de la musique, surtout du jazz et aussi les Compagnons de la Chanson, ces neuf jeunes qui chantaient si bien en harmonie. Plus tard, j'ai acheté des disques (en stéréo!) pour passer sur mon nouveau tourne-disque*. Je les ai toujours, mais je ne les écoute plus.

Grand-mère: Moi, j'écoutais plutôt Jacques Brel – ah, je le trouvais si beau! En 1959, mes parents ont acheté un téléviseur. J'étais la première de ma classe à avoir la télévision à la maison! Mais il n'y avait pas beaucoup d'émissions, surtout pour les enfants, et la plupart du temps, nous jouions dans la rue ou dans les champs.

Grand-père: Moi aussi, je m'amusais avec mes copains – pendant les vacances scolaires, nous passions des journées entières à la campagne. Nous faisions de longs tours à vélo et nos parents ne savaient pas où nous étions – il n'y avait pas de portables! Je disais: «Je reviens à 7 heures» et c'était suffisant. C'était moins dangereux que maintenant.

Grand-mère: Quand j'avais 17 ans, j'aimais aller au cinéma – ma première sortie avec Gérard, ton grand-père, c'était pour voir «Ben Hur», un film d'action historique avec Charlton Heston – c'était mon héros, le plus beau et le plus célèbre acteur au monde!

Grand-père: Moi, je préférais les films de Brigitte Bardot – elle était très belle! Chaque week-end, nous allions au bal (il n'y avait pas encore de boîtes de nuit) et nous dansions le rock – c'était fatigant. Le dimanche, normalement, nous sortions à moto – j'adorais la liberté de mon deux-roues, c'était formidable (au moins en été)!

Grand-mère: Nous avons quitté l'école à l'âge de 16 ans, tous les deux, et Gérard travaillait déjà depuis trois ans quand je l'ai rencontré. Deux ans plus tard, nous nous sommes mariés. Je crois que c'est très différent pour les jeunes d'aujourd'hui.

les biens (m pl) – *goods, possessions* le tourne-disque – *record player*

1 Trouve dans le texte

a un groupe de chanteurs ....

b une danse populaire..

c un moyen de transport......................................

d une vedette américaine ....

e une vedette française...

f un chanteur populaire ....

2 Trouve l'équivalent

Cherche dans un dictionnaire ou sur Internet.

les années 50	aujourd'hui
un téléviseur noir et blanc	**Ex.** *un téléviseur couleur / HD*
un poste de radio	
un disque 45 tours	
le cinéma	
une moto	
un bal	
quitter l'école à 16 ans	

Tricolore Total 3 © Mascie-Taylor, Spencer, Honnor, Oxford University Press

Écoute et parle 

❶ Et après?

Écoute le numéro puis dis et écris le numéro qui suit.

Exemple: ..12.. ....

❷ Des difficultés de langue

Écoute et complète les phrases.

1 Qu'est-ce que c'est en _ _ _ _ _ _ _ _?

2 Pouvez-vous répéter la _ _ _ _ _ _ _ _ _ _, s'il vous plaît?

3 Je n'ai pas compris ce _ _ _.

4 Est-ce que vous pouvez _ _ _ _ _ _ _ plus lentement?

5 Votre _ _ _, comment ça s'écrit?

6 '_ _ _ _ _ _ _ _ _', c'est masculin ou féminin?

7 '_ _ _ _ _ _', qu'est-ce que ça veut dire?

8 Comment dit-on 'printer' en _ _ _ _ _ _ _ _ _ _ _?

❸ Des conversations

Écoute les questions et réponds comme indiqué ci-dessous, puis écoute pour vérifier.

1 Mes loisirs

– Qu'est-ce que tu fais comme loisirs?
– Say it's fun.

....

– Tu fais ça souvent?
– on Thursdays

....

– Tu aimes la musique? Tu joues d'un instrument?
– ✓

....

2 À l'école primaire

– Qu'est-ce que tu faisais comme sports à l'école primaire?
–

....

– Qu'est-ce que tu mangeais normalement, à midi?
–

....

– Quelle était ta matière préférée?
–

....

3 Le cinéma

– Tu aimes les films?
– **✓ comedies + detective films**

....

– Tu es allé au cinéma récemment?
– Say you went last week and saw a cartoon.

....

– Qu'est-ce que tu en as pensé?
Say it was very funny.

....

Tricolore Total 3 © Mascie-Taylor, Spencer, Honnor, Oxford University Press

Tu comprends?

1 Mes loisirs

Écoute les phrases et coche (✓) deux cases à chaque fois.

activité:	1	2	3	4	5	6	7	8
	Ex. ✓							
quand:								
tous les jours								
trois fois par semaine								
chaque mardi soir								
tous les mercredis								
deux fois par mois	✓							
une fois par an								
régulièrement								
souvent								

2 Mon adolescence

Une grand-mère parle de son adolescence. Écoute la description et choisis la bonne réponse à chaque question.

Exemple: 1 *b*

1 À l'âge de 14 ans, que faisais-tu?
- **a** ☐ J'étais à l'école.
- **b** ☑ Je travaillais.
- **c** ☐ Je ne sais pas.

2 À quel âge est-ce qu'on quittait l'école au village, normalement?
- **a** ☐ À l'âge de 13 ou 14 ans.
- **b** ☐ À l'âge de 14 ou 15 ans.
- **c** ☐ À l'âge de 15 ou 16 ans.

3 Où est-ce que tu travaillais?
- **a** ☐ Dans une petite maison.
- **b** ☐ Dans la boucherie du village.
- **c** ☐ À la ferme de mon oncle.

4 Que faisais-tu le mercredi et le samedi?
- **a** ☐ J'allais au marché.
- **b** ☐ J'allais à l'école à pied.
- **c** ☐ Je mangeais des œufs.

5 Que faisais-tu le soir en hiver?
- **a** ☐ On regardait la télé ensemble.
- **b** ☐ On écoutait la radio ou des disques.
- **c** ☐ On jouait sur l'ordinateur.

6 Qu'est-ce que tu lisais à cette époque?
- **a** ☐ Des bandes dessinées.
- **b** ☐ Des romans policiers.
- **c** ☐ Des magazines pour les jeunes filles.

7 Qu'est-ce qu'on faisait en été?
- **a** ☐ On allait en vacances.
- **b** ☐ On discutait des voisins.
- **c** ☐ On se promenait.

8 Qu'est-ce qu'on faisait les jours de fête?
- **a** ☐ Nous allions à la fête foraine en ville.
- **b** ☐ Nous mangions un grand repas chez nous.
- **c** ☐ Nous allions au cinéma en ville.

Sommaire

Now I can ...

■ *talk about leisure activities*

Je joue au rugby	I play rugby
sur l'ordinateur	on the computer
de la guitare	the guitar
Je regarde des films	I watch films
un feuilleton	a soap
Je fais du sport	I do sport
du théâtre	drama
de la photo	photography
Je danse	I dance
Je m'entraîne	I train
Je participe à (un spectacle)	I take part in (a show)
Je répète	I practise / rehearse

■ *give opinions of leisure activities*

J'aime / J'adore	I like / I love
Ça me passionne	I'm really interested in that
Ça m'intéresse	I'm interested in that
un peu	a bit
beaucoup	a lot
C'est assez bien / pas mal	It's quite good / not bad
Ça ne m'intéresse (absolument) pas	I'm not (at all) interested in that
Ça ne m'intéresse pas du tout	I'm not at all interested in that
J'ai horreur de ça	I hate that
C'était fantastique	It was fantastic
super	super
sympa	nice
C'est (ce n'est pas)	It's (it's not)
rigolo / amusant	fun / enjoyable
C'est dur	It's hard
très varié	very varied
intéressant	interesting
ennuyeux / barbant / casse-pieds	boring
nul	rubbish
sensass / génial / excellent	great
passionnant	exciting

■ *use the comparative*

aussi populaire(s) que	as popular as
plus important(e)(s) que	more important than
moins cher(s)/chère(s) que	cheaper / less expensive than
meilleur(e)(s) que	better than

■ *use some expressions of time*

régulièrement	regularly
tous les jours	every day
tous les lundis / mardis	every Monday / Tuesday
souvent	often
toujours	always
chaque samedi	every Saturday
semaine	week
mois	month
année	year
une / deux fois par semaine	once / twice a week
le samedi matin	on Saturday mornings
après-midi	afternoons
soir	evenings

■ *use the imperfect tense*

quand j'étais plus jeune ...	when I was younger ...
il y avait	there used to be, there was/were
c'était ennuyeux	it was boring

■ *compare past and present (see also Vocabulaire et expressions utiles, Student's Book page 140)*

maintenant	now
autrefois	in the past, formerly
mais	but
cependant / pourtant	however
par contre / d'autre part / en revanche	on the other hand
tandis que/qu' / alors que/qu'	whereas, whilst
quand j'étais petit(e)	when I was young
quand j'avais 5 ans	when I was 5

■ *talk about TV, cinema and books*

J'ai (bien) aimé ...	I (quite) liked ...
Je n'ai pas tellement aimé ...	I didn't particularly like ...
J'ai préféré ...	I preferred ...
J'ai adoré ...	I loved ...
J'ai détesté ...	I hated ...
À mon avis	In my opinion
C'était / ce n'était pas ...	It was / it wasn't ...
super	super
top	great
génial	brilliant
passionnant	exciting
bien	good
ennuyeux	boring
nul	rubbish
décevant	disappointing
de mon goût	to my taste
le personnage principal	the main character
sympa	nice
égoïste	selfish
(complètement) fou	(absolutely) mad
idiot(e)	stupid
une émission	a programme
un roman	a novel
une histoire	a story
on peut s'identifier à ...	you can identify with ...
c'est l'histoire de ...	it's the story of ...
ça se passe	it takes place

Tricolore Total 3 © Mascie-Taylor, Spencer, Honnor, Oxford University Press

Épreuve: **Écouter**

A Les loisirs

On parle de quels loisirs? Pour chaque personne, choisis la bonne image.

Ex. *C* **1** ☐ **2** ☐ **3** ☐ **4** ☐ **5** ☐

Ⓐ 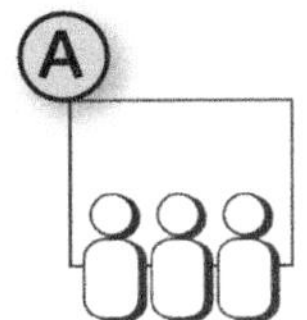 Ⓑ  Ⓒ  Ⓓ  Ⓔ  Ⓕ 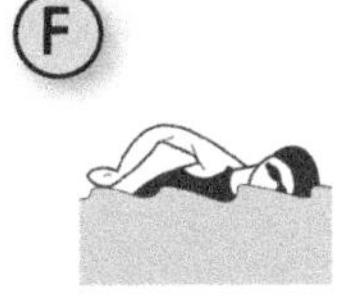 Ⓖ 

5

B Le passé ou le présent?

Marise a déménagé. Elle habitait en Angleterre, mais maintenant, elle habite en France.
Écoute et complète la grille en français. Utilise des expressions de la case.

	En Angleterre	**En France**
Ex. fin des classes	*15h30*	*17h*
1 temps		
2 devoirs		
3 amis		
4 télévision		

15h30 17h
beaucoup neige
une heure longue
mauvais
intéressante
nulle beau
sympa
deux ou trois
trois heures

8

C Les passe-temps

Three young French people are talking about their leisure activities.
Listen to what they say and answer the questions in English.

Élodie:

Ex. What is Élodie's favourite pastime? *horse riding*

1 When does she do this? ....

2 What does she do in the winter? ....

Luc:

3 What does Luc not like? ....

4 What does he like doing? (Give 2 details) (2) ....

Claire:

5 What does Claire like doing best? ....

6 Give one example of what she likes doing on Saturday evenings. ....

....

7

D Club-ciné

Two young people are talking about films they have seen at a film club.
Listen to the conversation, and answer the questions in English.

1 Why did Julien not enjoy *Amélie*? ....

2 What did Lucie think of it? ....

5

3 Why did she like the first in the series of *Le Seigneur des anneaux*? ....

4 Why will Julien probably go to see this film? ....

5 Why has Lucie not already seen *Avatar*? ....

TOTAL

25

Épreuve: Parler

Carte A

Les loisirs

You are talking to a young French person about your leisure activities. Your teacher or another person will play the part of the French person and will speak first.

1 Say you like music.

2 Say what instrument you play.

3 Ask if your friend likes sport.

4 Say what your favourite sport is.

Carte B

Les loisirs

Tu parles avec un(e) jeune Français(e). Moi, je suis le/la jeune Français(e).

1 Quel est ton passe-temps préféré?

2 Tu joues d'un instrument?

3 Ah bon.

4 Oui, j'aime tous les sports.

5 Moi aussi.

/12

Conversation

Prépare tes réponses aux questions puis travaille avec ton professeur.

Les films et les livres

- Tu aimes les films?
- Tu es allé(e) au cinéma récemment?
- Qu'est-ce que tu as vu?
- Comment as-tu trouvé le film?
- Qu'est-ce que tu aimes lire?

Quand j'étais petit ...

- Tu habitais où quand tu avais 7 ans?
- Tu allais à quelle école?
- Qu'est-ce que tu aimais faire quand tu étais petit(e)?
- Tu étais comment?
- Qu'est-ce qui a changé maintenant?

/13

TOTAL

/25

Tricolore Total 3 © Mascie-Taylor, Spencer, Honnor, Oxford University Press

Épreuve: Lire (1)

A Les films et les livres

Read the following comments, then choose the correct English definition for each one from the box.

Ex. B **1** ☐ **2** ☐ **3** ☐ **4** ☐ **5** ☐ **6** ☐

A	a musical
B	a cartoon book
C	a black and white film
D	a love story
E	a comedy
F	a nature film
G	a science-fiction book

Ex. Je l'ai lu quand j'avais neuf ans, et j'ai adoré les images. C'était vraiment très amusant.

1 Je l'ai vu à la télé la semaine dernière, mais je ne l'ai pas aimé. Je préfère les films en couleurs.

2 Il y avait beaucoup de chansons super, et le chanteur avait une très belle voix.

3 Ils sont allés sur une autre planète, où ils ont rencontré des extraterrestres.

4 Oh, c'était vraiment génial. Je l'ai trouvé très drôle.

5 Les personnages sont tombés amoureux, et à la fin, ils se sont mariés.

6 Tout a été filmé sous la mer – il y avait des poissons et des plantes extraordinaires.

/ 6

B Un joueur de football

Lis la description et coche (✓) les phrases qui sont vraies.

Youssef Mahmoud a commencé à jouer au foot à l'âge de trois ans, avec ses quatre frères aînés, dans la rue devant leur appartement, dans un quartier pauvre de Marseille. Mais il savait que, pour lui, le foot était plus qu'un passe-temps et il s'entraînait tout le temps. Il a joué pour son école, puis pour son collège, qui est devenu champion de Marseille. Il est devenu une des stars de l'Olympique de Marseille et il a fait partie de l'équipe marseillaise qui a gagné le championnat de France. Il a maintenant une seule ambition – il voudrait jouer pour l'équipe nationale.

1 ☑ Youssef jouait au football quand il était petit.

2 ☐ Il était le plus jeune de cinq garçons.

3 ☐ Ses parents n'étaient pas très riches.

4 ☐ Pour Youssef, le foot était seulement un jeu.

5 ☐ Il passait des heures à s'entraîner.

6 ☐ Il habite toujours la même ville.

7 ☐ Il a eu beaucoup de succès comme footballeur.

8 ☐ Il a déjà joué pour l'équipe de France.

/ 5

Tricolore Total 3 © Mascie-Taylor, Spencer, Honnor, Oxford University Press

Épreuve: Lire (2)

C Les loisirs

Lis ces messages.

La danse

Moi, je fais de la danse. Quand j'étais petite, j'adorais ça, car toutes mes copines étaient là, et on s'amusait bien. Maintenant, elles ont trouvé des passe-temps différents, mais moi, je continue à en faire tous les mardis. Ça va, mais j'ai d'autres loisirs que je préfère.

Le ski

L'année dernière, j'ai commencé à faire du ski. D'abord, j'ai trouvé ça très difficile, mais après deux semaines, je voulais rester sur la piste toute la journée. Alors maintenant, le samedi ou le dimanche, je vais à une piste artificielle, où je passe trois heures à m'entraîner.

Le piano

Je joue du piano et j'ai des cours le lundi et le jeudi après le collège. Moi, ça ne m'intéresse pas du tout, mais ma mère insiste – elle dit qu'il est important de savoir jouer d'un instrument.

Le théâtre

J'ai commencé à faire du théâtre quand j'avais huit ans et j'ai adoré ça. Évidemment, il n'y a pas beaucoup de rôles pour un enfant de mon âge, mais dans notre village, on présente un spectacle tous les ans au mois de juin et bien sûr j'y participe, car je voudrais être actrice plus tard.

Complète la grille.

	Opinion Entoure la bonne image.	**Quand?** Écris la bonne lettre de la case. (A–G)
La danse	Ex. ☺ (😐) ☹	
Le ski	☺ 😐 ☹	
Le piano	☺ 😐 ☹	
Le théâtre	☺ 😐 ☹	

A tous les jours
B le week-end
C une fois par an
D chaque samedi
E tous les soirs
F une fois par semaine
G deux fois par semaine

/7

D Un grand-père parle du passé

Read the article and answer the questions in English.

Un grand-père parle du passé

Mon fils, il fait la semaine de trente-cinq heures. Moi, je travaillais huit heures par jour, du lundi au samedi – et il n'y avait même pas de bus; je faisais dix kilomètres à vélo pour aller au travail, et dix kilomètres pour rentrer le soir. Mon fils va au travail en voiture!

Puis après le travail, je prenais mon dîner et je me couchais. Mais on s'amusait quand même. Le dimanche, toute la famille mangeait ensemble, puis, s'il faisait beau, on faisait une longue promenade. En hiver, on s'asseyait autour du piano et on chantait.

J'ai un petit-fils de sept ans qui a beaucoup de jeux vidéo, un baladeur – il a tout, quoi – et il dit souvent 'C'est barbant; je m'ennuie'. Nous, on ne s'ennuyait jamais.

/7

1 How many days a week did this grandfather work? ....

2 How did he used to get to work? ....

3 What did he do after work? (Give 2 details) (2) ....

4 What did the family do on Sundays? (Give 2 details) (2) ....

5 What does his grandson often complain about? ....

TOTAL

Tricolore Total 3 © Mascie-Taylor, Spencer, Honnor, Oxford University Press

Épreuve: Écrire et grammaire

A On fait la comparaison

Complète ces comparaisons.

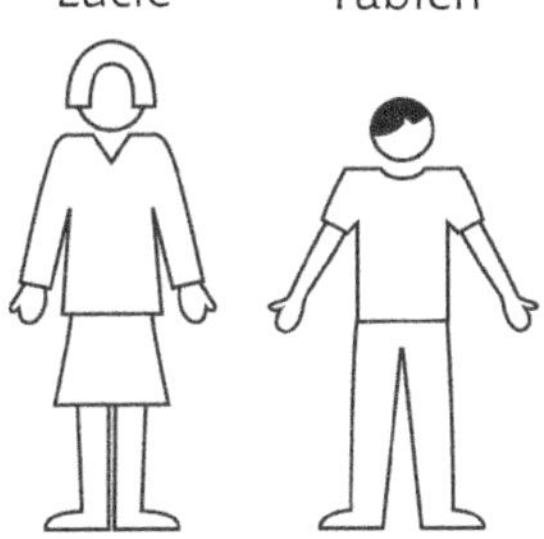

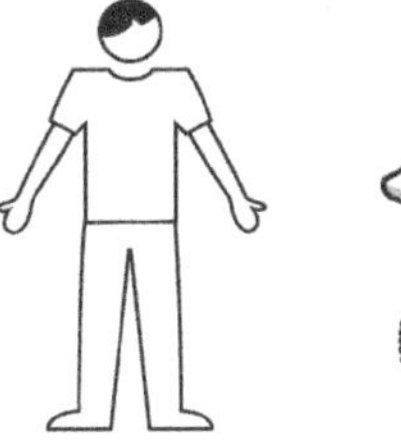

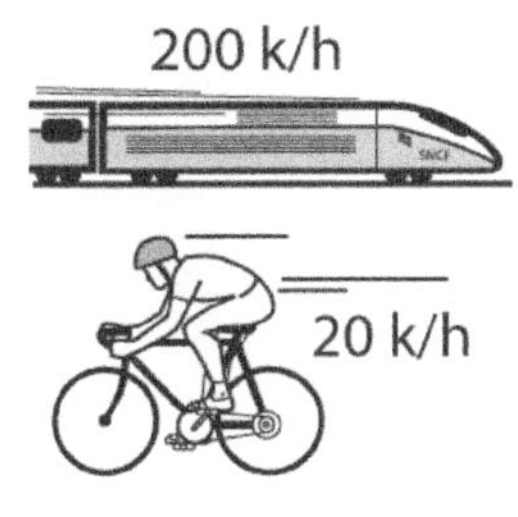

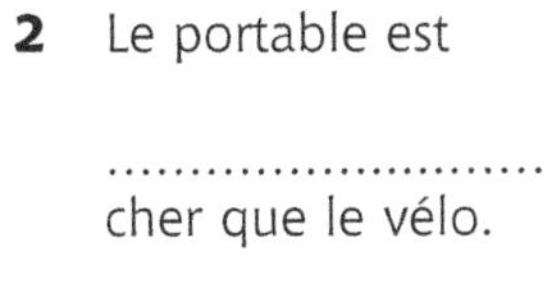

1 Lucie est plus .... que Fabien.

2 Le portable est .... cher que le vélo.

3 Les garçons sont aussi .... que les filles.

4 Le vélo est moins .... que le train.

4

B Des verbes

Complete the following sentences, putting the verb into the imperfect tense.

1 Après le dîner, vous .... vos devoirs. (*finir*)
2 À l'âge de sept ans, elle .... l'anglais. (*apprendre*)
3 Au Sénégal, il .... beau tous les jours. (*faire*)
4 À la plage, nous .... toujours au volley. (*jouer*)
5 À l'âge de deux ans, mes sœurs .... mignonnes. (*être*)
6 Quand j'étais petite, j'................................ les cheveux longs. (*avoir*)

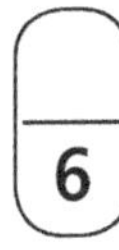

6

C Profil d'une star

C'est au passé composé ou à l'imparfait? Écris la bonne forme du verbe. Choisis dans la case.

Quand elle (**Ex.** *être*) ...*était*... adolescente, elle (**1** *habiter*) .... à Paris. Un jour, elle (**2** *voir*) .... un très bon film comique. Tout de suite, elle (**3** *décider*) .... de devenir actrice. À l'âge de 16 ans, elle (**4** *aller*) .... à une école de théâtre et quatre ans plus tard, elle (**5** *gagner*) .... un prix pour son rôle dans un film comique. Elle (**6** *être*) .... très contente!

allait	est allée
décidait	a décidé
était	a été
gagnait	a gagné
habitait	a habité
voyait	a vu

6

D Le cinéma

Écris quelques phrases en français sur une visite récente au cinéma.

Mentionne:
- où et quand
- le titre du film et un autre renseignement
- ton opinion.

9

....

....

....

....

TOTAL

25

Le Québec

Nom:	Le Québec
Situation:	une grande province dans l'est du Canada
Population:	7 800 000 habitants
Gouvernement:	une province du Canada
Langues principales:	le français, l'anglais
Climat:	L'hiver et l'été sont deux saisons très marquées. Le printemps est court et l'automne commence tôt (dès la mi-août dans certaines régions). L'hiver (octobre – avril): températures très basses; en janvier –6 à –22°C. L'été (juin – août): 30°C en moyenne.
Villes principales:	Québec (capitale), Montréal, Trois-Rivières
Monnaie:	le dollar canadien
Fuseau horaire:	Quand il est 12h00 à Londres, il est ... 7h du matin à Montréal (GMT–5)
Aspects du paysage:	une immense province, divisée en deux par le fleuve Saint-Laurent; forêts, lacs, rivières
Activités économiques:	le bois et le papier journal l'énergie hydroélectrique le cuivre, l'aluminium les technologies de l'information, l'aérospatiale, l'industrie pharmaceutique
Fêtes et festivals:	février: Carnaval de Québec (pendant 10 jours, défilés, sculptures sur neige, danse, musique) juin-juillet: Festival international de jazz de Montréal
Aspects touristiques:	Montréal: la vieille ville, le parc du Mont-Royal, des musées (le Biodôme, la Biosphère), la Ronde (parc d'attractions) Québec: la vieille ville, des musées Tadoussac: pour l'observation des baleines et des bélugas. La Gaspésie: le Rocher Percé, un paradis des oiseaux
Activités sportives:	en hiver: les sports de neige: le ski, le patinage, la motoneige en été: la randonnée à pied et à cheval, le canoë, le rafting, le cyclisme, etc.

Des questions

Consulte la fiche et la carte et réponds aux questions.

1 Le Québec se trouve où exactement au Canada? (dans le nord/le sud/l'est/l'ouest)
2 Comment s'appelle le grand fleuve qui divise la province en deux?
3 Est-ce qu'il y a plus ou moins de dix millions d'habitants?
4 Qu'est-ce qu'on peut y faire comme sports?
5 On y parle quelles langues?
6 Quelle est la température moyenne en été?
7 Le Carnaval de Québec a lieu (*takes place*) en quelle saison?
8 Quand il est une heure de l'après-midi à Londres (GMT), quelle heure est-il à Montréal?
9 À ton avis, pourquoi l'industrie du bois est-elle importante? (parce qu'il y a ...)

Tricolore Total 3 © Mascie-Taylor, Spencer, Honnor, Oxford University Press

Ça m'intéresse

1 Connais-tu bien la France?

Complète les questions et trouve la bonne réponse.

Comment s'appelle ...

1 le ...**Ex.** .*plus haut*... sommet des Alpes? (*haut*) ..*le Mont Blanc*..
2 les .... montagnes d'Europe? (*haut*) ....
3 le .... fleuve de France? (*long*) ....
4 le .... château du Val de Loire? (*grand*) ....
5 le .... monument de Paris? (*vieux*) ....
6 la .... place de Paris? (*grand*) ....
7 le musée le .... de Paris? (*célèbre*) ....
8 la peinture la .... de ce musée? (*célèbre*) ....
9 les trois .... villes de France? (*grand*) ....
10 le .... glacier des Alpes? (*grand*) ....

a les Alpes
b Chambord
c la place de la Concorde
d la Joconde
e la Loire
f le Louvre
g la Mer de Glace
h le Mont Blanc
i l'Obélisque
j Paris, Marseille, Lyon

2 La science, ça m'intéresse 

Lis les questions et choisis les mots de la case pour compléter les réponses. Puis écoute les questions et les réponses pour vérifier.

Exemple: 1 *d grand*

a dure **b** énormes **c** féroce **d** grand
e grande **f** grande **g** lente **h** longue
i longues **j** petit **k** précieuse **l** végétarien

Les dinosaures

Je m'intéresse beaucoup aux dinosaures et je voudrais savoir quel était le plus grand et le plus féroce des dinosaures?

- À 15 mètres, le Brachiosaurus était le plus (**1**) .... dinosaure. Cependant, il était (**2**) ....
- Le célèbre Tyrannosaurus Rex était le plus (**3**) .... des dinosaures carnivores.
- Il était haut de 4 mètres, beaucoup plus (**4**) .... que le Brachiosaurus, mais il avait des dents de 15 centimètres.
- Il ne pouvait pas parcourir de (**5**) .... distances.

Les substances

Quelle est la substance la plus dure?

- La substance la plus (**6**) .... de notre planète, c'est le diamant.
- C'est une pierre (**7**) .... , un minéral composé de carbone.
- On a besoin d'un diamant pour couper un autre diamant.

La nature

Quelle est la plus grande forêt du monde?

- La forêt d'Amazonie est la plus (**8**) .... forêt du monde.
- Elle produit d'(**9**) .... quantités d'oxygène, mais la plus (**10**) .... partie de l'oxygène produit est réutilisée dans la forêt même.

L'astronomie

J'ai entendu dire que sur une planète, une journée est plus longue qu'une année. Est-ce vrai?

- La planète Vénus fait une rotation très (**11**) .... sur elle-même en 243 jours – ça, c'est une journée. Elle tourne de l'est vers l'ouest.
- Il faut 225 jours pour faire une révolution autour du soleil – et ça, c'est une année.
- Donc sa journée est plus (**12**) .... que son année.

3 Un quiz sur la nature

Invente des questions pour un quiz.

Exemple: *Quel est l'animal le plus rapide?*

Quel	est	l'animal le sommet l'oiseau l'océan le fleuve	le	plus	grand(e)? gros(se)? long(ue)? petit(e)? rapide?
Quelle		la forêt	la		

En ville

Trouve le bon texte pour chaque image.

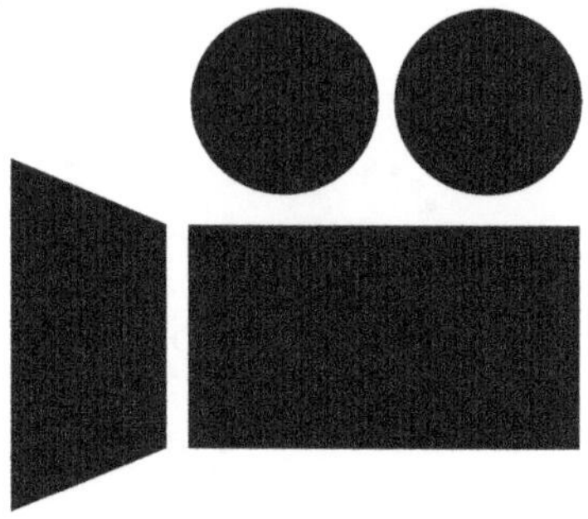

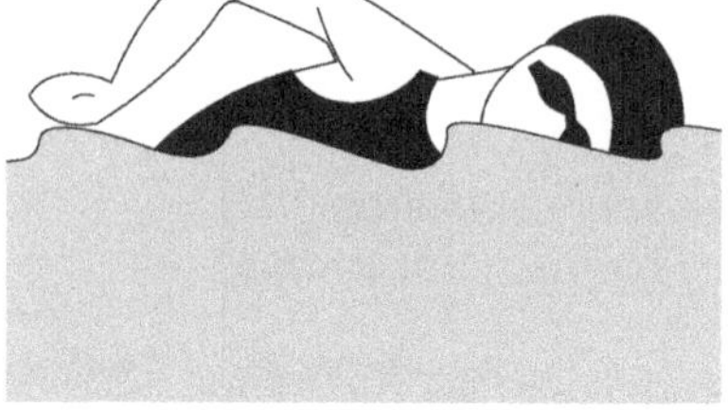

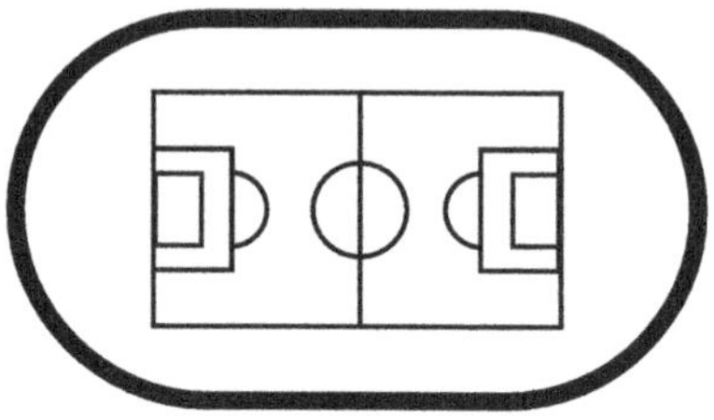

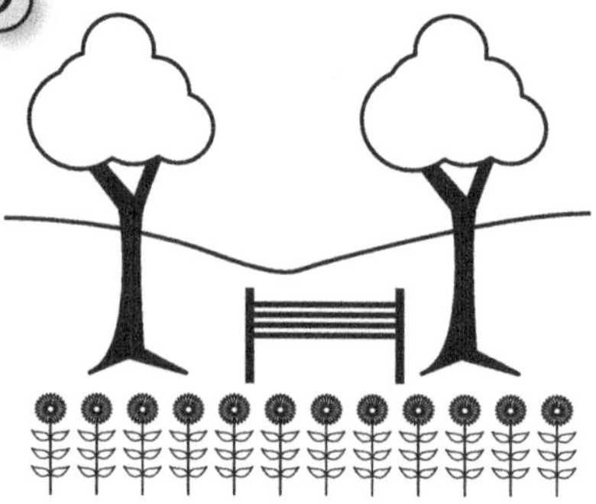

Exemple: 1 *e un cinéma*

a un parc/un jardin public
b un théâtre
c une bibliothèque
d une piscine
e un cinéma
f une patinoire
g un bowling
h un château
i une cathédrale
j un musée
k un centre commercial
l un stade

Tricolore Total 3 © Mascie-Taylor, Spencer, Honnor, Oxford University Press

On doit faire ça – il le faut

1 En vacances en France

*Complète les phrases avec **il faut** ou **il ne faut pas.***

Exemple: 1a *il faut*

1 Pour aller de Grande-Bretagne en France,
   a .... traverser la Manche.
   b .... traverser les Alpes.

2 Quand on voyage par le train,
   a .... composter son billet.
   b .... aller à la gare routière.

3 Pour acheter un billet à la gare,
   a .... aller à la consigne.
   b .... aller au guichet.

4 Si une famille française vous invite à dîner,
   a .... dire que le repas était délicieux.
   b .... arriver en retard.

5 Quand vous avez passé des vacances agréables chez une famille française,
   a .... dire 'Merci, j'ai assez mangé'.
   b .... dire 'Merci beaucoup de votre hospitalité'.

6 Pour changer de l'argent,
   a .... aller à la piscine.
   b .... aller dans une banque.

7 Pour acheter des timbres, quand le bureau de poste est fermé,
   a .... aller au commissariat.
   b .... aller à un tabac.

8 Pour envoyer une lettre,
   a .... la mettre dans une boîte aux lettres.
   b .... la mettre dans une poubelle.

9 Pour acheter une carte de la région,
   a .... entrer dans une patinoire.
   b .... aller dans une librairie.

10 Pour acheter des médicaments,
   a .... aller à la mairie.
   b .... aller à la pharmacie.

2 Un acrostiche

*Complète l'acrostiche avec les formes du verbe **devoir.***

1 Les gouvernements ... travailler ensemble pour protéger l'environnement. (7)
2 Tu ... recycler du papier. (4)
3 On ... réduire la pollution. (4)
4 Moi, je ... éteindre la lumière quand je sors d'une pièce. (4)
5 Vous ... tous consommer moins d'électricité. (5)
6 Nous ... aller en ville à pied de temps en temps. (6)
7 Les gens ne ... pas jeter de papiers dans la rue ni de piles dans la nature. (7)
8 On ... améliorer les transports en commun. (4)

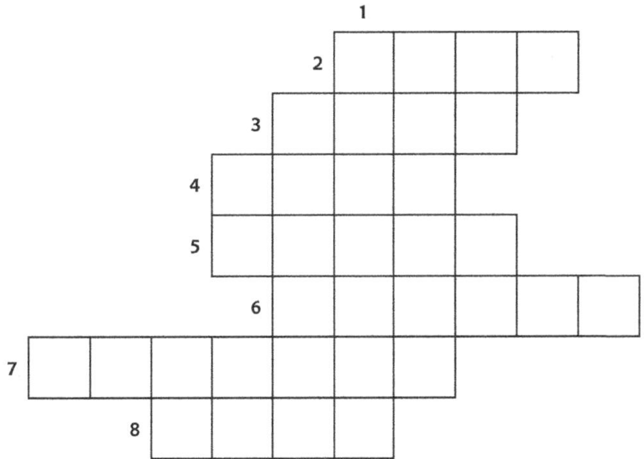

3 Pour protéger l'environnement

Complète les textes avec les mots de la case.

bain   calculatrices   doit   douche   piles   jette

Attention aux piles

On **1** .... faire attention quand on jette des piles.
Les **2** .... sont inoffensives quand on les utilise, mais elles deviennent toxiques pour l'environnement quand on les **3** ....
Les piles boutons (utilisées dans les montres, les **4** .... et les appareils photos) peuvent, à elles seules, contaminer 1 m³ de terre ou 400 m³ d'eau.

Une douche ou un bain?

Il faut prendre une douche au lieu d'un bain.
Pour prendre un **5** ...., on utilise environ 300 litres d'eau, mais pour une **6** ...., on utilise seulement 70 litres en moyenne.

la pile – *battery*

Vouloir, c'est pouvoir

1 Deux acrostiches

a *vouloir*

1 Est-ce que tes amis … aller à la piscine? (7)
2 Nous … rentrer tôt pour regarder le film à la télé. (7)
3 Qu'est-ce que vous … faire aujourd'hui? (6)
4 Je ne … pas me lever de bonne heure. (4)
5 Que … dire ce mot en anglais? (4)

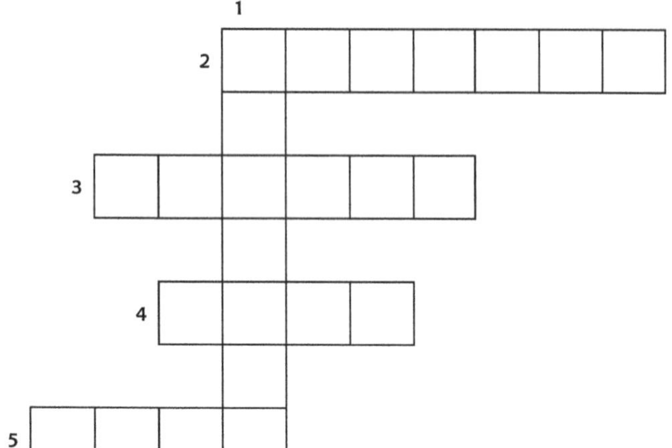

b *pouvoir*

1 Est-ce que mes amis … venir à la maison? (7)
2 Quand est-ce que vous … jouer au badminton? (6)
3 Est-ce que nous … faire de la cuisine aujourd'hui? (7)
4 Je … vous aider? (4)
5 Qu'est-ce qu'on … faire? (4)

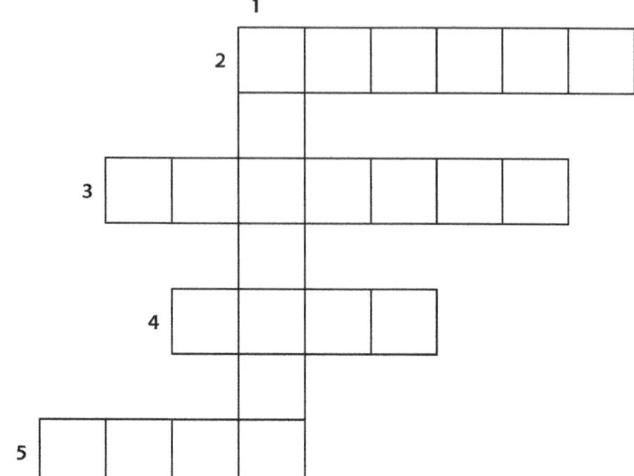

2 En classe

Trouve les paires.

1 ……, **2** ……, **3** ……, **4** ……, **5** ……

1 Est-ce que je …
2 Est-ce que vous …
3 Peux-…
4 Pouvez-…
5 Est-ce qu'on …

a pouvez répéter la question?
b tu parler plus fort?
c peut travailler sur l'ordinateur?
d peux avoir un livre?
e vous épeler ça?

3 Ce soir

Complète les phrases avec la bonne forme de vouloir et un infinitif.

Exemple: 1 ……*veux sortir*……

1 Ce soir, je ………………………………………
………………………………………

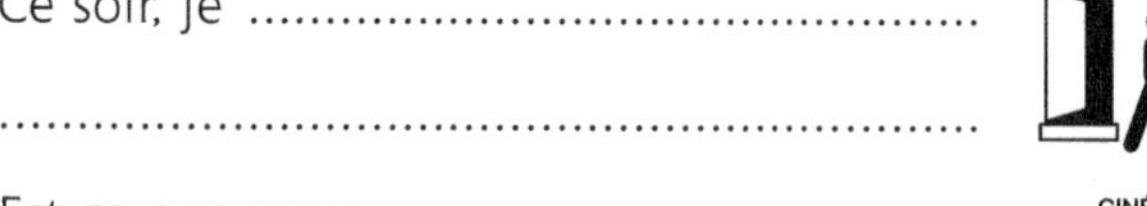

2 Est-ce que vous ………………………………
………………………………………

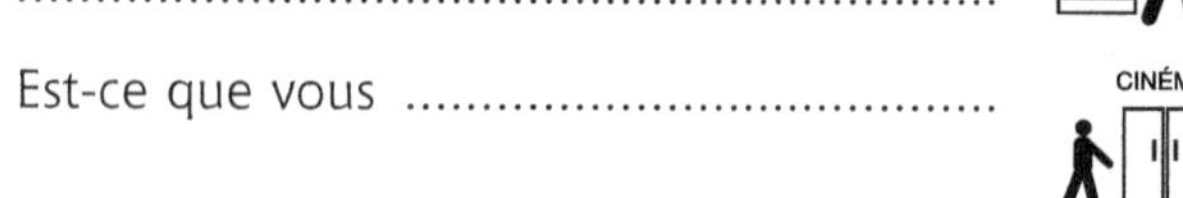

3 Mon frère ………………………………………
………………………………………

4 Ma sœur ………………………………………
………………………………………

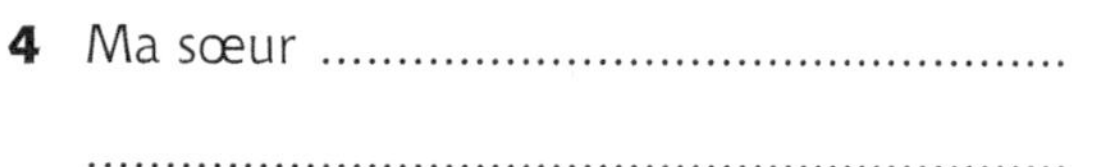

5 Mes parents ………………………………………
………………………………………

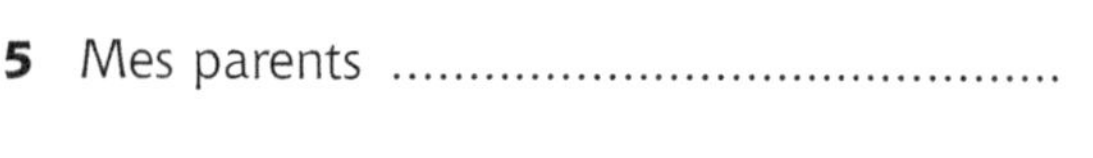

6 Nous ………………………………………
tous ………………………………………

4 Pendant les vacances

Complète les phrases avec la bonne forme de pouvoir et un infinitif.

1 Est-ce que nous ………………………………
………………………………………?

2 Est-ce que vous ………………………………
……………………………… demain?

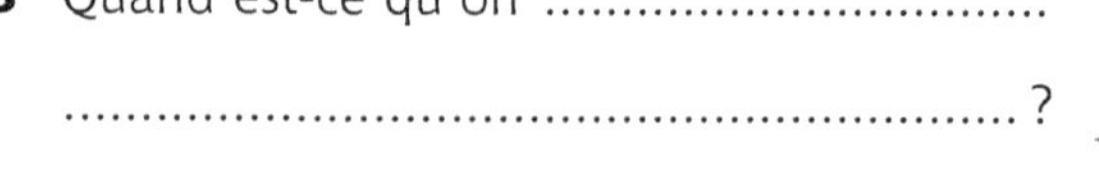

3 Quand est-ce qu'on ………………………………
………………………………………?

4 Est-ce que les touristes ………………………
………………………………………?

5 Est-ce que tu ………………………………
……………………………… avec nous?

6 Où est-ce que je ………………………………
………………………………………?

Tricolore Total 3 © Mascie-Taylor, Spencer, Honnor, Oxford University Press

Que sais-tu sur l'environnement?

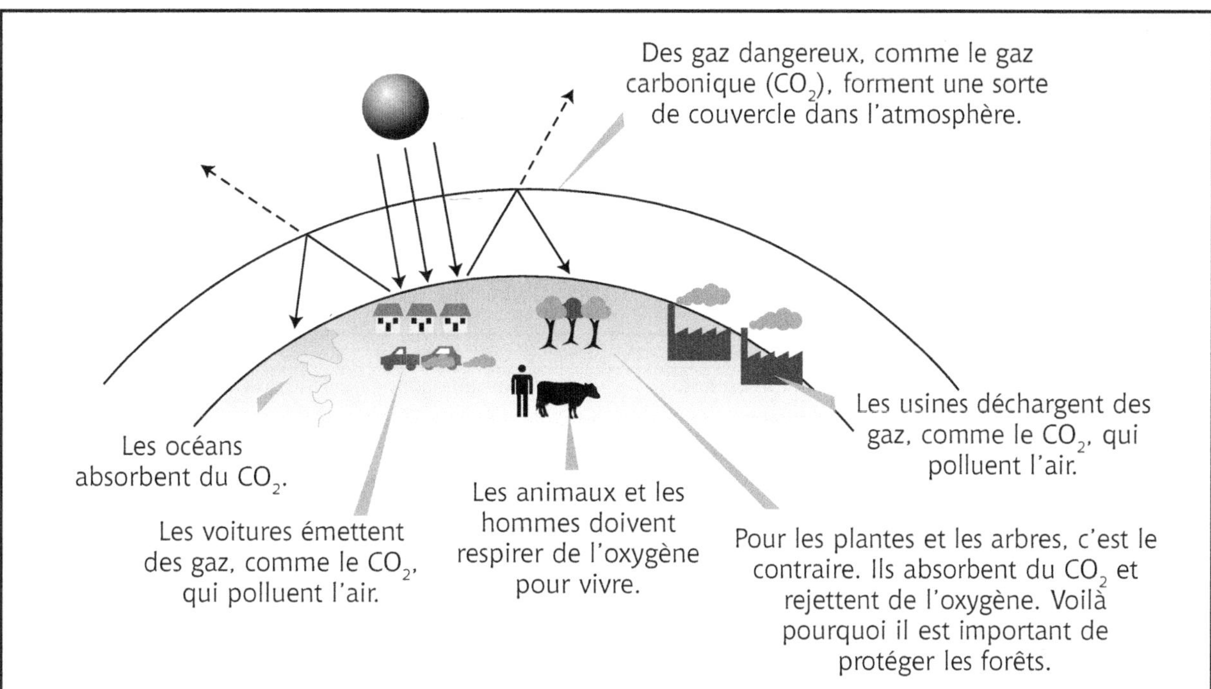

Des gaz dangereux, comme le gaz carbonique (CO_2), forment une sorte de couvercle dans l'atmosphère.
Les océans absorbent du CO_2.
Les voitures émettent des gaz, comme le CO_2, qui polluent l'air.
Les animaux et les hommes doivent respirer de l'oxygène pour vivre.
Les usines déchargent des gaz, comme le CO_2, qui polluent l'air.
Pour les plantes et les arbres, c'est le contraire. Ils absorbent du CO_2 et rejettent de l'oxygène. Voilà pourquoi il est important de protéger les forêts.

Pour chaque section, devine les bonnes réponses. Puis écoute pour vérifier. 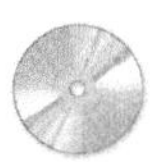

A L'effet de serre

1 Quel gaz contribue le plus à l'effet de serre? ☐
- **a** l'oxygène
- **b** le gaz carbonique
- **c** l'ozone

2 D'où vient-il principalement? (*deux réponses*) ☐☐
- **a** des plantes
- **b** des voitures
- **c** des océans
- **d** des usines

3 Qu'est-ce qui absorbe le CO_2? (*deux réponses*) ☐☐
- **a** les plantes
- **b** les animaux
- **c** les océans
- **d** les nuages

B Les déchets

1 Il y a de moins en moins de place pour les déchets qu'on produit. Qu'est-ce qu'on peut faire pour les réduire? (*trois réponses*) ☐☐☐
- **a** faire du compost avec les matières organiques (les pelures de fruits et de légumes, etc.)
- **b** déposer des verres dans les conteneurs de verre
- **c** jeter les papiers à la campagne
- **d** recycler le papier

2 Les déchets ne se dégradent pas tous à la même vitesse. Lequel de ces éléments se dégrade ...
i le plus vite? ☐ **ii** le moins vite? ☐
- **a** une peau de banane
- **b** un papier de bonbon
- **c** un sac en plastique
- **d** un journal

3 80% des déchets en mer sont en quelle matière? ☐
- **a** en carton
- **b** en métal
- **c** en plastique
- **d** en bois

4 Le verre et le métal des canettes peuvent être recyclés indéfiniment, mais pas le papier.
On peut recycler le papier combien de fois? ☐
- **a** 5 fois
- **b** 8 fois
- **c** 10 fois

les canettes

C L'eau

1 Quel pourcentage de l'eau de la planète est utilisable par les humains et les animaux terrestres? ☐
- **a** 1%
- **b** 5%
- **c** 10%

2 Si on ferme le robinet quand on se brosse les dents, on économise environ combien d'eau? ☐
- **a** 10 litres
- **b** 20 litres
- **c** 30 litres

3 Quand est-il plus efficace d'arroser les champs ou le jardin? ☐
- **a** le matin
- **b** à midi
- **c** la nuit

Tu comprends? 

1 Pour protéger l'environnement

Écoute les conversations 1–7 et trouve l'image qui correspond.

Exemple: 1 *E*

1 ......, **2** ......, **3** ......, **4** ......,
5 ......, **6** ......, **7** ......

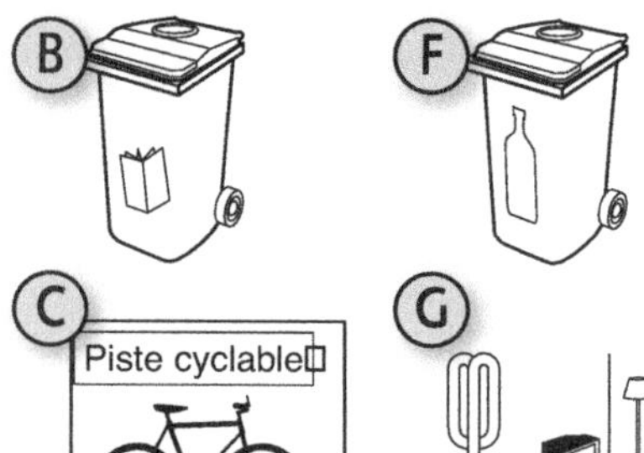

C Piste cyclable

G

3 La Martinique

Écoute l'interview et complète la fiche avec des mots de la case.

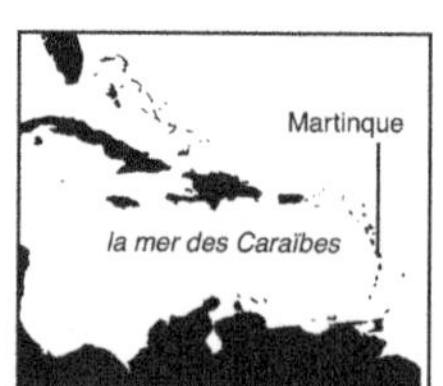

a 25 **b** avril **c** bibliothèque **d** carnaval **e** cathédrale
f l'euro **g** mai **h** mer **i** musée **j** natation

Nom:	La Martinique
Situation:	une île tropicale dans la (**1**) .... des Antilles, au nord de l'Amérique du Sud
Population:	430 000 habitants
Gouvernement:	département français d'outre-mer (DOM)
Langues:	français (langue officielle), créole
Climat:	tropical, température moyenne (**2**) .... °C, une saison sèche: de décembre à (**3**) ...., une saison humide: de (**4**) .... à novembre, possibilité de pluies violentes et cyclones, les mois les plus chauds: juillet et août
Principales villes:	Fort-de-France (capitale), Saint-Pierre
Monnaie:	(**5**) ....
Aspects du paysage:	la montagne Pelée (1 397 m), un volcan en activité
Activités économiques:	agriculture (banane, canne à sucre) et tourisme
Fêtes et festivals:	février–mars (5 jours qui précèdent le mercredi des Cendres), le (**6**) .... de la Martinique le 8 mai, à Saint-Pierre, la commémoration de l'éruption de la montagne Pelée
Aspects touristiques:	Plages chaudes, paysage tropical, marchés Fort de France: un jardin public, la (**7**) .... Saint-Louis, la (**8**) .... Schloelcher (construite à Paris, puis démontée et transportée en Martinique) Saint-Pierre: le (**9**) .... Vulcanologique
Activités sportives:	tous les sports nautiques: la (**10**) .... , la planche à voile, la plongée, le canyoning, la randonnée pédestre ou à VTT

2 Ma ville, Caen

Écoute la conversation et choisis la bonne réponse. **Exemple: 1** *b*

1 – Caen, c'est une grande ville?
– C'est une ville moyenne avec environ ...
a ☐ 72 000 habitants.
b ☐ 112 000 habitants.
c ☐ 212 000 habitants.

2 – C'est où exactement?
– C'est en Normandie, dans ...
a ☐ l'ouest.
b ☐ le nord-ouest.
c ☐ le nord.

3 – C'est au bord de la mer?
– Non, pas vraiment, mais ce n'est pas loin d'Ouistreham, qui est ...
a ☐ au sud.
b ☐ un port.
c ☐ près de la frontière.

4 – C'est comment comme ville?
– C'est une ville ...
a ☐ touristique et historique.
b ☐ ancienne et pittoresque.
c ☐ moderne et intéressante.

5 Guillaume le Conquérant a fondé la ville. Il a construit deux abbayes et ...
a ☐ une belle maison.
b ☐ une tour.
c ☐ un château.

6 Plus tard, Guillaume est devenu roi ...
a ☐ d'Angleterre.
b ☐ d'Allemagne.
c ☐ d'Italie.

7 – Qu'est-ce qu'on peut voir dans la ville?
– Il y a des monuments historiques et il y a aussi le Mémorial de la Paix, qui est un musée ...
a ☐ sur la Première Guerre mondiale.
b ☐ sur la Deuxième Guerre mondiale.
c ☐ sur les guerres de religion.

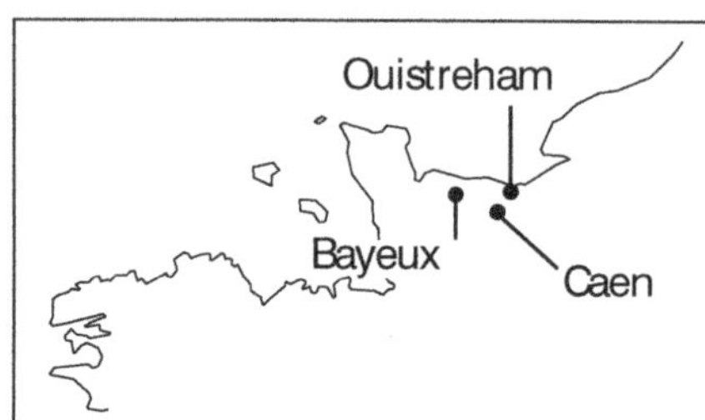

8 – Et dans la région? Qu'est-ce qu'il y a à voir?
– On peut visiter la ville de Bayeux, qui est à ...
a ☐ 2 km.
b ☐ 12 km.
c ☐ 20 km.

9 Là, on peut voir la célèbre tapisserie de la reine Mathilde, qui était la ...
a ☐ mère de Guillaume.
b ☐ femme de Guillaume.
c ☐ fille de Guillaume.

10 À Bayeux, il y a aussi ...
a ☐ une très belle cathédrale.
b ☐ un parc d'attractions.
c ☐ une belle piscine.

Tricolore Total 3 © Mascie-Taylor, Spencer, Honnor, Oxford University Press

Sommaire

Now I can ...

■ understand information about an area or country

la côte	coast
l'équateur (m)	equator
un fleuve	river (flowing into the sea)
une forêt	forest
francophone	French-speaking
une île	island
un lac	lake
loin	far
la mer	sea
la montagne	mountain
l'océan (m)	ocean
un pays	country
une plage	beach
plat	flat
une région	region

■ talk about towns and villages

C'est ...	It's ...
une grande ville	a large town
une ville moyenne	a medium-sized town
une petite ville	a small town
une ville touristique / industrielle	a tourist / industrial town
un village	a village
à la campagne	in the country
à la montagne	in the mountains
sur la côte	on the coast
près de ...	near ...

■ say where a place is situated

dans le nord	in the north
dans l'ouest	in the west
dans le sud	in the south
dans l'est	in the east
au centre	in the centre
à ... kilomètres de ...	... kilometres from ...
près de ...	near ...

■ talk about local facilities

une bibliothèque	library
une cathédrale	cathedral
un centre sportif / un complexe sportif	sports centre
un château	castle, stately home
une gare (routière)	(bus) station
un hôtel de ville	town hall
un marché	market
un musée	museum
un office de tourisme	tourist office
un parc (d'attractions)	(theme) park
une patinoire	ice rink
une piscine	swimming pool
une piste de ski artificielle	dry ski slope
un stade	stadium
une station-service	petrol station
un théâtre	theatre
une zone / rue piétonne	pedestrian precinct / street
un quartier	district
Il n'y a rien à faire.	There's nothing to do.
Ça me plaît, comme ville.	I like it as a town.
À mon avis, c'est trop tranquille ici.	I think it's too quiet here.
On a besoin d'un cinéma.	We need a cinema.

■ use the verb **devoir** to say that I 'have to' or 'must' do something (Student's Book page 152)

■ use the superlative

le/la/les moins cher(s)/chère(s)	the cheapest (the least expensive)
le/la/les plus grand(e)(s)	the biggest
le/la/les meilleur(e)(s)	the best

■ understand and use the pronouns **me, te, nous, vous**

Je vais t'envoyer un texto.	I'll send you a text.
Tu m'entends?	Can you hear me?
Ça nous concerne.	We're concerned about that.
Je peux vous aider?	Can I help you?

■ use expressions with **ça**

Ça t'intéresse?	Does that interest you?
Ça m'énerve.	It gets on my nerves.

■ understand information about the environment

un arbre	tree
augmenter	to increase
la circulation	traffic
le climat	climate
les déchets (m pl)	rubbish
les dégâts (m pl)	damage
éteindre	to switch off
un incendie	fire
une inondation	flood
la pluie	rain
polluer	to pollute
polluant	polluting
une poubelle	dustbin
le recyclage	recycling
les transports en commun (m pl)	public transport
trier	to sort (e.g. rubbish)
une usine	factory

■ use **il faut** and **il ne faut pas** + infinitive

Il faut réduire la pollution.	We must reduce pollution.
Il ne faut pas détruire les forêts.	We mustn't destroy the forests.

Épreuve: Écouter

A À l'office de tourisme

Pour chaque personne, choisis la bonne image.

Ex. B 1 ☐ 2 ☐ 3 ☐ 4 ☐ 5 ☐

/5

B La protection de l'environnement

On parle de quoi? Choisis la bonne image.

Ex. E 1 ☐ 2 ☐ 3 ☐ 4 ☐ 5 ☐ 6 ☐

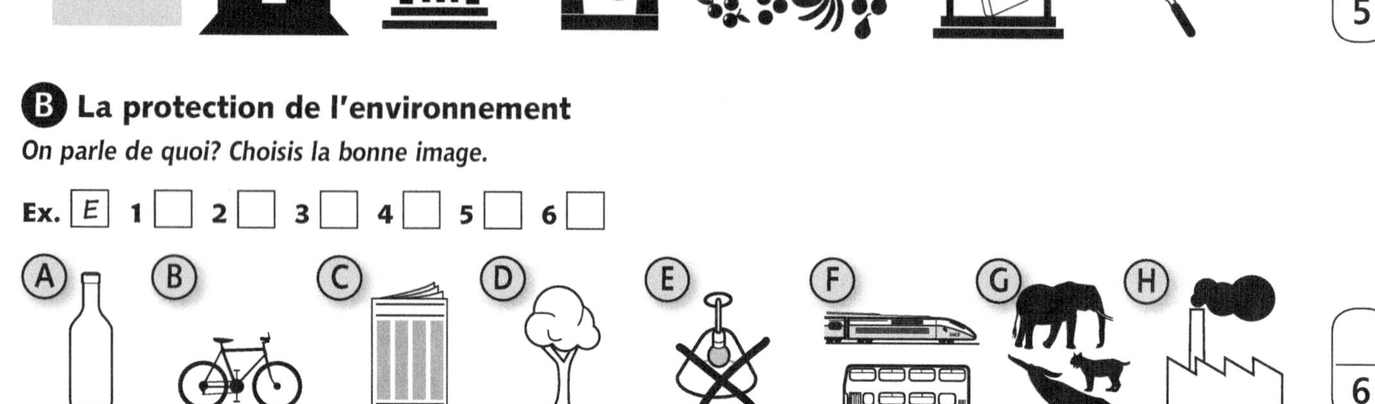

/6

C Des excuses

Pourquoi est-ce qu'on dit non? Pour chaque personne, choisis la bonne excuse.

Ex. B 1 ☐ 2 ☐ 3 ☐ 4 ☐ 5 ☐ 6 ☐

A Je suis fatigué(e).
B Je vais rester à la maison.
C J'ai beaucoup de travail à faire.
D J'ai mal aux dents.
E Mes parents vont sortir.
F Je vais faire du shopping.
G Mon frère est malade.

/6

D Une région francophone

Écoute, puis choisis le bon mot de la case pour compléter chaque phrase.

a commun
b hiver
c île
d l'océan
e marché
f mer
g moins
h un aéroport
i volcanique

Ex. Tahiti se trouve dans ....*(d) l'océan*..... Pacifique.

1 Il y a .... à Tahiti avec des vols vers quelques destinations internationales.

2 Tahiti est la plus grande .... de la Polynésie française.

3 Beaucoup de touristes viennent en ....

4 parce qu'il pleut .... qu'en été.

5 Les plages sont de sable (*sand*) noir parce que c'est une région ....

6 On fait de la plongée sous-marine en .... et dans les lagons.

7 Comme transport en ...., il y a des 'trucks', qui sont comme des camions.

8 À Papeete, il y a un grand .... municipal qui attire beaucoup de monde.

/8

TOTAL /25

Tricolore Total 3 © Mascie-Taylor, Spencer, Honnor, Oxford University Press

Épreuve: Parler

Carte A

Ma ville

You are talking to a young French person about your town. Your teacher or another person will play the part of the French person and will speak first.

1 Say where your home town/village is.

2 Say what there is to do there.

3 Say what you think of your town/village.

4 Ask your friend where he/she lives.

Carte B

Ta ville

Tu parles avec un(e) jeune Français(e). Je suis le/la jeune Français(e).

1 Ta ville est où, exactement?

2 Qu'est-ce qu'il y a à faire à ...?

3 Que penses-tu de ...?

4 Ah bon!

5 J'habite à Paris.

/12

Conversation

Prépare tes réponses aux questions puis travaille avec ton professeur.

Là, où j'habite

- Qu'est-ce qu'on peut faire dans la ville?
- Qu'est-ce qu'il y a d'intéressant pour les jeunes?
- Qu'est-ce qu'il y a à voir dans la région?
- Qu'est-ce qu'on doit faire pour améliorer la ville? (Il faut ... On doit ...)

L'environnement

- Qu'est-ce qu'on fait chez toi pour protéger l'environnement?
- À ton avis, quel est le plus grand problème pour l'environnement?
- Qu'est-ce que le gouvernement fait dans ta ville/ta région pour réduire la pollution?
- Tu penses que les problèmes vont devenir plus graves à l'avenir?

TOTAL

/25

Épreuve: Lire (1)

A L'environnement

Pour chaque conseil, choisis la bonne image.

      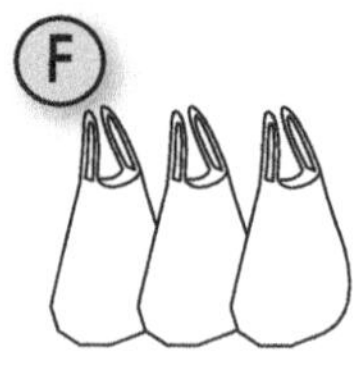 

Ex. Vous devez mettre un pull et baisser la température du chauffage central. [G]

1 Vous devez réutiliser vos sacs en plastique. [ ]

2 Il ne faut pas prendre la voiture pour de petits voyages. [ ]

3 Il faut éteindre la lumière quand on sort d'une pièce. [ ]

4 Vous devez recycler le carton et le papier. [ ]

5 Vous ne devez pas laisser couler le robinet quand vous vous brossez les dents. [ ]

6 Il ne faut pas jeter les piles dans la poubelle. Il faut les mettre dans le conteneur spécial. [ ]

/ 6

B Le tourisme

Pour chaque publicité, choisis le bon endroit.

    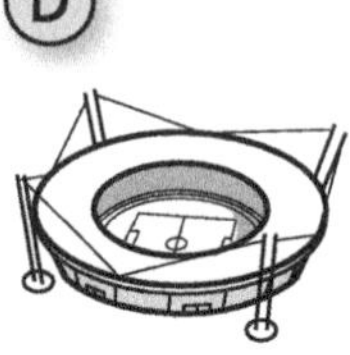  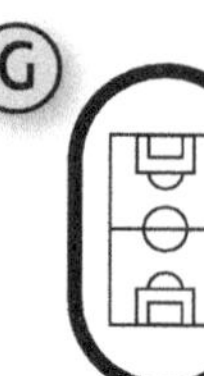

Ex. Nous sommes à quelques heures de toutes les capitales européennes. [A]

1 Ici, vous pouvez voir une des plus belles collections de vieux vêtements de France. [ ]

2 Sur 28 hectares, 30 espèces rares d'arbres et de plantes. [ ]

3 Chaque après-midi, les champions de la première division vous proposent la visite guidée de leur terrain. [ ]

4 Si vous aimez faire du patinage, allez à la patinoire devant l'hôtel de ville. [ ]

5 Venez retrouver la forme. Plus d'une centaine d'activités, du handball à l'aquagym. [ ]

6 La plus grande église de la région. Messe chantée tous les dimanches à 10h30. [ ]

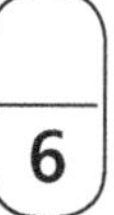

Tricolore Total 3 © Mascie-Taylor, Spencer, Honnor, Oxford University Press

Épreuve: Lire (2)

C Haïti

Choisis les bons mots de la case pour compléter le texte.

Haïti se trouve dans la **Ex.** ..*e*..*mer*.. des Caraïbes près de l'Amérique Centrale. On y parle le créole haïtien et le français et la majorité de la **1** .... est d'origine africaine.

Il y a beaucoup d'écoles privées et il **2** .... payer pour aller à l'école. On doit aussi acheter son uniforme et ses livres scolaires. C'est difficile pour les familles qui souvent n'ont pas les moyens nécessaires. Par conséquent beaucoup d'enfants ne **3** .... pas aller à l'école.

La religion occupe une grande importance dans la vie de la population. Beaucoup de personnes sont catholiques ou protestantes et vont à **4** .... plusieurs fois par semaine.

En Haïti, il y a souvent des problèmes **5** ...., parce que le pays se trouve dans une zone d'ouragans. La saison des pluies s'étend d'avril à juin et les ouragans ont lieu entre juin et novembre. Ça cause souvent des **6** ....

- **a** climatiques
- **b** faut
- **c** inondations
- **d** l'église
- **e** mer
- **f** peuvent
- **g** population

___ / 6

D Le forum sur l'environnement

Read these comments from an environmental website forum. Then answer the questions in English.

Moi, ce qui me pose un problème, c'est la pollution atmosphérique. J'ai un petit frère qui est asthmatique. Nous habitons à Paris, et quelquefois en été, il ne peut pas sortir à cause de ça. C'est pas juste! À mon avis, on doit interdire les voitures en centre-ville les jours où il y a de la pollution.
Habib (Paris XXe)

À mon avis, le problème des déchets est très important. Chez moi, nous recyclons beaucoup de choses: le verre de différentes couleurs, le papier, le bois, le plastique et le métal. Il faut faire très attention aux produits toxiques, comme les piles, qui peuvent polluer le sol et l'eau. Moi, je mets les piles usées dans des conteneurs spéciaux.

Nous, les jeunes, nous devons recycler le plus possible, prendre les transports en commun, et surtout persuader nos parents de voter vert.
Justine (47 Villeneuve)

1 Which environmental problem is Habib most worried about, and why? (2) ....

....

2 What solution does he propose? ....

....

3 What is Justine's main concern? ....

4 Who does she aim her suggestions at? ....

....

5 Name two of the things she says they could do. (2) ....

....

___ / 7

TOTAL ___ / 25

Tricolore Total 3 © Mascie-Taylor, Spencer, Honnor, Oxford University Press

Épreuve: Écrire et grammaire

A Des questions

Complète les questions.

Ex. Quel est le ....plus grand........................ pays du monde? (*grand*)

1 Quel est le .... pays d'Europe? (*petit*)

2 Quelle est la ....ville du monde? (*grand*)

3 Quels sont les deux fleuves les ....du monde? (*long*)

4 Quelle est la tour la ....? (*haut*)

5 À ton avis, quel est le livre le ....? (*intéressant*)

/5

B Des phrases

Complete the French sentences with ***me, m', te, t', nous, vous.***

	français	**anglais**
Ex	On va ..t'. attendre.	*We'll wait for you.*
1	Et vous, ça .... intéresse?	*Does that interest you?*
2	Tu peux .... envoyer un texto?	*Can you send me a text?*
3	Ça .... concerne beaucoup.	*That concerns us a lot.*
4	Tu comprends? Je vais aller .... chercher au collège.	*Do you understand? I'll collect you from school.*
5	Tu peux .... rendre un service?	*Can you do me a favour?*

/5

C On doit faire quoi?

Fill in the blanks with the correct part of the verb ***devoir*** *in the present tense.*

Ex. Tu ....dois.................................... absolument voir ce film.

1 Vous .... prendre le train.

2 On .... faire attention aux serpents.

3 Il .... finir ses devoirs.

4 Tu .... être prêt à 7 heures.

5 Ils .... rester à la maison.

6 Nous .... partir maintenant.

/6

D Une lettre

Écris une lettre en français à un magazine pour les jeunes sur un de ces sujets, a ou b.

a ***Ma région***

Réponds aux questions.

- C'est où, exactement?
- Quelle est la plus grande ville?
- Qu'est-ce qu'il y a à voir dans la région?
- Qu'est-ce que tu as fait récemment?

b ***L'environnement***

Mentionne:

- un problème
- un exemple
- une solution
- ton opinion.

....

....

....

....

/9

TOTAL /25

Tricolore Total 3 © Mascie-Taylor, Spencer, Honnor, Oxford University Press

TRICOLORE Total 3

Au collège

1 Un acrostiche

1 La ..., c'est en septembre quand la nouvelle année scolaire commence. (7)
2 Mon collège est dans un ... moderne. (8)
3 Nous faisons de la natation dans la ... du collège. (7)
4 Dans la ..., il y a des livres, des magazines et des ordinateurs connectés à l'internet. (12)
5 On fait les sciences dans le ... (11)
6 Ma ... préférée est le dessin. (7)
7 Chaque soir, nous avons des ... à faire à la maison. (7)
8 Pendant la récréation, nous sortons dans la ... (4)
9 À midi, je déjeune à la ... (7)
10 On joue au volley sur le ... de sports. (7)
11 Pour la gymnastique, nous allons dans le ... (7)
12 Le nouveau ... de technologie est très sympa et il explique bien les choses. (10)
13 Cette année, nous avons ... le samedi, mais pas le mercredi. (5)
14 Je note tous les cours de la semaine sur mon ... (6,2,5)

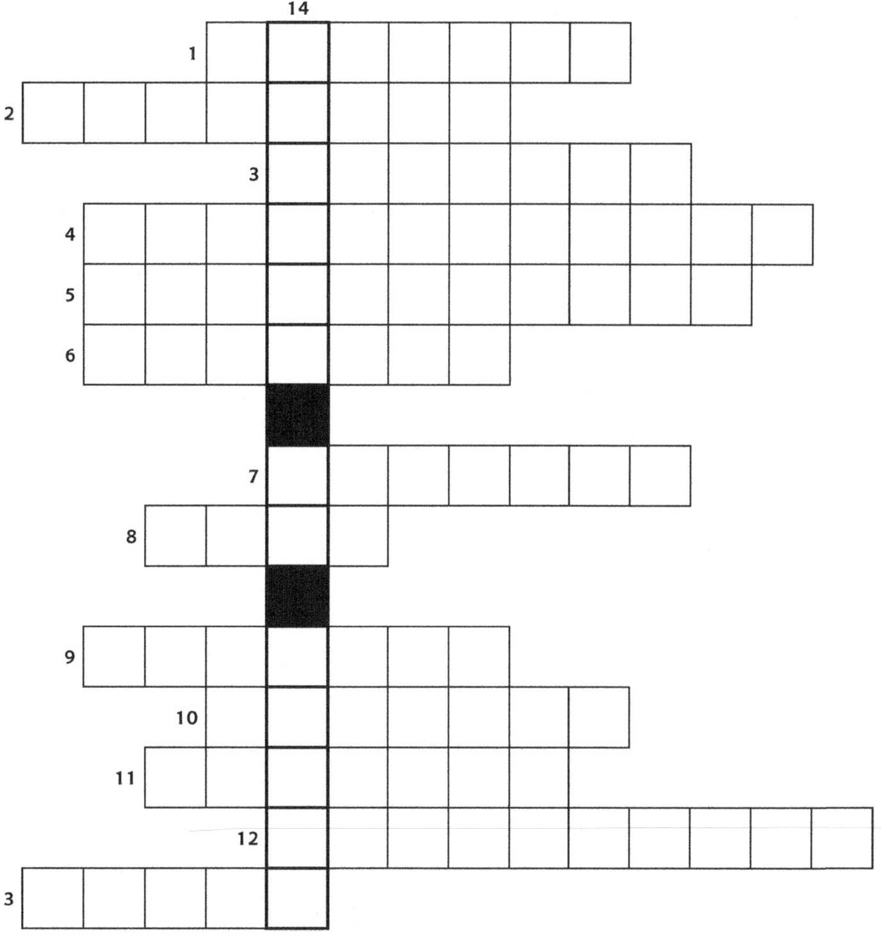

2 Un jeu de définitions

C'est quelle matière?

Exemple: 1 *C la biologie*

1 Cette année, on étudie le corps humain. ....
2 On étudie l'époque de 1914 à nos jours. ....
3 On fait de la gym, de la natation, de l'athlétisme et des sports d'équipe, comme le hockey. ....
4 On étudie l'électricité et le magnétisme et on fait des expériences. ....
5 Cette année, on étudie la France, les États-Unis et la Russie. ....
6 On fait des expériences et on étudie des réactions. ....
7 On fait du calcul, de la géométrie et des équations. ....
8 On apprend le vocabulaire et la grammaire d'une culture différente. ....
9 On apprend à utiliser un ordinateur. ....
10 On étudie des pièces et on fait du théâtre. ....

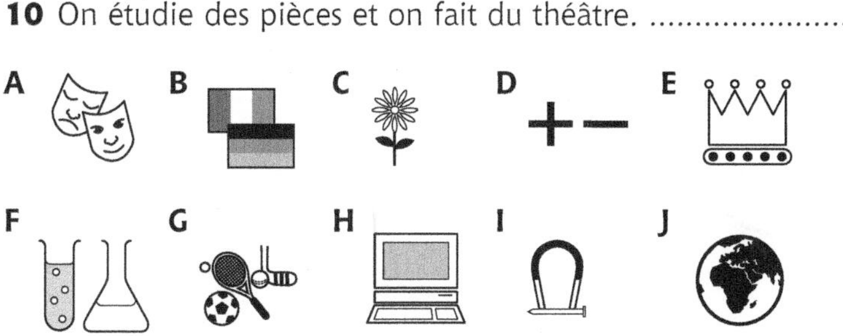

3 En classe

Trouve dans l'image:

- 4 choses qui commencent par la lettre C
- 3 choses qui commencent par la lettre T
- 2 choses qui commencent par la lettre S
- 1 chose qui commence par la lettre R

Une semaine de vacances (A)

a ***Complète l'agenda avec une activité différente pour chaque jour, mais laisse deux jours libres. Voici des idées d'activités:***

  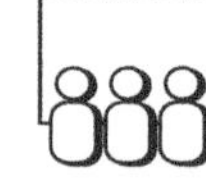  

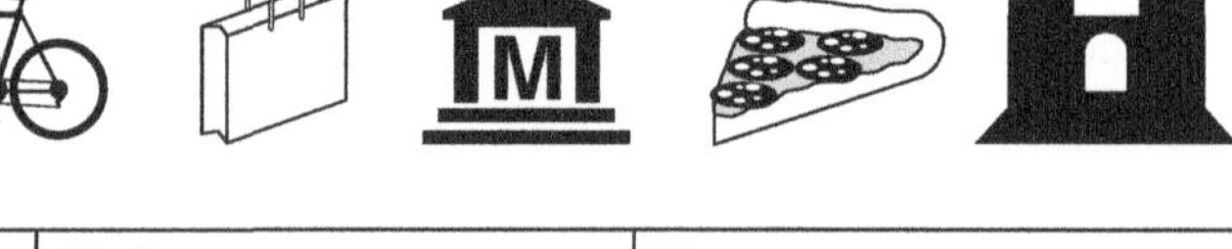

b ***Travaillez à deux. Posez des questions pour découvrir le programme de l'autre et notez les renseignements sur la fiche. Avez-vous un jour de libre en commun?***

A: Qu'est-ce que tu vas faire lundi prochain?
B: Je vais ***jouer au tennis***.
A: Et mardi prochain?
B: Mardi prochain, ***je suis libre***.

Ex.	Moi	Nom:
lun.		*jouer au tennis*
mar.		*libre*

	Moi	Nom:
lun.		
mar.		
mer.		
jeu.		
ven.		
sam.		
dim.		

Une semaine de vacances (B)

a ***Complète l'agenda avec une activité différente pour chaque jour, mais laisse deux jours libres. Voici des idées d'activités:***

 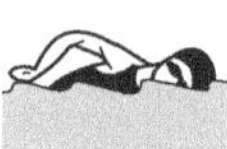   

 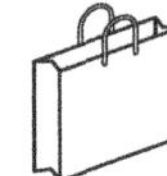  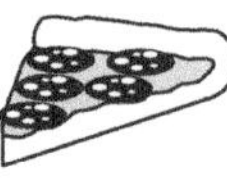

b ***Travaillez à deux. Posez des questions pour découvrir le programme de l'autre et notez les renseignements sur la fiche. Avez-vous un jour de libre en commun?***

A: Qu'est-ce que tu vas faire lundi prochain?
B: Je vais ***jouer au tennis***.
A: Et mardi prochain?
B: Mardi prochain, ***je suis libre***.

Ex.	Moi	Nom:
lun.	*jouer au tennis*	
mar.	*libre*	

	Moi	Nom:
lun.		
mar.		
mer.		
jeu.		
ven.		
sam.		
dim.		

Tricolore Total 3 © Mascie-Taylor, Spencer, Honnor, Oxford University Press

Mais, non!

Dossier-langue

Tu n'aimes pas le football?
Si, j'aime bien le football, mais je n'aime pas cette équipe.
Tu as fini tes devoirs?
Non, pas encore. J'ai beaucoup de travail ce soir.

Si is used to mean **yes** in reply to a question in the negative. ***Pas encore*** means **not yet**.

1 Mots croisés

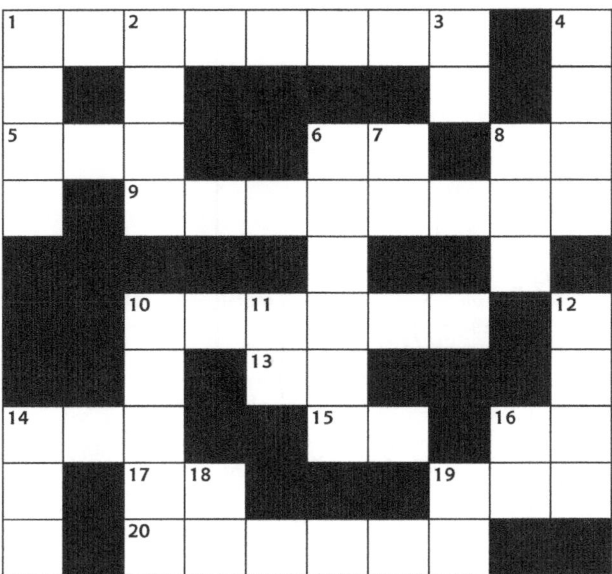

Horizontalement

1 Tout le monde est parti. Il n'y a ... ici. (8)
5 J'ai ... sœur, mais je n'ai pas de frères. (3)
6 ... n'ai pas encore fini l'exercice. (2)
8 Aujourd'hui, c'est dimanche, alors je ... vais pas au collège. (2)
9 Martin n'est pas à la maison. Il fait de la ... à la piscine. (8)
10 – Es-tu déjà allé à Paris?
– Non, je n'y suis ... allé. (6)
13 C'est bien, je n' ... pas de devoirs, ce soir. (2)
14 J'aime les animaux, mais nous n'avons ... d'animaux à la maison. (3)
15 – Tu n'aimes pas le sport?
– Mais ...., j'aime le sport, surtout le volley. (2)
16 – Tu connais cette région?
– Non, pas ... tout. Je ne l'ai jamais visité. (2)
17 ... as de l'argent, toi? Moi, je n'en ai plus beaucoup. (2)
19 – Est-ce qu'il y a ... livres dans la boîte?
– Non, il n'y a rien dans la boîte. (3)
20 – Tu as fini de ranger ta chambre?
– Non, pas ... (6)

Verticalement

1 Je ne sors ... avec Julien. Je sors avec Thomas maintenant. (4)
2 – Tu habites dans un village, n'est-ce pas? C'est bien?
– Non, il n'y a ... à faire. (4)
3 Tu n'... pas encore prêt? Mais qu'est-ce que tu fais? (2)
4 Si on allait au cinéma? Il n'y a ... à la télé ce soir. (4)
6 – Tu as déjà fait du ski?
– Non, ..., mais je veux bien en faire un jour. (6)
7 Moi, je n'aime pas la campagne ... toi, tu n'aimes pas la ville. (2)
8 Qu'en penses-tu, on va au cinéma ce soir, oui ou ...? (3)
10 Mon frère peut se coucher à 10 heures mais moi, je dois me coucher à 9h30. Ce n'est pas .... (5)
11 ... mère dit que c'est normal parce que je suis plus jeune que lui. (2)
12 – Tu veux encore de la viande?
– Non, merci, je n'en veux .... . (4)
14 – Tu aimes les jeux vidéo?
– Ah non! Je n'aime ... ça! (3)
16 Je regrette, mais je n'ai pas ... livres. (2)
18 Nous avons ... ordinateur, mais il ne marche pas bien. (2)
19 Il faut aller au supermarché. Il n'y a plus ... lait. (2)

2 Des phrases brouillées

Mets les mots dans l'ordre pour faire des phrases complètes.

Exemple: 1 ***Il n'y a plus de chocolat.***

1 de | plus | Il n'y a | chocolat.
2 d'intéressant | à la | rien | télé | Il n'y a.
3 J'ai | mais | personne | sonné à la porte, | il n'y a | à la maison.
4 Ils | à la | vont | jamais | piscine | ne.
5 savent | pas | Ils | ne | nager.
6 Ce | je | ne | mange | matin, | suis | je | rien | malade | parce que.

La vie (imaginaire) d'une lycéenne

Lis la bande dessinée créée par une élève au Lycée Champollion à Grenoble et fais les activités.

espionner – *to spy on*
le gars que je kiffe – *the guy I fancy*
j'ai failli faire péter la salle – *I almost made the room explode*

a ***Trouve la traduction française.***

1 hopeless at sport
2 hopeless at everything
3 it sends me to sleep
4 it's worse
5 I won't touch anything.
6 How dare you?

b ***Vrai (V) ou faux (F)?***

1 Lucille n'a pas encore seize ans. ☐
2 Selon elle, elle n'est pas forte en classe. ☐
3 Elle préfère regarder les garçons en secret. ☐
4 Elle n'aime pas les maths. ☐
5 Elle aime les langues vivantes. ☐
6 Elle ne va plus aux cours de chimie. ☐
7 Elle adore l'EPS. ☐
8 Elle aime bien les SVT parce qu'on dissèque des souris. ☐
9 Quant à la géo, elle ne sait pas. ☐
10 Elle n'est pas une véritable élève, mais un personnage imaginaire. ☐

Tricolore Total 3 © Mascie-Taylor, Spencer, Honnor, Oxford University Press

Les métiers

1

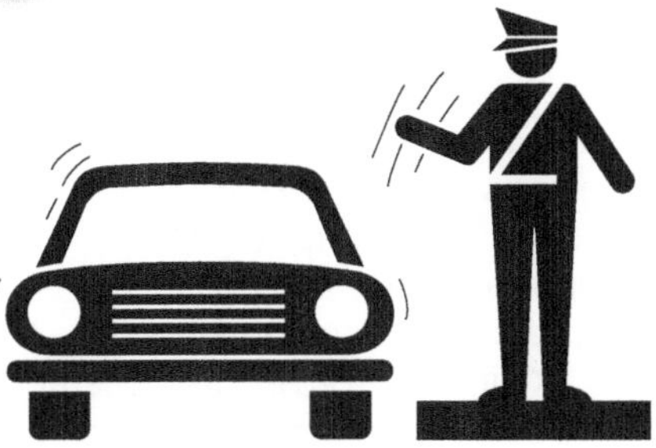

2

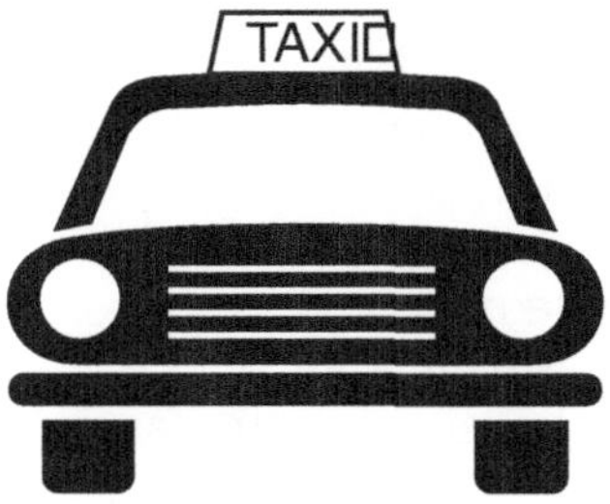

TAXI

3

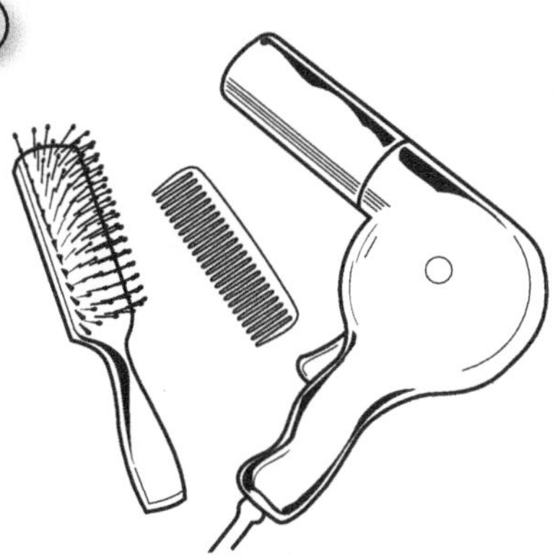

4

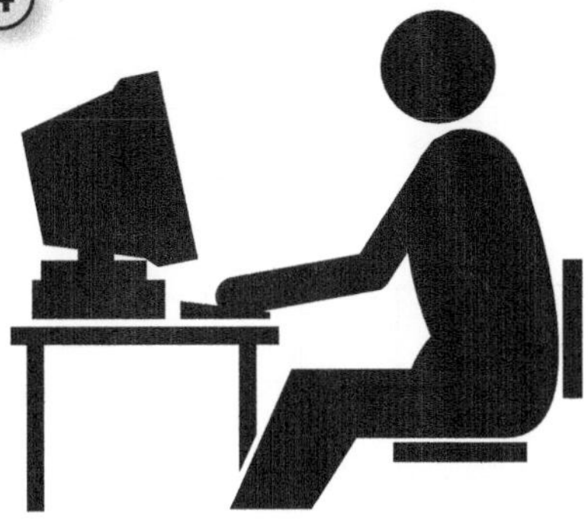

5

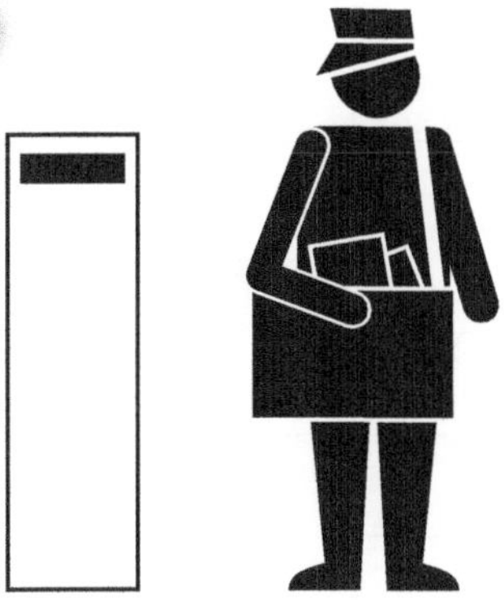

6

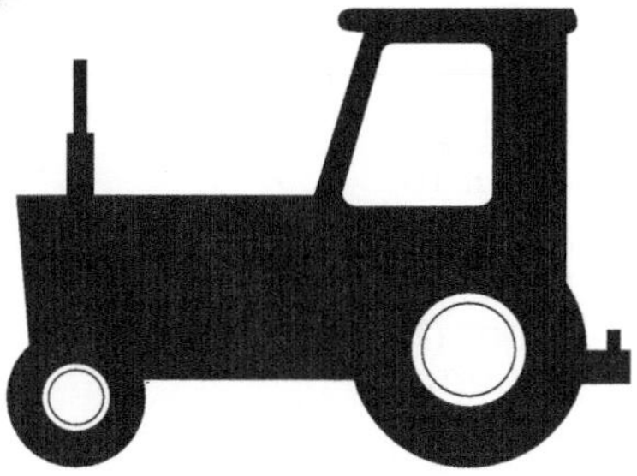

7

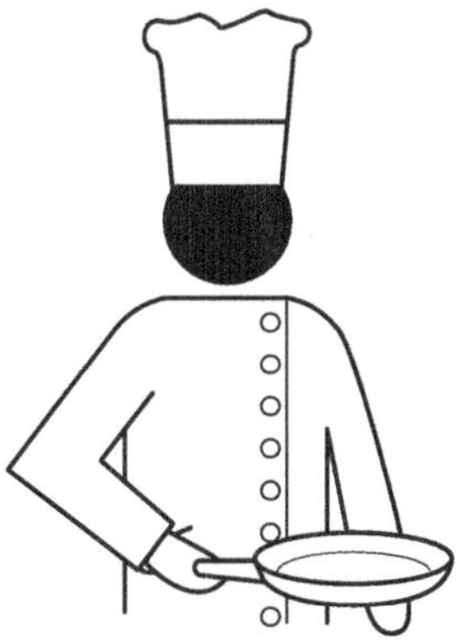

8

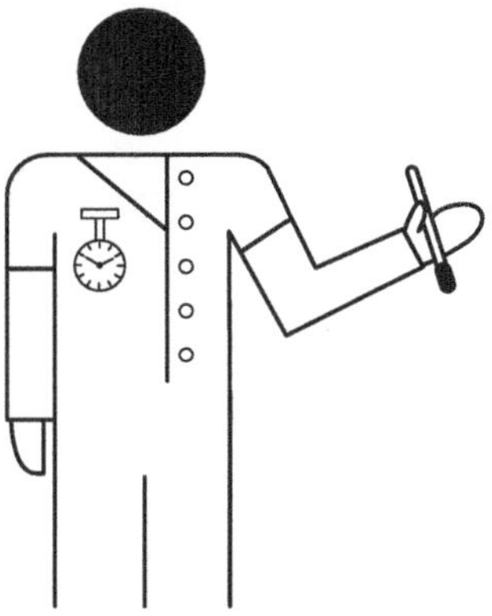

9

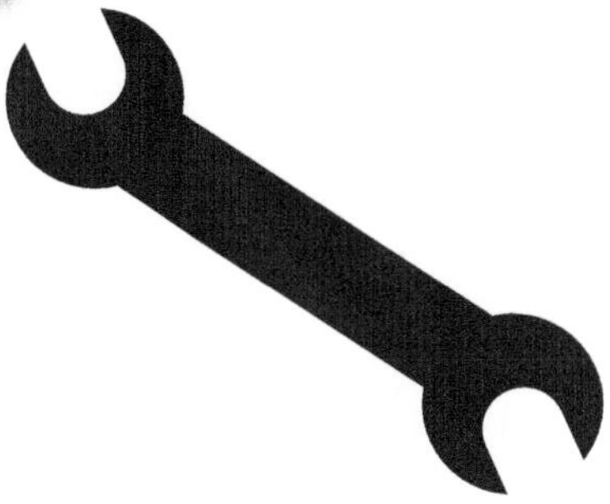

10

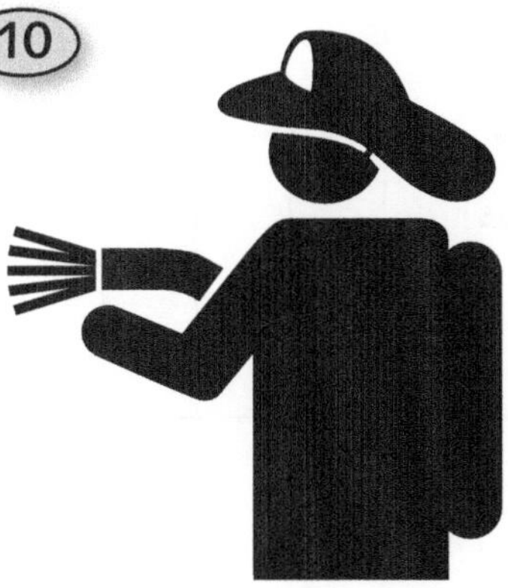

11

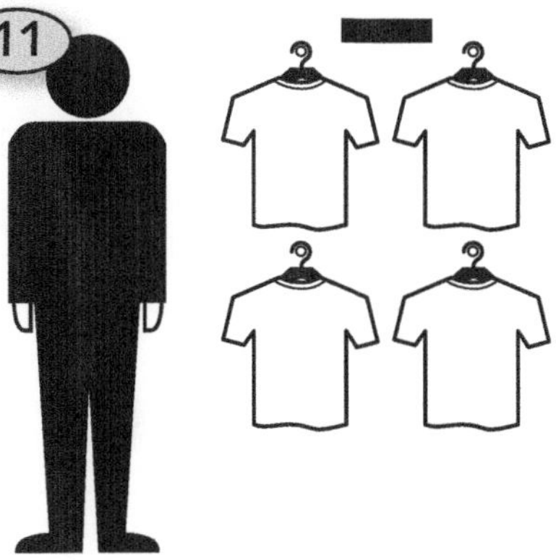

12

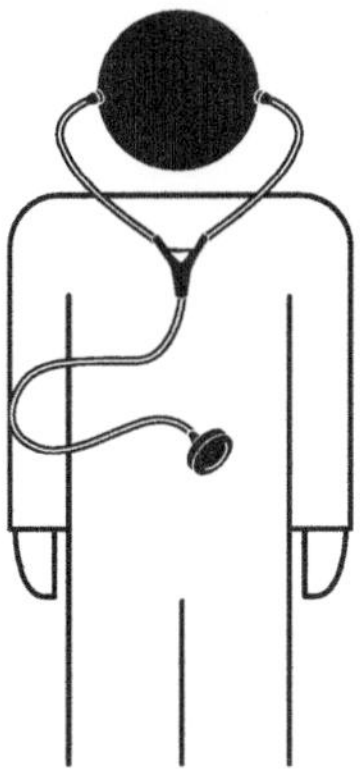

Trouve le bon texte pour chaque image.

Exemple: 1 *f agent de police*

a	médecin	**d**	cuisinier/-ière	**g**	chauffeur (de taxi)	**j**	sapeur-pompier
b	mécanicien(ne)	**e**	vendeur/-euse	**h**	employé(e) de bureau	**k**	coiffeur/-euse
c	facteur/-trice	**f**	agent de police	**i**	fermier/-ière	**l**	infirmier/-ière

On pense au travail

1 Une conversation

Trouve les paires.

1 ......, **2** ......, **3** ......, **4** ......, **5** ......,

6 ......, **7** ......, **8** ......, **9** ......, **10** ......

1	Quand vas …	**a**	travailler dans un hôpital.
2	Je …	**b**	sais pas encore.
3	Qu'est-ce que tu …	**c**	vais le faire l'année prochaine.
4	Je voudrais …	**d**	faire plus tard dans la vie?
5	Mon père est …	**e**	infirmier.
6	Il …	**f**	des études de médecine.
7	Qu'est-ce que tu veux …	**g**	veux faire comme stage?
8	Je ne …	**h**	pharmacienne.
9	Ma mère est …	**i**	-tu faire ton stage en entreprise?
10	Je vais peut-être faire …	**j**	va m'aider à trouver un placement.

2 Des métiers

Complète la grille avec des noms de métiers au masculin.

1 driver (9)
2 cook (9)
3 designer (11)
4 vet (11)
5 lawyer (6)
6 police officer (military) (8)
7 postman (7)
8 doctor (7)
9 nurse (9)
10 farmer (7)
11 sales assistant (7)
12 police officer (civilian) (5,2,6)
13 firefighter (6-7)
14 technician (10)
15 chemist (10)
16 waiter (7)
17 mechanic (10)
18 primary school teacher (11)
19 hairdresser (8)

1	u
2	n
3	s
4	t
5	a
6	g
7	e
8	e
9	n
10	e
11	n
12	t
13	r -
14	e
15	p
16	r
17	i
18	s
19	e

Tricolore Total 3 © Mascie-Taylor, Spencer, Honnor, Oxford University Press

Des offres d'emploi

(A) **Collège Lucien Bayard**
recherche **SECRÉTAIRE**
Connaissances en allemand et en anglais seraient fort appréciées.
Écrire avec CV ou tél. pour rendez-vous.

(B) **Médecin de Bordeaux**
cherche infirmier/-ière temps partiel.
Écrire avec C.V. au bureau du journal.

(C) **ÉLECTROMAGIQUE**
recrute
2 VENDEURS/VENDEUSES
Poste à plein temps.
Salaire minimum garanti.
Se présenter, mardi 16 septembre, à 9h30 précises au magasin.

(D) **On demande étudiante**
pour garder enfants,
9h à 14h, 3 jours par sem.
Écrire avec CV et photo
BP 1384, 17000 La Rochelle

(E) **Informatique**
Recherche pour Poitiers et environs, **technicien(ne)** pour installations et assistance aux utilisateurs.
Min: 2 ans d'expérience.
Tél. 03 62 54 78 90

(F) **Recherche figurants**
pour tournage film au Marineland.
Se présenter à la récep. 10h le 17 oct.

(G) **Soc. Internat. de produits chimiques**
cherche personnes libres de voyager en Espagne, pour promotion de détergents.
Frais de voyages et commissions.
Connaissances en espagnol et bonne présentation essentielles.
Si vous êtes dynamique et aimez les voyages, présentez-vous à Hôtel du Centre, vendredi prochain, et demandez M. Grimaud.

connaissances – *knowledge*
seraient – *would be*
frais – *expenses*
un figurant – *extra (in film), walk-on part*
tournage – *shooting a film*
à plein temps – *full-time*
à temps partiel – *part-time*
se présenter – *to present oneself (for interview)*

1 Je cherche un emploi

Trouve un emploi pour chaque personne.

1 Ex. [D] Je suis étudiante, mais j'ai besoin d'argent et je cherche un emploi. Je voudrais travailler avec des enfants.

2 [ ] Je suis infirmière et je cherche un emploi, mais comme mes enfants sont jeunes je ne veux pas travailler à plein temps.

3 [ ] J'ai 21 ans et depuis trois ans, je travaille sur des ordinateurs à Paris. Maintenant, je cherche un emploi ici, à Poitiers.

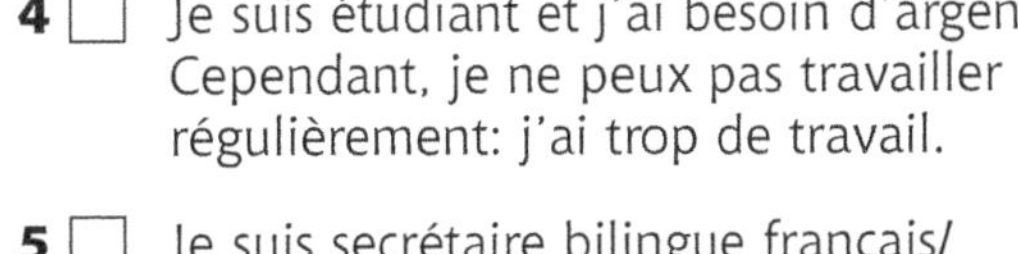

4 [ ] Je suis étudiant et j'ai besoin d'argent. Cependant, je ne peux pas travailler régulièrement: j'ai trop de travail.

5 [ ] Je suis secrétaire bilingue français/anglais. Je parle allemand aussi, mais je n'ai jamais étudié l'espagnol.

6 [ ] Je parle espagnol et italien et je travaille dans une agence de voyages. Cependant, je m'ennuie ici et je voudrais changer d'emploi: faire quelque chose de différent et rencontrer des gens intéressants.

2 Trois de tout

Trouve des mots dans les annonces.

3 jours de la semaine	**3** langues	**3** métiers	**3** villes
....	....	....	....
....	....	....	....
....	....	....	....

Deux verbes dans une phrase

1 Des questions

Lis les questions et souligne les infinitifs.

Exemple: 1 *Qu'est-ce qu'on peut apprendre comme langues au collège?*

1 Qu'est-ce qu'on peut apprendre comme langues au collège?
2 Que penses-tu faire comme options, l'année prochaine?
3 Est-ce que tu sais nager?
4 Qu'est-ce que tu aimes porter comme vêtements, le week-end?
5 Est-ce que tes amis préfèrent jouer aux cartes ou jouer aux jeux vidéo?
6 Où est-ce que tu veux passer tes vacances cette année?
7 Quand est-ce que tu espères voir ton correspondant?
8 Qu'est-ce que tu détestes faire comme travail à la maison?

2 Des réponses

a ***Complète les réponses avec le bon infinitif.***

a Oui, je sais .... (*to swim*)
b Je déteste .... ma chambre. (*to tidy*)
c Ils préfèrent .... aux jeux vidéo. (*to play*)
d On peut .... le français, l'allemand et l'espagnol. (*to learn*)
e L'année prochaine, je pense .... dessin et histoire. (*to do*)
f Je veux bien .... en Écosse. (*to go*)
g Le week-end, j'aime .... un jean et un sweat. (*to wear*)
h J'espère le .... à Pâques. (*to see*)

b ***Trouve la bonne réponse pour chaque question de l'activité 1.***

1 **Ex.** ..*d*.., **2** ......, **3** ......, **4** ......, **5** ......, **6** ......, **7** ......, **8** ......

3 Des infinitifs utiles

Complète la liste.

Français	Anglais
1 aller aux magasins	**Ex.** *to go to the shops*
2 apprendre à jouer d'un instrument	
3 commencer une nouvelle matière	
4 faire du sport	
5 faire la cuisine	
6 jouer aux échecs	
7 lire	
8 mettre la table	
9 ranger ma chambre	
10 regarder un film	
11 surfer sur Internet	
12 travailler au supermarché	

4 Et toi?

Complète les phrases avec un verbe à l'infinitif.

1 J'adore ....
2 Je déteste ....
3 Je préfère ....
4 Je ne veux pas ....
5 Je voudrais ....
6 On peut ....
8 Je sais ....

Tricolore Total 3 © Mascie-Taylor, Spencer, Honnor, Oxford University Press

Écoute et parle 

1 Et après?

Écoute la lettre puis dis et écris la lettre qui suit dans l'alphabet.

Ex. 1 ..c.., **2** ......, **3** ......, **4** ......, **5** ......, **6** ......, **7** ......, **8** ......

2 Des salutations et des expressions de politesse

Écoute, répète et écris la bonne lettre.

Ex. 1 ..d.., **2** ......, **3** ......, **4** ......, **5** ......, **6** ......, **7** ......, **8** ......, **9** ......, **10** ......

a Félicitations
b À votre santé!
c Bon appétit
d À bientôt
e Bonnes vacances
f Joyeux Noël
g Bon anniversaire
h Joyeuses Pâques
i Bravo!
j Bonne nuit!

3 Des conversations

Tu parles à un ami français. Pose les questions comme indiqué ci-dessous, puis écoute pour vérifier.

1 La vie au collège

– Bonjour!

– Say hello, then ask how many students there are at the school.

....

....

....

– Il y a environ 950 élèves dans mon collège.

– Ask what time lessons begin in the morning.

....

....

....

– À 8 heures.

– Ask what time lessons finish.

....

....

....

– Normalement, à 17 heures.

Écoute les questions et réponds comme indiqué, puis écoute pour vérifier.

2 En option

– Qu'est-ce que tu vas choisir comme options, l'année prochaine?

–

....

....

– Qu'est-ce que tu veux laisser tomber?

–

....

....

– Quelle est ta matière préférée?

–

✓ mais ✗

....

....

3 Les métiers

– Qu'est-ce que tes parents font dans la vie?

–

....

....

– Qu'est-ce que tu veux faire dans la vie?

– ? **peut-être**

....

....

– Qu'est-ce que tu as l'intention de faire à 16 ans?

–

....

....

Tu comprends? 

1 Deux collèges

Écoute la conversation et complète la grille.

	L'ancien collège	**Le nouveau collège**
Où?	**Ex.** *Lille*	
Mixte (✓ ou ✗)		
Moderne (✓ ou ✗)		
Nombre d'élèves dans la classe		
Piscine (✓ ou ✗)		
Cantine (✓ ou ✗)		
Repas: bons (✓) mauvais (✗)		
Clubs (✓ ou ✗)		
Elle préfère quel collège? (✓ ou ✗)		

2 C'est mon métier

Écoute les phrases 1–6 et trouve l'image qui correspond.

Exemple: 1 *C*

1 ……, **2** ……, **3** ……, **4** ……, **5** ……, **6** ……

A B C D E F

3 Des projets d'avenir

Écoute la conversation et choisis la bonne réponse.

Exemple: 1 *b*

1 – Qu'est-ce que tu vas choisir comme options, l'année prochaine?
– Je vais choisir l'allemand et …
a ☐ le dessin.
b ☐ la géographie.
c ☐ l'espagnol.

2 – Tu es fort en langues?
– Je suis assez fort et …
a ☐ je trouve que c'est utile.
b ☐ ça m'intéresse.
c ☐ j'aime bien les langues.

3 – Qu'est-ce que tu veux laisser tomber?
– Je veux laisser tomber l'histoire et …
a ☐ la musique.
b ☐ l'informatique.
c ☐ l'art dramatique.

4 – Pourquoi histoire?
– Parce que je ne suis pas fort en histoire et je trouve ça …
a ☐ ennuyeux.
b ☐ difficile.
c ☐ pas utile.

5 – Tu vas bientôt faire un stage en entreprise?
– Oui, je vais faire ça …
a ☐ dans six mois.
b ☐ l'année prochaine.
c ☐ dans deux ans.

6 – Qu'est-ce que tu veux faire pour ton stage?
– Je voudrais travailler dans …
a ☐ un hôpital.
b ☐ un magasin.
c ☐ un bureau.

7 – Pourquoi?
– Parce que je n'ai jamais fait ça et que …
a ☐ la médecine m'intéresse.
b ☐ ça va être intéressant.
c ☐ ça m'intéresse.

8 – Qu'est-ce que tu as l'intention de faire à 16 ans?
– Je voudrais …
a ☐ continuer mes études.
b ☐ quitter l'école.
c ☐ changer d'école.

9 – Et qu'est-ce que tu veux faire plus tard dans la vie?
– Je ne sais pas exactement, mais je voudrais …
a ☐ travailler dans l'informatique.
b ☐ voyager.
c ☐ aller à l'université.

Tricolore Total 3 © Mascie-Taylor, Spencer, Honnor, Oxford University Press

Sommaire

Now I can ...

- **talk about school life**

la bibliothèque	library
la cantine	canteen
un collège	school (11–14/15 years)
la cour	playground
un cours	lesson
un(e) demi-pensionnaire	a day pupil who has lunch at school
les devoirs (m pl)	homework
une école publique	state school
une école privée	private school
un(e) élève	pupil
un emploi du temps	timetable
le gymnase	gym
un internat	boarding school
un laboratoire	laboratory
un lycée	school (15–19 years)
la rentrée	beginning of school year in September
la salle de classe	classroom
le terrain de sport	sports ground
un uniforme scolaire	school uniform

- **use different forms of the negative**

ne ... pas	not
ne ... plus	no more, no longer
ne ... jamais	never, not ever
ne ... personne	no one, not anyone
ne ... rien	nothing, not anything

- **say which subjects I like or dislike and why**

Mes matières préférées sont ...	My favourite subjects are ...
Les matières que j'aime le moins sont ...	The subjects I like least are ...

- **discuss options**

Je dois choisir entre ... et ...	I have to choose between ... and ...
Je vais continuer à étudier ...	I'm going to continue studying ...
Je vais laisser tomber ...	I'm going to drop ...
J'espère commencer...	I hope to start ...

- **discuss strengths and weaknesses**

Je suis nul(le) en ...	I'm no good at ...
Je ne suis pas très fort(e) en ...	I'm not much good at ...
Je suis assez fort(e) en ...	I'm quite good at ...

- **discuss future plans**

L'année prochaine, je vais ...	Next year, I'm going to ...
J'ai l'intention de ...	I intend to ...
Je voudrais travailler dans l'informatique.	I would like to work in IT.
Je n'ai pas encore décidé.	I haven't decided yet.

- **talk about different careers** (see Student's Book pages 74–75)

- **say what is going to happen, using aller + infinitive**

Qui va faire ça?	Who is going to do that?
Que vas-tu faire plus tard dans la vie?	What are you going to do later in life?

- **discuss plans for work experience**

Je vais faire mon stage en entreprise dans deux ans.	I'm going to do my work experience in two years' time.
Qu'est-ce que tu veux faire pour ton stage?	What do you want to do for your work experience?
Je voudrais travailler dans une école parce que j'aime les enfants.	I would like to work in a school because I like children.

- **use expressions of future time**

après-demain	the day after tomorrow
ce soir	this evening
dans une demi-heure	in half an hour
demain	tomorrow
(lundi) prochain	next (Monday)
l'année prochaine (f)	next year
la semaine prochaine	next week
le mois prochain	next month

- **understand and use different tenses to refer to the past, the present and the future**

Aujourd'hui, nous avons deux heures de français.	Today we have two lessons of French.
Hier, j'ai joué un match de basket.	Yesterday I played a basketball match.
L'année prochaine, je vais laisser tomber l'histoire.	Next year I'm going to drop history.

Tricolore Total 3 © Mascie-Taylor, Spencer, Honnor, Oxford University Press

Épreuve: Écouter

A On parle des matières

Pour chaque personne, choisis l'image de sa matière préférée.

Ex. *H* **1** ☐ **2** ☐ **3** ☐ **4** ☐ **5** ☐ **6** ☐

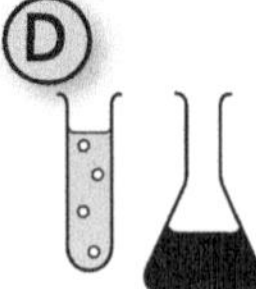

__ / 6

B On parle des métiers

Pour chaque personne, choisis la bonne image.

Ex. *D* **1** ☐ **2** ☐ **3** ☐ **4** ☐ **5** ☐

__ / 5

C Le collège

Jihane parle de son collège. Écoute et complète le tableau en français.

Nom du collège:	**Ex.** *Jean Moulin*
Classe de Jihane:	
Nombre d'élèves:	
Nombre d'internes:	
Nombre de professeurs:	
Date de la rentrée:	
Heure du premier cours:	
Pause-déjeuner:	de à
Distance depuis la maison de Jihane:	

__ / 8

D L'année prochaine

Listen to Robert's conversation and answer the questions in English.

Ex. What does Robert say about the *troisième* school year? *It's the last year at collège*

1 What will happen next year? ....

....

2 Which subjects is he planning to take as options? (1/2 mark each) ....

....

3 What does his father do? ....

4 Mention one advantage and one disadvantage of his father's job. (2) ....

....

....

5 What does his mother do? ....

__ / 6

TOTAL

__ / 25

Tricolore Total 3 © Mascie-Taylor, Spencer, Honnor, Oxford University Press

Épreuve: Parler

Carte A

La vie scolaire

You are talking to a young French person about school life. Your teacher or another person will play the part of the French person and will speak first.

1. Say how you get to school.
2. Say what time lessons start.
3. Say what you do at lunchtime.
4. Ask your friend which subjects he/she likes?

Carte B

La vie scolaire

Tu parles avec un(e) jeune Français(e). Moi, je suis le/la jeune Français(e).

1. Comment vas-tu au collège?
2. Les cours commencent à quelle heure?
3. Qu'est-ce que tu fais pendant la pause-déjeuner?
4. Mes matières préférées sont la technologie et l'anglais.

/12

Conversation

Prépare tes réponses aux questions puis travaille avec ton professeur.

Le collège

- Il y a combien d'élèves dans ta classe et à ton collège?
- Est-ce qu'il y a un uniforme scolaire? Si oui, il est comment?
- À ton avis, l'uniforme scolaire est-il une bonne idée? Pourquoi?
- Tu trouves qu'on fait assez de sport au collège?

Les matières

- Quelles sont tes matières préférées?
- Quelle(s) matière(s) est-ce que tu n'aimes pas? Pourquoi?
- Qu'est-ce que tu as eu comme cours, hier?
- Les cours vont finir à quelle heure demain?
- Qu'est-ce que tu vas choisir comme options l'année prochaine? Pourquoi?

/13

TOTAL

/25

Épreuve: Lire (1)

A Les métiers

Pour chaque profession, choisis la bonne définition.

Ex. facteur/-trice [B]
1 coiffeur/-euse ☐
2 infirmier/-ière ☐
3 mécanicien(ne) ☐
4 caissier/-ière ☐
5 serveur/-euse ☐

A Il/Elle apporte les boissons aux clients dans un café.
B Il/Elle distribue des lettres et des paquets.
C Il/Elle travaille à la ferme.
D Il/Elle répare les voitures au garage.
E Il/Elle coupe les cheveux des clients.
F Il/Elle soigne les malades dans un hôpital.
G Il/Elle travaille dans un supermarché.

/5

B Une journée scolaire

Remplis les blancs avec un mot de la case.
Attention: il y a plus de mots que de blancs.

a cantine **b** cours **c** devoirs **d** finissent
e pause **f** prends **g** travaillent

Chaque matin je **Ex.** ..*prends*... le bus vers 7h30 pour aller au collège.
Presque tous les jours, les **1** .... commencent à 8 heures.
Après deux heures de cours, il y a une **2** .... de 15 minutes.
À midi, je mange à la **3** .... La pause-déjeuner dure environ deux heures, puis on recommence vers 14 heures.
Normalement, les cours **4** .... à 17 heures. Je suis toujours fatigué à la fin de la journée, mais en plus nous avons des **5** .... à faire à la maison.

/5

C Un stage

Lis la lettre puis coche (✓) les cinq phrases qui sont vraies.

Ex. Carole voudrait travailler avec des animaux. [✓]
1 Elle n'a pas beaucoup d'animaux à la maison. ☐
2 Elle veut aller à l'université pour étudier la médecine. ☐
3 L'année dernière, elle est allée en Angleterre. ☐
4 Elle s'est occupée des animaux de ses amis. ☐
5 Elle n'a pas travaillé dans une clinique. ☐
6 Elle aide son père qui est vétérinaire. ☐
7 Elle sait répondre au téléphone. ☐
8 Sa mère est médecin. ☐

Les animaux, c'est ma passion – c'est pourquoi je voudrais faire un stage à votre clinique.

À la maison, j'ai seulement un chat, mais je m'occupe aussi du chien de mon frère, qui est à l'université, et l'année dernière, je me suis occupée des animaux de mes amis, qui sont partis en vacances en Angleterre.

Je n'ai jamais eu de petit job – mes parents disent que je suis trop jeune – mais je suis travailleuse et sérieuse.

Chez moi, je réponds souvent au téléphone pour ma mère, qui est médecin.

Carole Balséra

/5

Tricolore Total 3 © Mascie-Taylor, Spencer, Honnor, Oxford University Press

Épreuve: Lire (2)

D Un message

Read the message from Thomas and answer the questions in English.

1 Why does Thomas mention science? (There are two reasons)

Ex. ..*it's compulsory*..............................

.... (1)

2 What is his main problem about choosing his options?

....

....

3 Which subject is he good at?

....

....

4 Why has his attitude to this subject changed?

....

....

5 Which career, other than teaching, does he mention?

....

Chère Émilie,

En ce moment, j'ai un problème en ce qui concerne l'année prochaine. Je dois décider de mes options, et je ne sais pas comment le faire.

Pour les matières obligatoires, pas de problème – à part le fait que je suis nul en sciences. Mais pour bien choisir les options, il faut savoir ce qu'on va faire dans la vie, et moi, je ne sais pas du tout.

Est-ce que je vais être professeur de langues, comme ma mère? J'ai toujours été fort en anglais et en espagnol, mais cette année, je n'aime pas du tout le prof.

Ou est-ce que je voudrais devenir dessinateur, comme mon père? Je ne sais pas, alors qu'est-ce que je dois choisir comme options?

Tu peux m'aider?

Merci d'avance,

Thomas

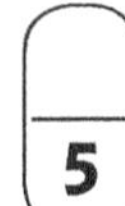

E La réponse

Read Émilie's reply and answer the questions in English.

1 Why is Émilie going to concentrate on maths and economics?

....

....

2 What two reasons does she give for her other option choice? (2)

....

....

....

....

3 What advice does she give to Thomas? (Mention two things.) (2)

....

....

....

....

Cher Thomas,

Choisir c'est quelquefois difficile.

Pour moi, c'est plus facile, car je sais ce que je voudrais faire dans la vie. Pour être comptable, je vais évidemment me concentrer sur les maths et les sciences économiques.

En plus, je vais probablement choisir la musique, parce que j'aime bien ça, et que ça me relaxe.

Mais pour toi, je crois que tu dois choisir les matières que tu aimes, ou les matières où tu as de bonnes notes. Tu ne dois jamais choisir des matières que tu trouves vraiment difficiles.

Bon courage!

Émilie

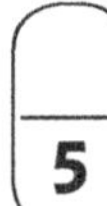

TOTAL

25

Épreuve: Écrire et grammaire

A Les matières scolaires

Write the names of these five school subjects in French.

① ② ③ ④ ⑤

....

....

/5

B Ça ne va pas!

Complete these sentences with the correct part of the negative.

jamais
pas
personne
plus
rien

Ex. Je n'ai. ...*pas*... fait mes devoirs. (*I haven't done my homework.*)

1 Nous ne sommes .... allés à Paris. (*We've never been to Paris.*)

2 Ils n'ont .... acheté aux magasins. (*They didn't buy anything at the shops.*)

3 Il n'y a .... à la maison. (*There's no one at home.*)

4 Je ne mange .... à la cantine. (*I no longer have lunch at school.*)

5 Elle n'a .... compris la question. (*She didn't understand the question.*)

/5

C Les verbes

Complete the following sentences by putting the verb into the appropriate tense.

Ex. Ce soir, elle ....*va regarder*......... la télévision. (*regarder*)

1 En ce moment, vous .... deux langues. (*apprendre*)

2 Hier, je .... au cinéma. (*aller*)

3 Le week-end dernier, nous .... au restaurant. (*manger*)

4 La semaine prochaine, ils .... au foot. (*jouer*)

5 Après-demain, tu .... tes devoirs. (*faire*)

/5

D Ma vie au collège

Écris un e-mail en français à un(e) ami(e) pour parler de ta vie au collège.

Mentionne:

- la distance maison–collège, le moyen de transport, etc.
- la journée scolaire
- les matières
- tes projets pour l'année prochaine (options)
- tes idées pour l'avenir.

....

....

....

....

....

/10

TOTAL /25

Tricolore Total 3 © Mascie-Taylor, Spencer, Honnor, Oxford University Press

On y va?

1 Un séjour en Belgique

Complète les réponses. Souligne dans les questions les mots qui sont remplacés par y.

Exemple: 1 – Quand allez-vous en Belgique?
– Nous ...y... allons la semaine prochaine.

1 – Quand allez-vous en Belgique?
– Nous ...... allons la semaine prochaine.

2 – Comment est-ce que vous allez à Bruxelles?
– Nous ...... allons en Eurostar.

3 – Et toi, tu es allé en Belgique?
– Non, je n' ...... suis jamais allé(e).

4 – Est-ce que vous allez visiter l'Atomium?
– Oui, mon frère veut ...... aller.

5 – Et le musée Hergé à Louvain?
– Moi, je veux bien ...... aller, mais c'est à 30 km de Bruxelles.

6 – Quand allez-vous à Bruges?
– On ... va vendredi. Mes parents veulent ...... aller avant le week-end.

7 – Et toi, est-ce que tu vas à la campagne la semaine prochaine?
– Oui, j' ...... vais mercredi.

8 – Tes cousins vont à la ferme aussi?
– Non. Ils n'...... vont pas, ils restent ici.

2 Un nouvel ami

Réponds aux questions. Remplace par y les mots indiqués.

Exemple: 1 *Il y habite depuis deux ans.*

1 Pierre habite **à Paris** depuis quand? (2 ans)

....

2 Comment va-t-il **au collège**?

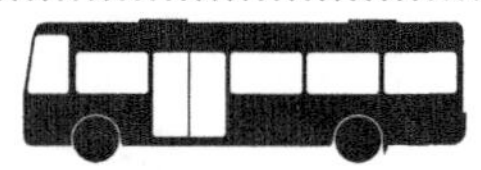

....

3 Quand est-ce qu'il va **au club d'échecs**? (le mer.)

....

4 Quand est-il allé **à Futuroscope**? (juillet dernier)

....

5 Quand va-t-il **à Londres**? (demain)

....

6 Comment va-t-il **en Angleterre**?

....

3 Inventez des conversations

Travaillez à deux. Jetez un dé ou choisissez des numéros et inventez des conversations.

– Tu as déjà visité (**A**)?
– Non, mais on va y aller (**B**) prochain.
– Moi, j'y suis allé en (**C**) dernier. Tu y vas comment?
– On y va en (**D**).

Exemple: 1, 2, 3, 4
– Tu as déjà visité **Versailles**?
– Non, mais on va y aller **mercredi** prochain.
– Moi, j'y suis allé en **juin** dernier. Tu y vas comment?
– On y va en **bus**.

(A)

1 Versailles	**2** la tour Eiffel	**3** la Cité des sciences
4 Disneyland	**5** le Parc Astérix	**6** le stade de France

(B)

1 mar.	**2** mer.	**3** jeu.	**4** ven.	**5** sam	**6** dim.

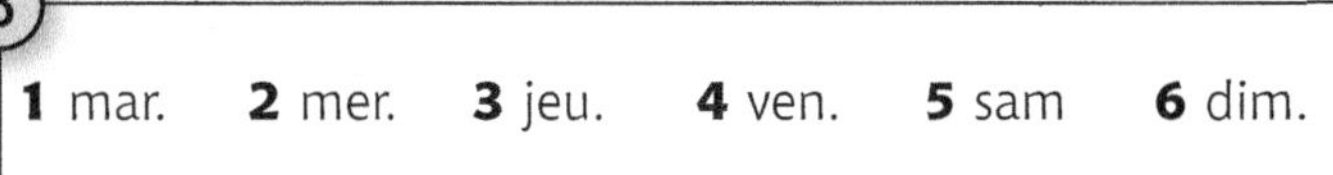

(C)

1 avr.	**2** mai	**3** juin.	**4** juil.	**5** août	**6** sept.

(D)

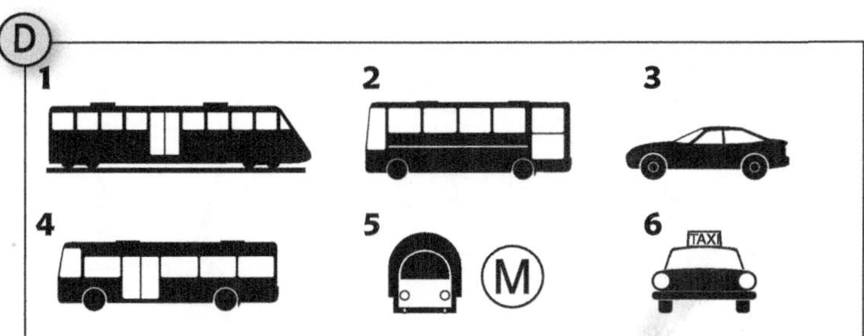

Des activités

1 2 3

4 5 6

7 8 9

10 11 12

Tricolore Total 3 © Mascie-Taylor, Spencer, Honnor, Oxford University Press

Le week-end prochain

1 Samedi

Voici les projets de Dominique.

matin	*collège*
après-midi	*fast-food avec les autres* *centre sportif – badminton, café* *rentrer vers 4 heures*
soir	*film à la télé* *se coucher tard*

Complète le texte avec ces verbes au futur.

jouer manger prendre (x2) regarder rentrer
retrouver se coucher téléphoner travailler

Samedi matin, nous **1** t...................... au collège, comme d'habitude. À midi, je **2** r...................... mes amis et nous **3** m................ dans un fast-food. Puis nous **4** p.................... le bus pour le centre sportif. On **5** j...................... au badminton. Après, on **6** p...................... un verre au café. Je **7** r...................... vers 16 heures. Je te **8** t...................... s'il y a un problème. Le soir, je **9** r...................... le film à la télé. Je me **10** c...................... plus tard que d'habitude.

2 Au café

Qu'est-ce qu'on prendra?

1 Tout le monde ....

....

2 Julien ....

....

3 Comme d'habitude, tu ....

....

4 Karima et Sophie ....

....

5 Laurent et Muhammed ....

....

6 Moi, je ....

....

3 Dimanche

Écris six phrases pour décrire ce que Dominique va faire dimanche.

Exemple: *Le matin, il restera au lit. Puis ...*

....

....

....

rester au lit
jouer sur l'ordinateur
écrire des e-mails
lire un livre
déjeuner chez oncle Thomas
sortir avec des amis
téléphoner à Laura

4 Mon week-end

Écris quelques phrases pour décrire ce que tu vas faire le week-end prochain.

....

....

....

....

How to ... stay at a hotel

Phrases utiles

- **book accommodation**

Avez-vous une chambre ...? Je voudrais réserver une chambre	pour une personne pour deux personnes avec un grand lit avec deux lits avec douche avec salle de bains avec balcon

C'est combien? Est-ce que le petit déjeuner est compris? Avez-vous quelque chose de moins cher?

C'est pour	une nuit deux nuits trois nuits une semaine

1 À la réception

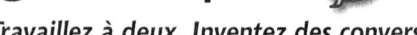

Travaillez à deux. Inventez des conversations.

- Allô, Hôtel du Château, je peux vous aider?
- Bonjour, avez-vous ...?
- Oui, c'est pour quand?
- 13/07
- C'est pour combien de nuits?
- C'est combien?
- C'est 64 €.
- Est-ce que est compris?
- Non, ce n'est pas compris. coûte 8 €.
- Est-ce qu'il y a P à l'hôtel?
- Oui, c'est derrière l'hôtel.
- Bon, merci.

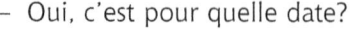

- Allô, Hôtel du Soleil.
- Bonjour, je voudrais réserver 
- Oui, c'est pour quelle date?
- 23/08
- Vous voulez rester combien de nuits?
- 
- Oui, vous arriverez vers quelle heure?
- 17:00
- Est-ce qu'il y a à l'hôtel?
- Ah non, je regrette, il n'y en a pas.

- **find out information**

Est-ce qu'il y a	un restaurant une piscine un bar un parking	à l'hôtel?

Où se trouve(nt) Où est/sont	l'escalier, l'ascenseur, les douches, les toilettes,	s'il vous plaît?

L'hôtel ferme à quelle heure, le soir? Le petit déjeuner est à quelle heure?

- **get something sorted out**

La télévision La radio L'éclairage La douche	ne marche pas

Il n'y a pas de	serviettes savon	dans	ma notre	chambre

Est-ce que je peux avoir	un cintre un verre	s'il vous plaît?

2 Un acrostiche

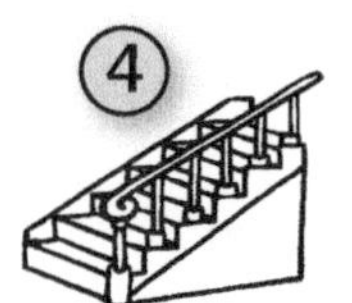

Tricolore Total 3 © Mascie-Taylor, Spencer, Honnor, Oxford University Press

6/5

TRICOLORE 3
Total

Au futur

1 Mots croisés

Horizontalement

1 Mon oncle … chez nous ce week-end. (venir) (7)
5 Quand est-ce que ta sœur … de ses vacances? (revenir) (9)
7 Demain, j'… beaucoup de devoirs. (avoir) (5)
9 Demain soir, mon père … regarder le match de football. (vouloir) (6)
11 La semaine prochaine, mes amis partiront dans les Alpes et … feront du ski. (3)
14 Qu'est-ce que tu … comme matières, l'année prochaine? (faire) (5)
16 Ta mère a téléphoné. … ne sera pas à la maison ce soir. (4)
18 Quand …-vous m'aider à télécharger un programme d'Internet? (pouvoir) (7)
19 Mon frère n'… pas de temps libre ce soir. (avoir) (4)
20 Nous … beaucoup de travail avant les examens. (avoir) (6)

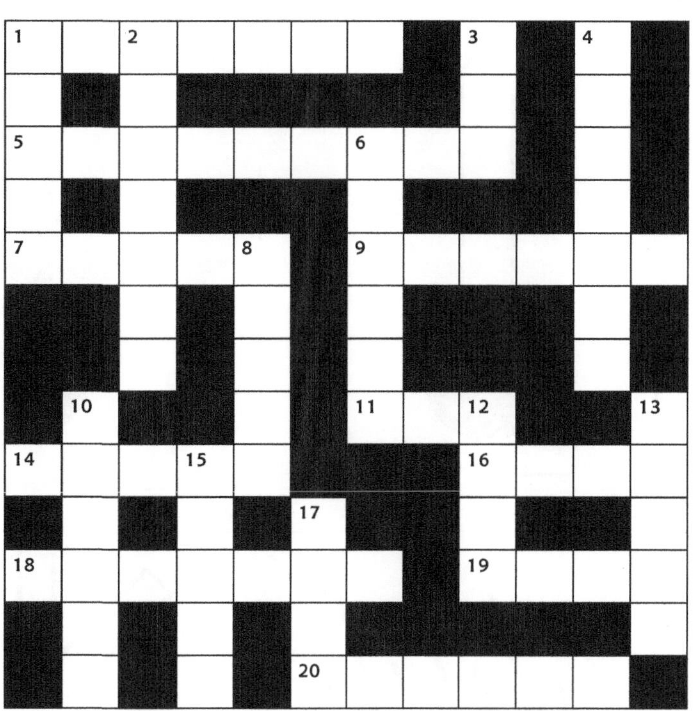
1
2
3
4
5
6
7
8
9
10
11
12
13
14
15
16
17
18
19
20

Verticalement

1 À l'avenir, on … beaucoup plus de gadgets électroniques. (voir) (5)
2 Est-ce que ton ami … des cartes postales pendant ses vacances? (envoyer) (7)
3 Le mois prochain, on … à Futuroscope avec le collège. (aller) (3)
4 Est-ce que tu … être pharmacien plus tard, comme ton père? (vouloir) (7)
6 Demain soir, je … rentrer tout de suite parce que je dois faire du babysitting. (devoir) (6)
8 Samedi prochain, nous … tous au cinéma. (aller) (5)
10 Quand est ce que mes photos … prêtes? (être) (6)
12 Cette année, mon anniversaire … un samedi. (être) (4)
13 Je … tout ce que je peux pour t'aider. (faire) (5)
15 Quand est-ce que tu … les résultats de tes examens? (avoir) (5)
17 Selon la météo, il … très froid demain. (faire) (4)

2 Demain – ou plus tard?

Complète le texte avec des verbes au futur.

1
Les parents de Carine sont en vacances, mais ils ………………… lundi prochain. (*revenir*)
2
Cet après-midi, j'…………………… des provisions. (acheter) Zut, il pleut! Je …………………… les courses demain matin. (faire)
3
Et il y a le ménage à faire. Je …………………… ça bientôt – demain matin, peut-être. (faire)
4
Et il y a la lessive à faire – mais aujourd'hui il pleut, alors je …………………… ça un autre jour, quand il …………………… beau. (faire)
5
VEN
SAM
DIM
LUN
Hmm, j'…………………… beaucoup de travail à faire demain et après-demain. (avoir)
6
Des amis …………………… me voir ce week-end. (venir) Est-ce que tu …………………… sortir avec nous? (pouvoir)
7
Oui, je …………………… libre ce week-end. (être) Je n'ai pratiquement rien à faire!

La météo

1

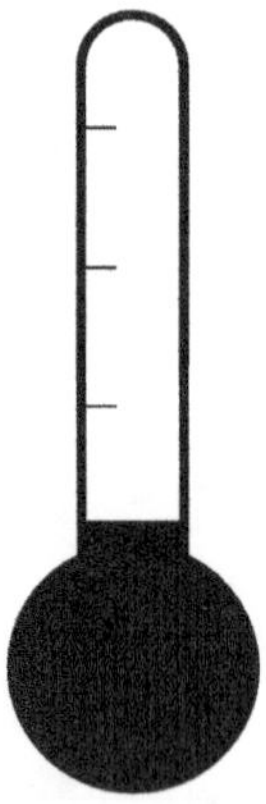

2

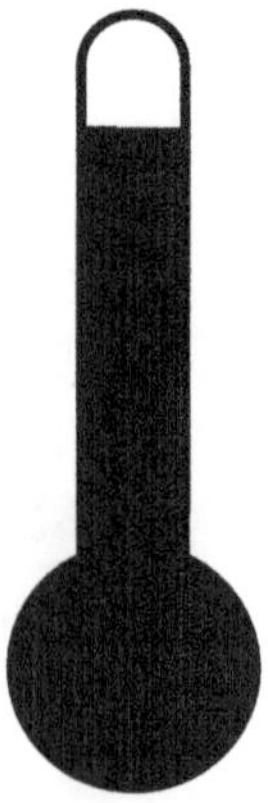

3

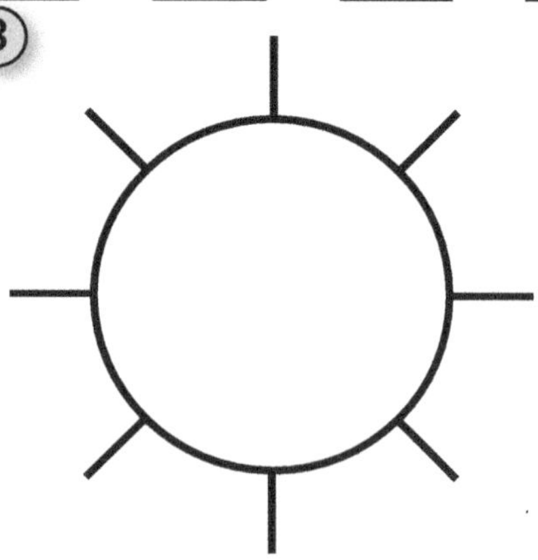

4

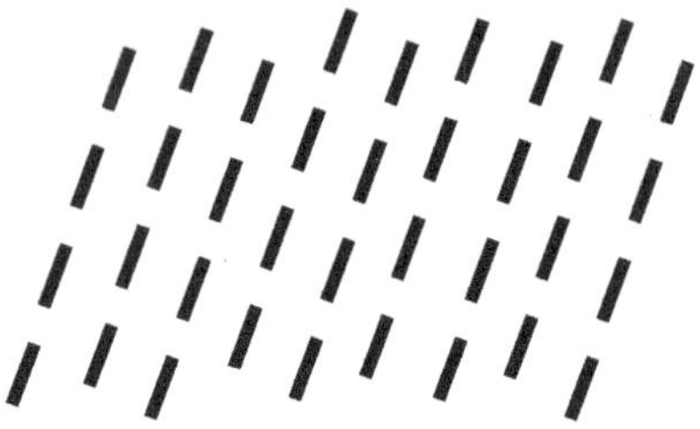

5

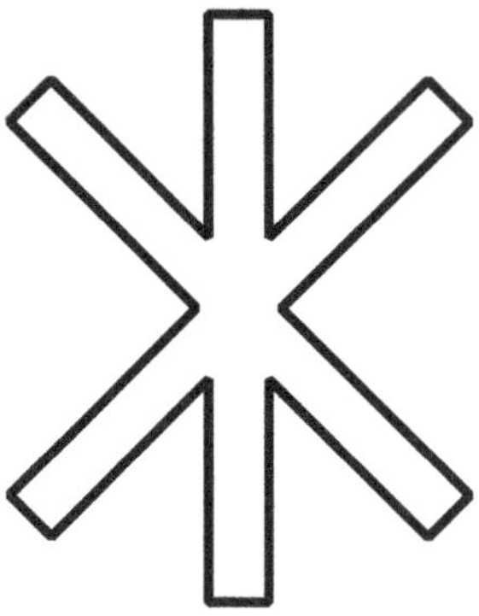

6

7

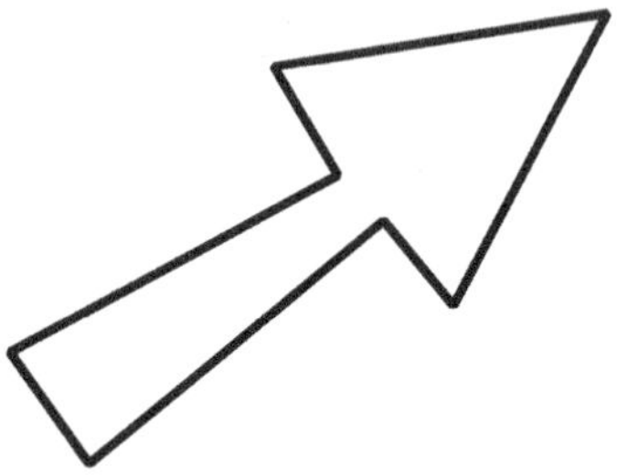

8

9

10

11

12

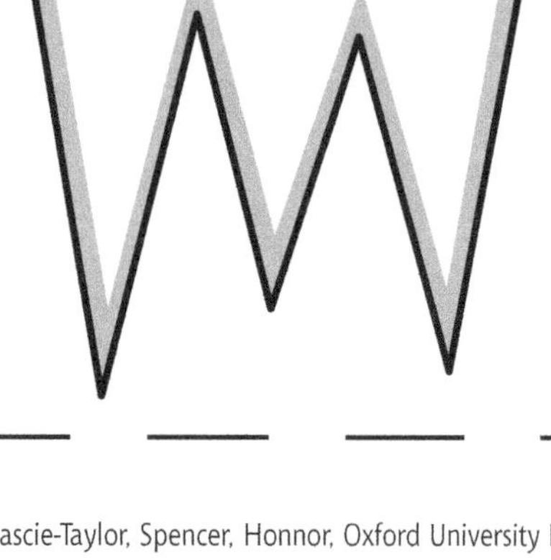

Tricolore Total 3 © Mascie-Taylor, Spencer, Honnor, Oxford University Press

Quel temps fera-t-il? (A)

Travaillez à deux. Quel temps fera-t-il demain? Consulte ton/ta partenaire. Note les informations pour les régions 1–3. Puis changez de rôle.

Exemple:

A Quel temps fera-t-il dans le nord?
B Dans le nord, il y aura de la pluie. À Lille, il fera 16 degrés.
A Et en Bretagne, quel temps fera-t-il?
(etc.)

	demain	température
1 dans le nord		*16°C*
2 en Bretagne		
3 dans les Alpes		
4 dans la région parisienne		
5 sur la côte atlantique		
6 dans le Midi		

Quel temps fera-t-il? (B) 

Travaillez à deux. Tu travailles au service météo. Réponds aux questions de ton partenaire.

Exemple:

A Quel temps fera-t-il dans le nord?
B Dans le nord, il y aura de la pluie. À Lille, il fera 16 degrés.
A Et en Bretagne, quel temps fera-t-il?
(etc.)

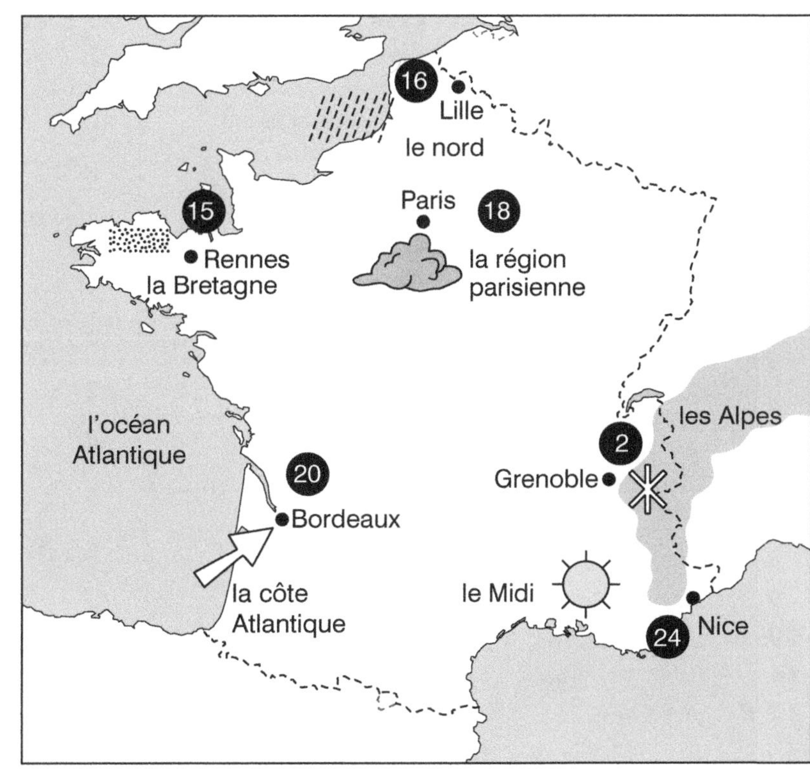

Quand, exactement?

1 Un acrostiche

1 next Monday (5, 8)
2 later (4, 4)
3 the day before yesterday (5-4)
4 tomorrow (6)
5 the day after tomorrow (5-6)
6 today (7, 3)
7 yesterday (4)
8 soon (7)

2 Dans l'ordre

Mets ces 12 expressions dans l'ordre.

ce soir	demain matin
demain après-midi	après-demain
à l'avenir	la semaine prochaine
dans quinze jours	dans deux ans
l'année prochaine	ce matin
cet après-midi	le mois prochain

1 Ex. *ce matin* ....
2 ....
3 ....
4 ....
5 ....
6 ....
7 ....
8 ....
9 ....
10 ....
11 ....
12 Ex. *à l'avenir* ....

3 Le calendrier

Utilise un des mots de la case pour compléter les phrases.

dans un an   après-demain   l'année prochaine
l'an prochain   demain   dans une semaine
cette année   après

Aujourd'hui, c'est mercredi 25 décembre.

1 .... ce sera jeudi.
2 .... ce sera vendredi.
3 .... ce sera le jour de l'An.
4 .... ce sera de nouveau Noël.
5 .... Noël sera un jeudi.
6 Mon anniversaire est le 27 décembre (deux jours .... Noël.)
7 Alors, ... ce sera un vendredi.
8 Et .... ce sera un samedi.

Tricolore Total 3 © Mascie-Taylor, Spencer, Honnor, Oxford University Press

Futur, présent, passé

Choisis la bonne phrase pour chaque image.

A Je suis allé jusqu'au sommet de la montagne.
B Demain, j'irai au sommet de cette montagne.
C Ça va, merci, je vais jusqu'au sommet de la montagne.

1 ..Ex. B, **2** ......, **3** ......

A Tu as été le premier.
B Tu seras le premier.
C Tu es le premier.

4 ......, **5** ......, **6** ......

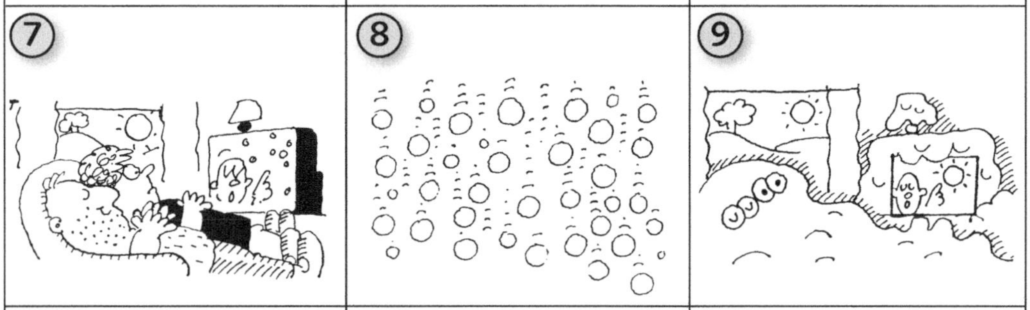

A Il neige.
B Il a neigé.
C Demain, il neigera sur tout le Québec.

7 ......, **8** ......, **9** ......

A Nous faisons du ski.
B Nous ferons du ski cette année.
C Nous avons fait du ski.

10 ......, **11** ......, **12** ......

A Vous mangerez des sardines ce soir.
B Vous mangez des sardines.
C Vous avez mangé des sardines.

13 ......, **14** ......, **15** ......

A Ils sont tombés.
B Ils tombent.
C Ils tomberont.

16 ......, **17** ......, **18** ......

Écoute et parle

1 Et après?

Écoute le numéro puis dis et écris le numéro qui suit. **Exemple:** ..13.. ....

2 À mon avis

Écoute et complète les phrases.

1 Je trouve __ __ amusant.

2 J'ai bien aimé. C'était __ __ __ __ __ __.

3 Je n'ai pas __ __ __ __. C'était vraiment affreux.

4 Je n'ai vraiment __ __ __ d'opinion.

5 Ça, c'est __ __ __ __ important.

6 C'est exactement ce que je __ __ __ __ __.

7 Oui, __ __ __ __ je ne suis pas tout à fait d'accord.

8 Moi, je ne suis absolument pas __'__ __ __ __ __ __.

3 Des conversations

Écoute les questions et réponds comme indiqué ci-dessous, puis écoute pour vérifier.

1 Le week-end prochain

– Qu'est-ce que tu feras le week-end prochain?
– **sam. 14h–17h** **aller**

....

....

....

– Et qu'est-ce que tu feras le soir?
– **lire** **regarder**

....

....

....

– Est-ce que tu as des projets pour dimanche?
– **✓ partir**

....

....

....

2 Une réservation

– Allô! Ici, Hôtel Soleil.
– **24.06**

....

....

....

– Oui. C'est pour combien de nuits?
–

....

....

....

– Oui, nous avons une chambre à 60 euros.
– Say that's fine, thank you.

....

....

....

3 Les vacances

– Qu'est-ce que tu aimes faire normalement pendant les vacances?
– →

....

....

....

– Est-ce que tu as visité un parc d'attractions?
– **✓ Futuroscope + l'été dernier**

....

....

....

– Qu'est-ce que tu feras pendant les prochaines vacances?
– **2 sem.**

Alpes

....

....

....

Tricolore Total 3 © Mascie-Taylor, Spencer, Honnor, Oxford University Press

Tu comprends? 

1 La météo

Écoute la météo et écris les bonnes lettres.

a 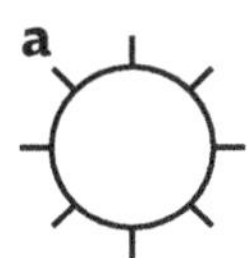 b 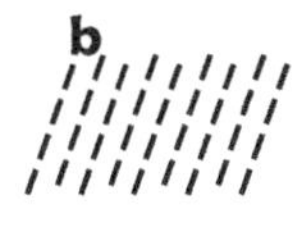 c  d 

e  f  g 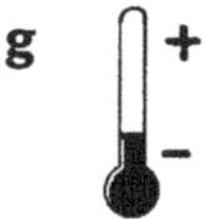 h 

jeudi	matin	**Ex.** *c*
	après-midi	
vendredi	matin	
	après-midi	
samedi	matin	
	après-midi	
dimanche	matin	
	après-midi	

2 Une réservation à l'hôtel

Écoute la conversation et complète le formulaire.

Hôtel du Parc

Date d'arrivée:	**Ex.** *15 juin*
Nuits:	
Chambre:	
Tarif:	
Nom:	
Heure approximative d'arrivée:	
Parking ✓ ✗	
Restaurant ✓ ✗	

3 Des messages

Le téléphone sonne. Écoute les conversations et complète les messages.

Exemple: a *demain soir*

1
Karim
Sanjay a téléphoné. Il viendra te chercher
(a) .... à
(b) ....

2
Fatima
Corinne Lebrun a téléphoné. Elle dit qu'elle n'aura pas besoin de baby-sitter (c) .... après tout, mais est-ce que tu pourras faire du baby-sitting (d) .... soir?

3
M. Kemal
Le Garage du Centre a téléphoné.
Votre voiture sera prête (e) ....
à (f) ....

4
Mme Kemal
Mme Dupré a téléphoné. Ses enfants ne pourront pas venir au club (g) ....
prochain parce qu'ils sont (h) ....

5
Mme Kemal
Émilie a téléphoné. Elle dit qu'ils seront un peu en retard (i) ....
prochain, mais qu'ils arriveront avant
(j) ....

Sommaire

Now I can …

■ *talk about a theme park*

une attraction — attraction
un bâtiment — building
un forfait — inclusive ticket
les horaires (m pl) (d'ouverture) — (opening) hours
un spectacle — show
un billet — ticket
l'entrée (f) — entrance
la séance — performance
un séjour — stay
faire la queue — to queue
se trouver — to be situated
un grand huit — roller-coaster
un flum — flume
faire le tour — to do a tour

■ *use the pronoun y*

Comment peut-on y aller? — How can you go there?
On peut y aller en bus. — You can go there by bus.
J'y suis allé(e) samedi dernier. — I went there last Saturday.
On y va? — Shall we go?
il y a — there is/are
il y aura — there will be
il y avait — there was/were

■ *use the future tense*

Regular verbs

	infinitive	future stem	future tense	English
-er	*manger*	*manger...*	*je mangerai*	I'll eat
-ir	*partir*	*partir...*	*tu partiras*	you'll leave
-re	*prendre*	*prendr...*	*il/elle prendra*	he/she'll take

Irregular verbs

infinitive	future stem	future tense	English
acheter	*achèter...*	*j'achèterai*	I'll buy
aller	*ir...*	*tu iras*	you'll go
avoir	*aur...*	*il aura*	he'll have
être	*ser...*	*elle sera*	she'll be
faire	*fer...*	*nous ferons*	we'll do
pouvoir	*pourr...*	*vous pourrez*	you'll be able
venir	*viendr...*	*ils viendront*	they'll come
voir	*verr....*	*elles verront*	they'll see
		on verra	we'll see

■ *stay at a hotel and enquire about hotel services*

une chambre — room
avec salle de bains — with a bathroom
avec douche — with a shower
avec cabinet de toilette — with washing facilities
un (grand) lit — (double) bed
une nuit — night
un ascenseur — lift
une clef, une clé — key
complet — full
un jardin — garden
un parking — car park
prêt — ready
un restaurant — restaurant
le savon — soap
une serviette — towel
le premier étage — the first floor
le deuxième étage — the second floor
le rez-de-chaussée — the ground floor
le sous-sol — the basement
à gauche — on the left
à droite — on the right
Avez-vous une chambre de libre? — Do you have a room available?
Je voudrais réserver une chambre pour une personne. — I would like to book a room for one person.
C'est combien? — How much is it?
C'est pour une / deux/ trois nuit(s). — It's for one / two / three night(s).
Est-ce qu'il y a un restaurant / un parking / un ascenseur? — Is there a restaurant / a car park / a lift?
C'est à quelle heure, le petit déjeuner / le dîner? — What time is breakfast / dinner?
L'hôtel ferme à quelle heure? — What time does the hotel close?
La télévision / Le téléphone ne marche pas. — The television / telephone is not working.

■ *understand and discuss the weather forecast*
(see Student's Book pages 92–93)

la météo — the weather forecast
prévoir — to forecast, predict
Quel temps fera-t-il? — What will the weather be like?
Il fera beau / mauvais (temps). — It will be nice / bad.
Il fera chaud / froid. — It will be hot / cold.
Le temps sera variable / ensoleillé. — The weather will be variable / sunny.
Le ciel sera couvert. — The sky will be overcast.
Il y aura du brouillard / du soleil / du vent. — It will be foggy / sunny / windy.
Il fera entre 17 et 20 degrés. — It will be between 17 and 20 degrees.

une averse — shower
la brume / brumeux — mist / misty
une chute de neige — snowfall
une éclaircie — sunny period
la neige / neigeux — snow / snowy
un nuage / nuageux — cloud / cloudy
un orage / orageux — storm / stormy
la pluie / pluvieux — rain / rainy

Tricolore Total 3 © Mascie-Taylor, Spencer, Honnor, Oxford University Press

Épreuve: Écouter

A À l'hôtel

Pour chaque client, choisis la bonne image.

Ex. B 1 ☐ 2 ☐ 3 ☐ 4 ☐ 5 ☐ 6 ☐

(A) (B) (C) (D) (E) (F) (G)

6

B La météo

Tu écoutes la météo à la radio. Indique le temps sur la carte. Écris une lettre (A, B, C, etc.) dans chaque case.

(A) (B) (C) (D) (E) (F) (G)

C **Ex.** Calais
la Manche
Paris
Strasbourg
Nantes
le nord
l'ouest
l'est
le sud
l'océan Atlantique
Bordeaux
Nîmes
la mer Méditerranée

5

C Une excursion

Écoute la conversation. Coche (✓) les six phrases qui sont vraies.

A Hier Élodie a fait une excursion avec ses grands-parents. ☐
B Elle est allée à un parc d'attractions avec sa famille. ☐
C Ils y sont allés en voiture. ☐
D Selon Élodie il y avait de bonnes attractions. ☐
E Au parc, il n'y avait pas beaucoup de personnes. ☐
F Ils ont attendu longtemps pour faire les attractions les plus populaires. ☐
G Il n'a pas fait beau. ☐
H Il n'a pas plu. ☐
I Élodie a bien aimé le spectacle du soir. ☐

6

D Les vacances

Listen to these young French people talking about their holidays, then answer the questions in English.

Ex. Where did Christian spend his holiday? ...*In America*...

1 How long did he spend there?
....

2 What was the weather like during the first part of his holiday?
....

3 What is his normal attitude to theme parks?
....

4 What did he think of Disney World?
....

5 Why did Mouna not go away in the summer?
....

6 What do we discover about her grandparents in Morocco?
....

7 What does she say about the weather there?
....

8 What is her attitude to theme parks?
....

8

TOTAL 25

Tricolore Total 3 © Mascie-Taylor, Spencer, Honnor, Oxford University Press

Épreuve: Parler

Carte A

Un parc d'attractions
You are talking to a young French person about a visit to a theme park. Your teacher or another person will play the part of the French person and will speak first.

1 Say you are going to a theme park.

2 Say that you will spend the night in a hotel.

3 Ask your friend if he/she has been to a theme park.

4 Say you went last year.

Carte B

Un parc d'attractions
Tu parles avec un(e) jeune Français(e). Je suis le/la jeune Français(e).

1 Qu'est-ce que tu vas faire ce week-end?

2 Ah bon. Pour la journée?

3 C'est bien, ça.

4 Non, jamais.

5 Ah bon.

/ **12**

Conversation

Prépare tes réponses aux questions puis travaille avec ton professeur.

Un week-end récent

- Qu'est-ce que tu as fait d'intéressant?
- Où es-tu allé? Avec qui?
- Quel temps a-t-il fait?
- Que penses-tu des parcs d'attractions?

Les prochaines vacances

- Qu'est-ce que tu feras pendant les vacances?
- Est-ce que tu feras une excursion pour la journée?
- Comment vas-tu voyager?
- Où iras-tu? Avec qui?

/ **13**

TOTAL

/ **25**

Tricolore Total 3 © Mascie-Taylor, Spencer, Honnor, Oxford University Press

Épreuve: Lire (1)

A Des hôtels

Look at these advertisements for hotels, then answer the questions in English.

A
Hôtel Moderne
65 ch. tout confort – TV et téléphone. Petit déj. compris. Fermé du 31 déc. au 8 fév. Piscine. Langues étr: italien, allemand. Change.

B
Hôtel Panorama
79 ch. tout confort avec douche. Ouvert toute l'année. Chiens admis. Langues étr: anglais et allemand. Salles de réunion.

C
Hôtel du Midi
14 ch. avec douche, WC et TV. Gare à 100m. Petit déj. 8 €. Ascenseur. Facilités pour handicapés. Fermeture annuelle: déc/jan. Les chiens ne sont pas admis.

D
Hôtel du Phare
38 ch. tout confort avec téléphone. À 300m de la plage. Ouvert de mai à septembre. Les chiens ne sont pas admis. Petit déj. 12 €. Restaurant ****. Bar. Salle de jeux.

Which hotel (you may use the same hotel more than once) …

1 has a toilet in all bedrooms? ....

2 accepts dogs? ....

3 is open all year round? ....

4 caters for disabled people? ....

5 is close to the beach? ....

6 includes breakfast in the price? ....

/6

B Au parc d'attractions

Lis la Foire aux questions (FAQ).

- **S'il pleut, est-ce que les attractions restent ouvertes?**
  Normalement oui, mais quelquefois, pour votre sécurité, nous sommes obligés d'arrêter provisoirement nos attractions, en cas de très fortes pluies ou d'orage.
- **Au parc, il y a beaucoup de jeux d'eau, et il ne fait pas beau aujourd'hui. Est-ce que je dois venir?**
  Bien sûr, nous avons des spectacles, et d'autres attractions majeures intéressantes. Sur 28 attractions et 9 spectacles, 4 attractions seulement sont des jeux d'eau.
- **Quel est le temps d'attente aux attractions?**
  En moyenne 1/2 heure pour les plus fréquentées. Les jours fériés, ou pendant les vacances scolaires, l'attente peut aller jusqu'à une heure. Pour les attractions majeures, essayez de les faire en fin de journée, ou aux heures des repas.
- **Il y a des attractions pour les tout petits enfants?**
  23 des 28 attractions sont accessibles, même pour les petits. Pour les cinq autres, vous devez mesurer au moins 1,20 m ou 1,40 m.

Coche (✓) la bonne réponse.

1 S'il pleut très fort,
a ☐ les attractions restent ouvertes.
b ☐ on arrête les attractions pour le moment.
c ☐ on ferme le parc.

2 Au parc il y a combien de jeux d'eau?
a ☐ quatre
b ☐ neuf
c ☐ vingt-huit

3 Normalement, on fait la queue pendant
a ☐ une demi-heure.
b ☐ plus d'une heure.
c ☐ deux heures.

4 On attend plus longtemps
a ☐ pendant les vacances scolaires.
b ☐ le vendredi.
c ☐ quand il fait beau.

5 Il vaut mieux faire les attractions les plus populaires
a ☐ le matin.
b ☐ aux heures des repas.
c ☐ avant quinze heures.

6 Pour quelques attractions,
a ☐ il y a une limite de hauteur.
b ☐ il faut payer un supplément.
c ☐ il faut porter un casque.

/6

Épreuve: Lire (2)

C À l'hôtel

Trouve les paires.

Ex. J'ai réservé une chambre avec salle de bains, mais … [D]
1 Ma chambre était au cinquième étage, et … ☐
2 Je voulais prendre une douche, mais … ☐
3 Je n'ai pas réservé, et … ☐
4 Je veux regarder un film, mais … ☐
5 Je n'avais plus d'argent, et … ☐
6 Je voulais prendre un repas, mais … ☐
7 Après ma douche, j'ai remarqué qu'… ☐

A la télé ne marche pas.
B l'hôtel n'acceptait pas les cartes de crédit.
C l'hôtel est complet.
D on m'a donné une chambre avec douche.
E le restaurant était fermé.
F l'ascenseur ne marchait pas.
G il n'y avait pas de serviette.
H il n'y avait pas d'eau chaude.

/ 7

D Le blog de Lucie

Lis le blog puis choisis les bonnes réponses.

Vacances en Europe

Je fais un petit tour du nord de l'Europe avec mes parents.

En ce moment, on est en Belgique, à Bruxelles – c'est une ville tout à fait splendide. Je fais beaucoup d'achats – des vêtements, des souvenirs … Et tout le monde – ou presque – parle français, et ça, c'est super, car je suis nulle en langues.

Malheureusement, l'hôtel n'est pas très bon. Il n'y a rien – pas de piscine, pas de discothèque, et il n'y a même pas de télé dans la chambre.

Avant de venir en Belgique, on a passé deux jours en Hollande, à Amsterdam. Nous avons fait une promenade en bateau – c'était cool.

La semaine prochaine, on ira en Allemagne pour voir la Forêt-Noire. Ma mère y est allée une fois et elle dit que c'est très beau.

On a réservé une chambre dans un hôtel de luxe: mon père m'a dit qu'il y aura de la musique tous les soirs au bar, et que nous jouerons aussi au golf. Mais on parlera allemand.

Ex. À présent, Lucie est …
a ☐ en Allemagne.
b ☑ en Belgique.
c ☐ en France.

1 Elle passe son temps dans…
a ☐ la piscine de l'hôtel.
b ☐ les magasins.
c ☐ la chambre de l'hôtel.

2 Lucie n'a pas de problèmes de langue …
a ☐ à Amsterdam.
b ☐ en Allemagne.
c ☐ à Bruxelles.

3 L'hôtel à Bruxelles …
a ☐ n'a pas …
b ☐ n'avait pas …
c ☐ n'aura pas …
… beaucoup de distractions.

4 La promenade en bateau, …
a ☐ c'est pour cet après-midi.
b ☐ c'était la semaine dernière.
c ☐ ce sera la semaine prochaine.

5 Pour la mère de Lucie, ce sera sa …
a ☐ première …
b ☐ deuxième …
c ☐ troisième …
… visite en Allemagne.

6 On jouera au golf …
a ☐ en Allemagne.
b ☐ en Belgique.
c ☐ en Hollande.

/ 6

TOTAL

Tricolore Total 3 © Mascie-Taylor, Spencer, Honnor, Oxford University Press

Épreuve: Écrire et grammaire

A Quel temps fait-il, aujourd'hui?

Pour chaque image, complète la phrase en français.

Ex. Il fait .*beau*. ....

1 Il.................. ....

2 Il y a du........ ....

3 Il.................. ....

4 Le ciel est...... ....

5 Il fait............ ....

/5

B La semaine prochaine

Complete the sentences using a different activity each time. Use the future tense. There are some suggestions in the box but you do not need to use all these.

Ex. Demain matin, ...*j'irai en ville*...

1 Demain soir, je ....

2 Mardi prochain ....

3 Mercredi prochain ....

4 Jeudi prochain ....

5 Vendredi prochain ....

6 Samedi prochain ....

faire mes devoirs aller en ville/au cinéma/à la piscine jouer au tennis/au football/aux jeux électroniques surfer sur Internet lire mes e-mails retrouver mes amis regarder un film

/6

C L'Expo-Jeunes

Fill in the blanks with the future tense of the verb given at the end.

Ex. L'Expo-Jeunes .....*aura*..... lieu le mois prochain. (*avoir*)

1 Chaque jour, il y .... un programme différent. (*avoir*)

2 Les jeunes .... participer aux différentes activités. (*pouvoir*)

3 Des personnalités célèbres .... là. (*être*)

4 On .... des quiz et des jeux. (*faire*)

5 Des musiciens internationaux .... le dernier jour. (*venir*)

6 Ce .... un grand événement pour tous les jeunes. (*être*)

/6

D Une lettre

Ton ami(e) français(e) va venir chez toi. Écris-lui une lettre en français.

- Parle de ce que tu as fait le week-end dernier.
- Pose-lui une question sur les choses qui l'intéressent.
- Propose une excursion.

....

....

....

....

....

/8

TOTAL  /25

Des sports

1 2 3

4 5 6

7 8 9

10 11 12

Trouve le bon texte pour chaque image.

Exemple: 1 *j le football*

a l'athlétisme
b le handball
c l'aérobic
d le rugby
e le vélo/le cyclisme
f le basket
g la voile
h le jogging
i la gymnastique
j le football
k le yoga
l le volley

Tricolore Total 3 © Mascie-Taylor, Spencer, Honnor, Oxford University Press

C'est bon à manger

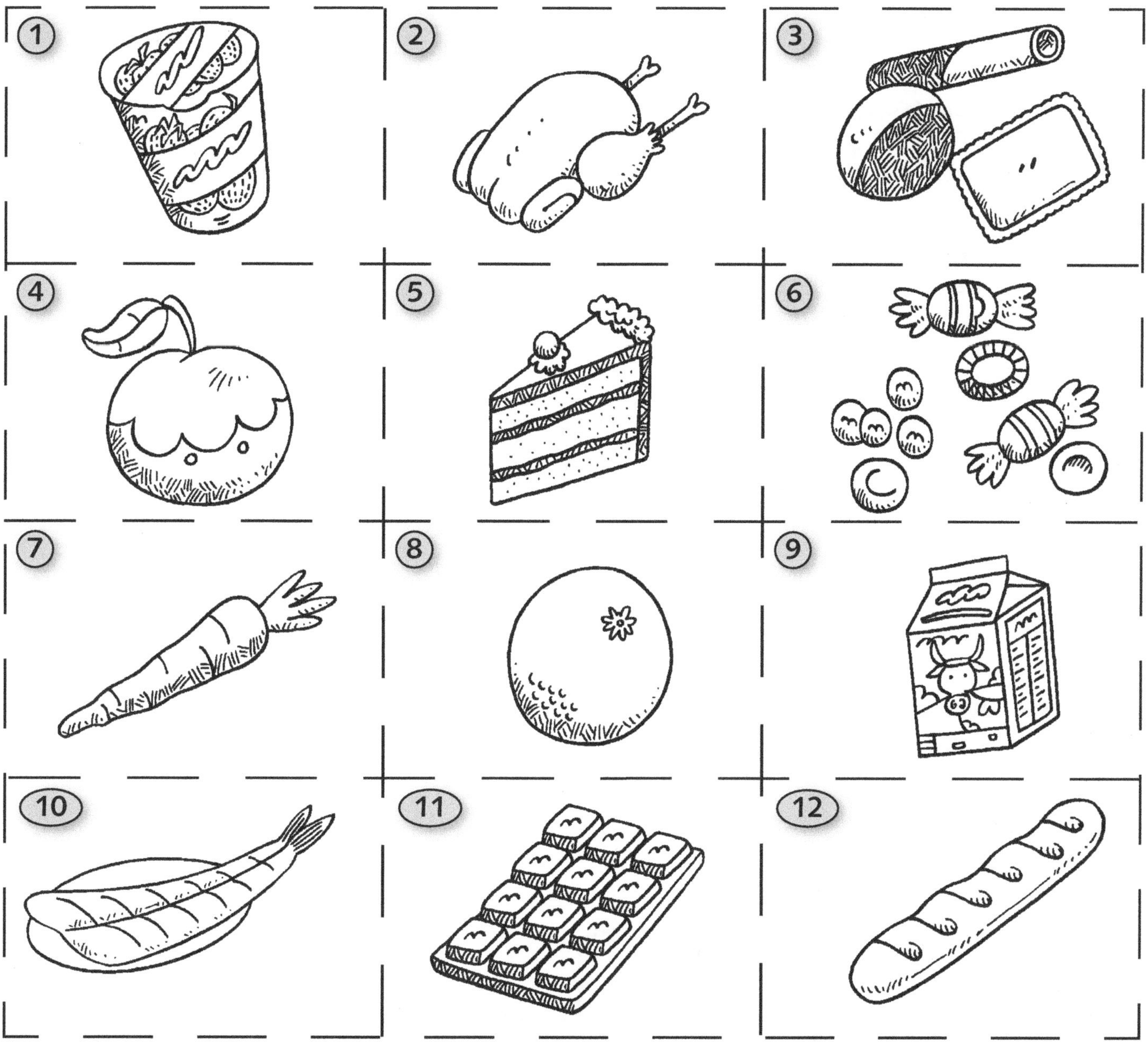

Trouve les 12 mots et écris-les dans la liste.

1 un **Ex.** yaourt ....

2 du ....

3 des ....

4 une ....

5 du ....

6 des ....

7 une ....

8 une ....

9 du ....

10 du ....

11 du ....

12 du ....

b	i	s	c	u	i	t	s	s	c
c	b	o	n	b	o	n	s	c	h
l	h	r	o	t	h	e	y	a	o
a	c	h	o	c	l	i	a	r	c
i	g	â	t	e	a	u	o	o	o
t	a	c	t	e	n	o	u	t	l
r	o	r	a	n	g	e	r	t	a
y	x	p	a	i	m	y	t	e	t
p	r	p	o	i	s	s	o	n	m
a	l	i	p	o	m	m	e	n	i
i	m	p	o	u	l	e	t	o	a
n	y	o	g	a	r	i	e	z	m

J'aime ça

1 J'aime ça 

a *Écoute la conversation et complète le tableau. Qu'est-ce qu'ils aiment manger et boire?*

b *Écoute encore une fois. Note ce qui est bon ✓ ou mauvais ✗ pour la santé, selon ces jeunes.*

nom	**a** **nourriture:** aime ...	**b** bon ✓ ou mauvais ✗ pour la santé?	**a** **boissons:** aime ...	**b** bon ✓ ou mauvais ✗ pour la santé?
Carine	**Ex.** *les fruits* **Ex.** *les gâteaux*	 **Ex.** *X*		
Rémi				

2 C'est bon ou c'est mauvais? 

Travaillez à deux. Regardez les images. À votre avis, c'est bon ou c'est mauvais pour la santé? Posez des questions et répondez à tour de rôle.

Exemple:

A Les bonbons, c'est bon pour la santé?
B Non, c'est mauvais.

Tricolore Total 3 © Mascie-Taylor, Spencer, Honnor, Oxford University Press

En vacances

❶ Une journée de vacances

Karim est en vacances. Voilà ce qu'il a fait hier. Mets les phrases dans l'ordre pour décrire sa journée.

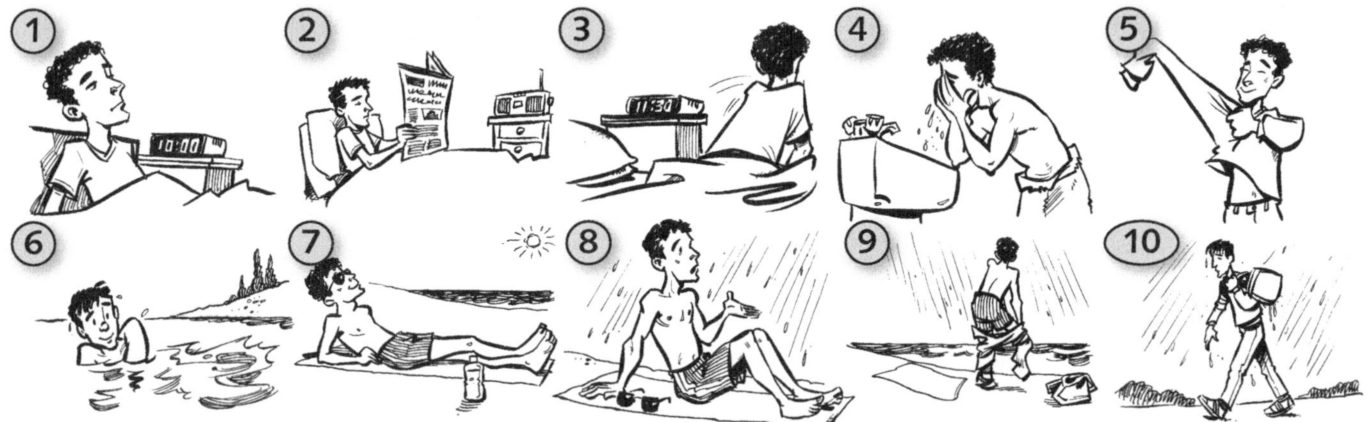

a Je me suis reposé au soleil et j'ai dormi.
b ... et je me suis dépêché de rentrer à la maison.
c Enfin, je me suis levé à onze heures et demie.
d Il a commencé à pleuvoir. Je me suis réveillé.
e ... mais je ne me suis pas levé tout de suite.
f L'après-midi, je me suis baigné dans la mer.
g Je me suis réveillé à dix heures, ...
h Je me suis lavé.
i Je me suis vite habillé ...
j Je me suis habillé.

❷ Une nuit de vacances

1 Hier soir, Madame Legrand s'est couchée à neuf heures. Pendant la nuit, elle s'est réveillée. Elle a entendu un bruit dans le salon.

2 Elle s'est levée et s'est habillée.

3 Elle est descendue au salon, mais elle s'est arrêtée devant la porte pour prendre un parapluie.

4 Doucement, Madame Legrand a ouvert la porte. Elle a vu quelqu'un près de la fenêtre.

5 Elle s'est approchée de la fenêtre ...

6 ... et elle a vu sa fille. «Pardon, maman, j'ai oublié ma clef!»

a ***Vrai ou faux?***

1 Madame Legrand s'est couchée de bonne heure. ....

2 Elle a très bien dormi. ....

3 Elle s'est réveillée pendant la nuit. ....

4 Elle s'est fâchée. ....

5 Elle a téléphoné à la police. ....

6 Elle est descendue au salon. ....

b Réponds aux questions.

1 Est-ce que Madame Legrand s'est couchée tard?
Non, elle s'est ....

2 Quand est-ce qu'elle s'est réveillée?
....

3 Qu'est-ce qu'elle a entendu?
....

4 Où est-ce qu'elle est descendue?
....

5 Qui est-ce qu'elle a vu près de la fenêtre?
....

Une lettre du Sénégal

1 La lettre de Yankuba

Voici une lettre qui vient du Sénégal.

Yankuba Sonko, un garçon de quatorze ans qui habite à la campagne, nous raconte sa journée.

Complète sa lettre avec les mots de la case.

Exemple: 1 *me suis réveillé*

me suis levé — me suis préparé — me suis réveillé
nous sommes ... amusés — nous sommes lavés
s'est ... fâchée — s'est ... passée — s'est occupée
s'est occupée — se sont sauvés

Cher Léon,

Hier matin, je **1** .... très tôt et je **2** .... vers cinq heures du matin, comme d'habitude. J'ai réveillé ma petite soeur, Boge, et nous **3** .... Je n'ai pas mis mon uniforme scolaire immédiatement parce qu'il y avait du travail à faire avant d'aller à l'école.

Après le petit déjeuner (du 'porridge' avec du lait de chèvre), Boge **4** .... de balayer le plancher et je suis allé chercher de l'eau pour notre mère.

Quand je suis revenu avec l'eau, je **5** .... pour aller à l'école, et pour ça, j'ai mis mon uniforme scolaire. Boge n'est pas allée à l'école hier. Elle **6** .... du bébé pendant que notre mère travaillait.

J'ai la chance d'aller à l'école secondaire dans la ville qui est à deux kilomètres de notre village. Après les cours, j'ai organisé un petit match de football avec mes copains et nous **7** .... bien ....

Je suis rentré tard à cause du football et ma sœur était très contente de me voir: la pauvre Boge, sa journée ne **8** .... pas très bien ....! Des singes sont arrivés et ils ont mangé beaucoup de légumes dans notre jardin. Boge leur a crié après et ils **9** ...., mais, naturellement, notre mère **10** .... beaucoup ....!

Yankuba Sonko

la chèvre – *goat*
balayer – *to sweep*
se sauver – *to run away*

2 La journée de Boge

Boge raconte sa journée à une amie. Peux-tu compléter l'histoire pour elle? Pour t'aider, regarde la lettre ci-dessus.

Hier, je **1** .... à cinq heures avec mon frère.

Je ne suis pas allée à l'école hier. Je **2** ....

du bébé et de notre chèvre. Pendant la journée, des singes

3 .... Ils ont mangé les plantes de Maman.

Je leur ai crié après, et ils **4** ....

Maman **5** ....

3 Ma journée

Fais une petite description (vraie ou imaginaire) de ta journée d'hier.

Pour t'aider

Hier, je me suis réveillé(e) à ...
je me suis lavé(e) ...
je (ne) me suis (pas) occupé(e) de ...
je me suis amusé(e)
je me suis ennuyé(e)
je (ne) me suis (pas) fâché(e)

Tricolore Total 3 © Mascie-Taylor, Spencer, Honnor, Oxford University Press

Alibis

Lis l'article.

Provence-Soir – le journal de votre région

Vol au Café de la Poste

– au centre du drame: un perroquet!

Hier soir, au Café de la Poste à Orange, un vol mystérieux! Le café était plein de monde toute la soirée, jusqu'à la fermeture à une heure du matin. Malgré cela, quelqu'un a réussi à descendre dans la cave, couper l'alarme et ouvrir le coffre-fort. Cette personne est partie avec 50 000 euros, deux bouteilles de whisky et, chose vraiment extraordinaire, avec Jacquot, le perroquet du café!

On sait l'heure exacte du vol, parce que, quand le cambrioleur a coupé l'alarme, la pendule électrique située dans la cave s'est arrêtée. On sait aussi qu'après le vol, le cambrioleur est entré dans l'immeuble d'en face, parce que le perroquet s'est échappé par une des fenêtres de cet immeuble et s'est envolé en faisant beaucoup de bruit. Beaucoup de gens se sont réveillés en entendant les cris du perroquet.

On a tout de suite averti M. Dublanc, le patron du café, qui est descendu dans la cave et a découvert le vol. Interviewé par notre reporter, M. Dublanc a dit que le perroquet est très intelligent et apprend très vite les mots qu'il entend. C'est peut-être pour cette raison que le voleur l'a pris! La police est en train d'interroger tous les habitants de l'immeuble, surtout ceux qui étaient au Café de la Poste hier soir.

s'échapper – *to escape*
s'endormir – *to fall asleep*
s'envoler – *to fly away*

La police a découvert que cinq habitants des appartements de l'immeuble étaient au café hier soir, donc l'un d'entre eux est le voleur/la voleuse.

a ***Lis le témoignage de ces cinq personnes. Pour chaque personne, fais un petit résumé comme ci-dessous:***

- Il/Elle est arrivé(e) au café à huit heures.
- Il/Elle a quitté le café à ...
- Il/Elle s'est couché(e) à ...
- Il/Elle s'est réveillé(e) à ...
- Donc il/elle peut/ne peut pas être le voleur/la voleuse.

b ***Puis décide qui, à ton avis, est le voleur/la voleuse. Deux choses importantes à savoir:***

1 L'heure à la pendule est minuit moins dix.
2 Le perroquet s'est échappé à une heure cinq.

c ***Ensuite, écoute pour vérifier si tu as deviné la bonne réponse.***

Georges Saintânoux

Ça alors! Bien sûr, j'étais au café hier soir, comme tous les soirs! Je suis arrivé vers six heures et j'étais toujours au café quand on a découvert le vol. Puis je suis rentré à la maison, mais avec la police et tout ça, je ne me suis pas couché avant trois heures du matin et je me suis réveillé ce matin à sept heures. Ça alors! Quelle nuit!

René Lézy

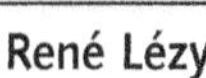

Je suis arrivé au café vers huit heures, car c'était notre partie hier soir. J'ai joué avec Louis-Mathieu contre Jean-Jacques et son cousin Marius, qui habitent à Avignon. Louis-Mathieu et moi, nous avons gagné, et tout le monde a bu du vin rouge pour célébrer ça. On a quitté le café vers onze heures et demie. Je ne me suis pas couché tout de suite parce que j'ai regardé la télé avec ma femme. Nous avons entendu le perroquet un peu après une heure, mais ma femme dit qu'elle l'a aussi entendu vers minuit.

Marie-Joséphine Napoléon

J'étais très fatiguée hier soir, donc j'ai passé presque toute la soirée ici, dans mon appartement. Cependant, comme je m'ennuyais beaucoup et que personne n'a téléphoné, vers onze heures et quart, je me suis habillée et je suis allée prendre un verre au café. Je suis rentrée à la maison vers minuit et quart et je me suis couchée tout de suite. Plus tard, vers une heure, je me suis réveillée, car j'ai entendu Jacquot. Mon Dieu, tout le monde l'a entendu, il a fait un bruit incroyable!

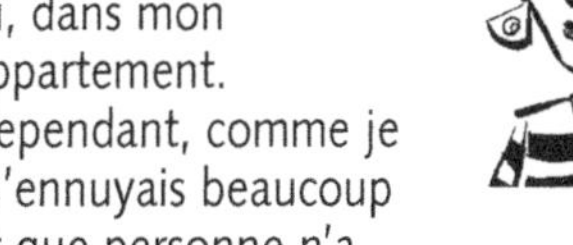

Louis-Mathieu Blocquet

Hier soir à huit heures, je suis allé au Café de la Poste pour faire une partie de cartes avec mes trois amis. Nous avons gagné la partie, René et moi, donc on a bu quelques bouteilles de vin rouge et je suis rentré chez moi à onze heures et demie. Je me suis couché immédiatement et je me suis endormi tout de suite. Je n'ai rien vu ni entendu de spécial, à cause du vin, peut-être!

Estelle Levoisin

Hier, c'était mon anniversaire, donc je suis allée au Café de la Poste et mon petit ami m'a payé un verre de champagne. Nous avons quitté le café vers neuf heures et nous sommes allés en ville dans une discothèque. Je suis rentrée à la maison vers minuit et je me suis couchée tout de suite, mais à une heure cinq, je me suis réveillée à cause d'un bruit soudain. Il paraît que le perroquet s'est échappé, mais je ne l'ai pas vu.

Invitations et excuses

Travaillez à deux. Inventez des conversations. Faites des invitations et donnez des excuses à tour de rôle.

Exemple:

A Tu veux faire du vélo cet après-midi?  **14h–17h**

B Ah non, je regrette. J'ai mal à la jambe. 

Si on allait à la piscine samedi? **sam.**

A Je suis désolé, mais ... (etc.)

Pour t'aider

Tu veux (+ infinitif) ...?	Je regrette, ...
Tu as envie de (+ infinitif) ...?	Je suis désolé(e), mais ...
Si on (+ imparfait) ...?	Je ne peux pas.
Je (+ présent) ... Tu veux venir?	C'est impossible.

	invitations	**excuses**
1	ven. 19h30–22h CINÉMA	
2	sam.–dim.	
3	sam. 19h30	
4	17h–18h	
5	sam. ou dim.	
6	mer. 14h–16h	
7	12h–13h	
8	dim. 9h30–12h	

Tricolore Total 3 © Mascie-Taylor, Spencer, Honnor, Oxford University Press

À la pharmacie

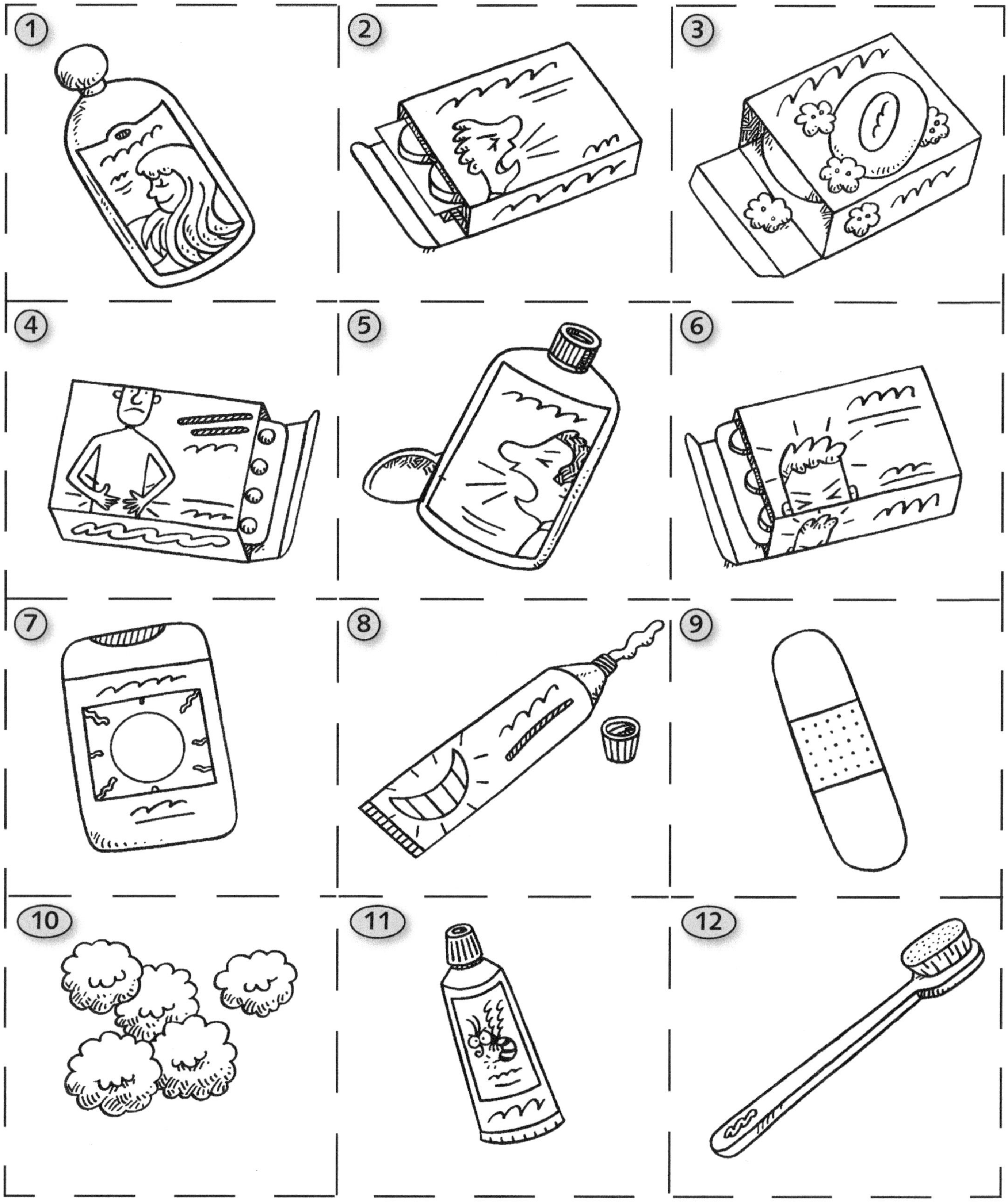

1 2 3

4 5 6

7 8 9

10 11 12

Trouve le bon texte pour chaque image.

Exemple: 1 *b du shampooing*

- **a** un tube de dentifrice
- **b** du shampooing
- **c** une brosse à dents
- **d** une crème solaire
- **e** du sparadrap
- **f** du coton
- **g** du savon
- **h** de l'aspirine
- **i** des pastilles pour la gorge
- **j** du sirop pour la toux
- **k** un médicament pour le mal de ventre
- **l** une crème contre les piqûres d'insectes

Tricolore Total 3 © Mascie-Taylor, Spencer, Honnor, Oxford University Press

Chez le pharmacien

❶ Une liste

Tu dois acheter six choses à la pharmacie. Écris ta liste. Voici des idées:

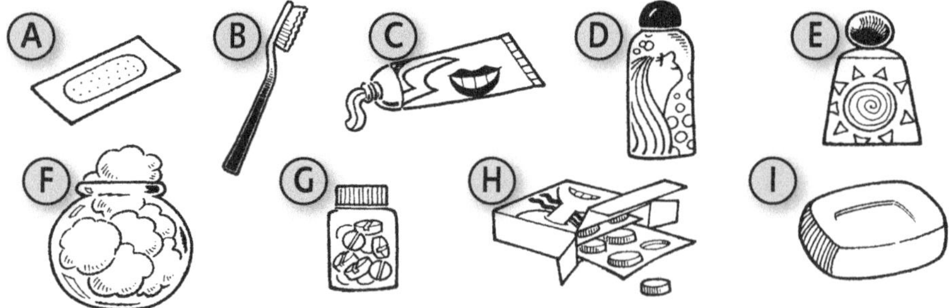

à la pharmacie

1 ....
....

2 ....
....

3 ....
....

4 ....
....

5 ....
....

6 ....
....

❷ Qu'est-ce qu'on dit?

Complète les bulles pour chaque personne.

Exemple: 1 Avez-vous quelque chose *contre un coup de soleil?*

1 Avez-vous quelque chose .... ?

2 Avez-vous .... le mal de .... ?

3 Avez-vous .... contre .... d'insectes?

4 .... pour le rhume?

❸ C'est quelle maladie?

Lis la description et devine le mot anglais pour ces maladies.
Puis vérifie dans le dictionnaire, si tu veux.

1 J'ai quelquefois du mal à respirer et je supporte mal la fumée. J'ai toujours mon inhalateur sur moi, car je souffre d'asthme.

L'asthme en anglais, c'est ....

2 Je suis quelquefois malade en été quand il fait chaud et qu'il y a beaucoup de pollen. J'ai les yeux rouges et gonflés. Je souffre du rhume des foins.

Le rhume des foins, c'est .... en anglais.

3 Ma mère a de la fièvre et elle a mal partout: aux épaules, aux jambes, à la tête. Le médecin dit que ça va durer une semaine ou plus et que malheureusement, la grippe est une maladie infectieuse.

La grippe, c'est .... en anglais.

Tricolore Total 3 © Mascie-Taylor, Spencer, Honnor, Oxford University Press

Chez le médecin

1 Français–anglais

Trouve les paires.

1 ……, **2** ……, **3** ……, **4** ……, **5** ……, **6** ……, **7** ……, **8** ……, **9** ……, **10** ……

1 quelque chose pour le rhume	**a** *a prescription*
2 quelque chose contre un coup de soleil	**b** *insect bites*
3 les piqûres d'insectes	**c** *something for a cold*
4 le mal de ventre	**d** *sun cream*
5 une ordonnance	**e** *an appointment*
6 un rendez-vous	**f** *is it serious?*
7 du sparadrap	**g** *stomach ache*
8 un médicament	**h** *something for sunburn*
9 une crème solaire	**i** *some medicine*
10 c'est grave?	**j** *some sticking plasters*

2 Tu comprends le médecin?

Complète la liste.

	français	**anglais**
1	Qu'est-ce qui ne va pas?	…………………………………… *the matter?*
2	Ouvrez la bouche.	…………………… *your* ……………………
3	Ça vous fait mal là?	……………………………………………
4	Ce n'est pas grave.	*It's not* ……………………………………
5	Est-ce que vous dormez bien?	……………………………………………
6	Buvez beaucoup d'eau minérale.	…………………… *plenty of* ……………………
7	Avez-vous de la fièvre?	……………………………………………
8	Ne mangez rien aujourd'hui.	…………………… *anything* ……………………
9	C'est à quel nom?	……………………………………………
10	Restez au lit.	……………………………………………
11	Prenez un autre rendez-vous.	……………………………………………
12	Venez me voir, lundi.	……………………………………………

3 Un acrostiche

a ***Complète l'acrostiche.***

b ***Qui dit ça, le docteur (D) ou le/la malade (M)?***

1 38 degrés. Vous avez de la …! **Ex.** D

2 Je ne vois pas bien. J'ai mal aux … ☐

3 Je vous donne une … Allez à la pharmacie. ☐

4 Je ne suis pas là le week-end, mais venez … matin. ☐

5 J'ai mangé des crevettes et maintenant, j'ai mal au … ☐

6 Si vous avez soif, … de l'eau minérale. ☐

7 … me voir la semaine prochaine. ☐

8 Brrr, j'ai très …! ☐

9 Et maintenant, j'ai trop …! J'enlève mon pull. ☐

10 Vous avez mal aux …? Alors, allez chez le dentiste! ☐

1	☐	☐	☐	☐	r	☐				
			2	☐	e	☐	☐			
3	☐	☐	☐	☐	n	☐	☐	☐	☐	☐
	4	☐	☐	☐	d	☐				
			5	☐	e	☐	☐	☐	☐	
6	☐	☐	☐	☐	z					
					-					
				7	v	☐	☐	☐	☐	
		8	☐	☐	o	☐	☐			
	9	☐	☐	☐	u	☐				
10	☐	☐	☐	☐	s					

Tu comprends?

1 Qu'est-ce qu'on a fait?

Écoute les phrases et trouve l'image qui correspond.

Exemple: 1 ...B.., **2** ......, **3** ......, **4** ......, **5** ......,

6 ......, **7** ......, **8** ......, **9** ......, **10** ......

A B C D E F G H I J

3 Que fais-tu pour rester en forme?

Écoute les phrases et coche (✓) les bonnes cases.
Attention! Des fois, il faut cocher plusieurs cases.

	1	2	3	4	5	6	7	8
a								
b	Ex. ✓							
c								
d								
e								
f	Ex. ✓							
g								
h								
i								
j								

2 Chez le médecin

Écoute la conversation et choisis la bonne réponse.

Exemple: 1 *b*

1 La dame a mal ...
- **a** ☐ à la gorge.
- **b** ☑ au ventre.
- **c** ☐ aux dents.

2 Elle ne veut pas ...
- **a** ☐ manger.
- **b** ☐ boire.
- **c** ☐ dormir.

3 Sa maladie a commencé ...
- **a** ☐ il y a une semaine.
- **b** ☐ avant-hier.
- **c** ☐ il y a trois jours.

4 Elle a aussi ...
- **a** ☐ mal aux pieds.
- **b** ☐ mal à la bouche.
- **c** ☐ de la fièvre.

5 Le docteur dit ...
- **a** ☐ que ce n'est pas grave.
- **b** ☐ qu'il ne voit rien.
- **c** ☐ qu'elle doit aller à l'hôpital.

6 Elle reçoit une ordonnance pour ...
- **a** ☐ trois repas.
- **b** ☐ des comprimés.
- **c** ☐ de l'eau minérale.

7 Elle doit revenir ...
- **a** ☐ si elle a mal aux yeux.
- **b** ☐ si ça va mieux.
- **c** ☐ si ça ne va pas mieux.

Tricolore Total 3 © Mascie-Taylor, Spencer, Honnor, Oxford University Press

Sommaire

Now I can …

■ say when I do something

toujours	always
souvent	often
rarement	rarely
régulièrement	regularly
chaque matin	every morning
pendant la semaine	during the week
une / deux / trois fois par semaine	once / twice / three times a week
ne … jamais	never
bien / mal	well / badly
vite	quickly

■ discuss healthy eating

J'aime manger / boire …	I like eating / drinking …
C'est bon / mauvais pour la santé	It's healthy / unhealthy
les aliments	foods

■ discuss healthy lifestyles and general fitness (see Student's Book page 101)

■ use the imperative (see Student's Book page 103)

mange(z)	eat
ne fume(z) pas	don't smoke
prends / prenez	take
bois / buvez	drink

■ use reflexive verbs in the perfect tense

Je me suis réveillé(e) à 7 heures.	I got up at 7.00.
Il s'est levé à 9 heures.	He got up at 9.00.
Elle s'est reposée devant la télé.	She relaxed in front of the TV.
Ils se sont promenés avec le chien.	They went for a walk with the dog.

■ identify parts of the body

la bouche	mouth
le bras	arm
la cheville	ankle
le corps	body
le cou	neck
le coude	elbow
le cœur	heart
la dent	tooth
le doigt	finger
le dos	back
l'estomac (m) / le ventre	stomach
le genou	knee
la gorge	throat
la jambe	leg
la main	hand
le menton	chin
le nez	nose
un œil (les yeux)	eye (eyes)
une oreille	ear
la peau	skin
le pied	foot
le poignet	wrist
la tête	head
le talon	heel
le visage	face

■ use some expressions with the verb avoir

J'ai mal (au/à la/à l'/aux …)	My (…) hurts / I have (…) ache
Tu as de la fièvre	You have a fever
Il/elle a chaud	He/she is hot
Nous avons froid	We are cold
Vous avez soif	You are thirsty
Ils/elles ont faim	They are hungry

■ use depuis with the present tense

Depuis combien de temps?	For how long?
Depuis quand?	Since when?
Depuis deux jours.	For two days.
Depuis lundi.	Since Monday.

■ buy basic medical supplies at the chemist's

des pastilles pour la gorge (f pl)	cough pastilles
de l'aspirine (f)	aspirin
des comprimés (m pl)	tablets
du shampooing	shampoo
une crème contre les piqûres d'insectes	cream for insect bites
un tube de dentifrice	tube of toothpaste
du coton	cotton wool
une brosse à dents	toothbrush
du sparadrap	sticking plaster
une crème solaire	sun cream
du sirop pour la toux	cough medicine
du savon	soap
un médicament pour le mal de ventre	medication for indigestion

■ consult a chemist

Je voudrais …	I'd like …
Avez-vous …?	Have you got …?
Donnez-moi …, s'il vous plaît.	Please give me …
Prenez ces pastilles, etc.	Take these pastilles, etc.
Ces comprimés sont très efficaces contre …	These tablets are very effective for …
Si ça ne va pas mieux …	If it's not better …
demain / dans deux jours …	tomorrow / in two days …
prenez rendez-vous avec le docteur	make an appointment with the doctor

■ make an appointment at the doctor's

Je voudrais prendre rendez-vous avec le docteur, s'il vous plaît.	I'd like to make an appointment with the doctor, please.
C'est à quel nom?	What name is it?

■ consult a doctor

Qu'est-ce qui ne va pas?	What's the matter?
J'ai mal à la gorge / aux pieds, etc.	My throat hurts / feet hurt, etc.
Ouvrez la bouche.	Open your mouth.
Montrez-moi …	Show me …
C'est grave?	Is it serious?
Prenez ce médicament.	Take this medicine.
Mettez cette crème.	Put on this ointment / cream.
Restez au lit.	Stay in bed.
Revenez dans trois jours.	Come back in three days.
Vous avez des allergies?	Have you any allergies?
Je suis allergique à la pénicilline.	I'm allergic to penicillin.

Tricolore Total 3 © Mascie-Taylor, Spencer, Honnor, Oxford University Press

Épreuve: Écouter 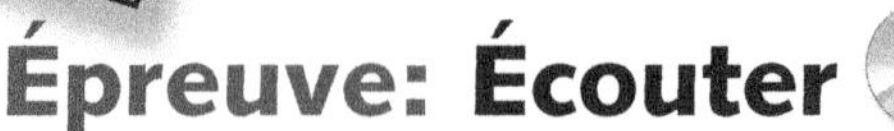

A Où a-t-on mal?

Pour chaque conversation, choisis la bonne image.

Ex. *E* **1** ☐ **2** ☐ **3** ☐ **4** ☐ **5** ☐

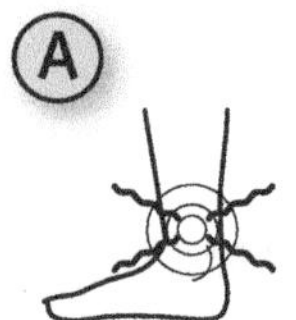

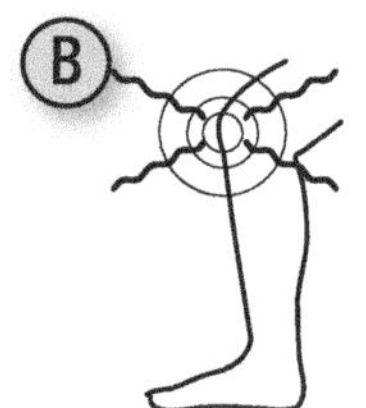

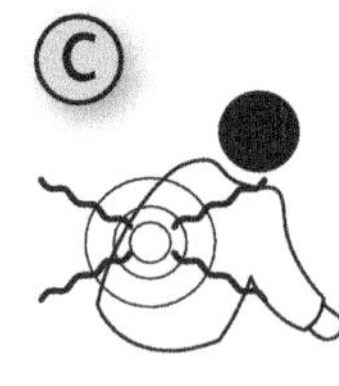

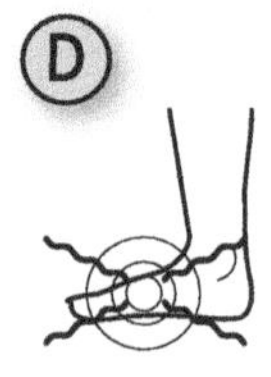

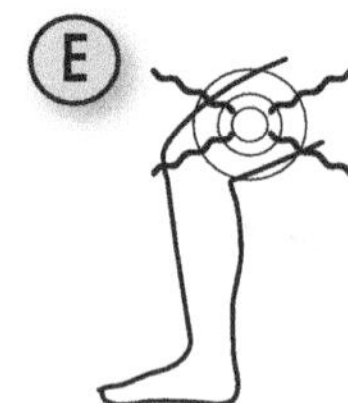

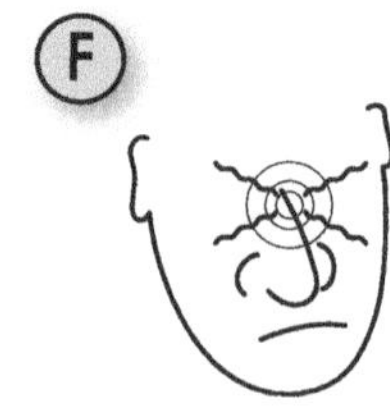

B À la pharmacie

On explique ses symptômes. Pour chaque client, choisis le bon médicament.

Ex. *F* **1** ☐ **2** ☐ **3** ☐ **4** ☐ **5** ☐

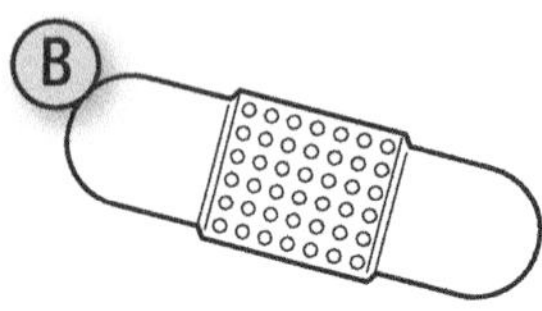

5

C Rendez-vous

Écoute ces conversations téléphoniques. Le rendez-vous est pour quand? Où?
***Complète la grille* en français.**

	Quand?	**Où?**
Ex.	*16h30*	*chez le dentiste*
1		
2		
3		
4		

8

D Pour rester en forme

***Listen to the conversation and answer the questions* in English.**

1 How long has Olivier been playing handball? ....

2 Why does he particularly like team games? ....

3 What other physical activity does he do every day? ....

4 What does he not normally eat? ....

5 What advantage does he say this has? ....

6 What physical activity does Anna do? ....

7 What does her mother say makes Anna often tired? ....

7

TOTAL

25

Tricolore Total 3 © Mascie-Taylor, Spencer, Honnor, Oxford University Press

Épreuve: Parler

Carte A

En forme

You are talking to a young French person about keeping fit. Your teacher or another person will play the part of the French person and will speak first.

1 Say you go swimming.

2 Say you go twice a week.

3 Say you go to school by bike.

4 Say you eat too much.

Carte B

En forme

Tu parles avec un(e) jeune Français(e). Je suis le/la jeune Français(e).

1 Alors, que fais-tu pour rester en forme?

2 Ah bon. Tu fais ça souvent?

3 C'est tout?

4 Tu dois être vraiment en forme!

5 Moi aussi.

/12

Conversation

Prépare tes réponses aux questions puis travaille avec ton professeur.

Bien manger

- Quel est ton repas préféré? Pourquoi?
- Est-ce que tu grignotes? Si oui, que manges-tu?
- Qu'est-ce que tu as mangé et bu hier?
- Quand est-ce que tu vas manger ce soir et qu'est-ce que tu vas boire?

Forme et santé

- Que fais-tu pour rester en forme?
- Qu'est-ce que tu ne fais pas?
- Qu'est-ce que tu voudrais essayer comme sport?
- Qu'est-ce que tu as fait la semaine dernière pour rester en forme?
- Que fais-tu si tu es malade?

/13

TOTAL

/25

Épreuve: Lire (1)

A Des médicaments

Look at these extracts from medicine labels, then answer the questions in English.

1. Deux comprimés trois fois par jour
2. À prendre avec les repas
3. Médicament contre le mal de tête
4. Prenez une cuillerée tous les soirs
5. Médicament efficace contre le mal de ventre

When would you take each medicine?

1 ....

2 ....

3 ....

4 ....

5 ....

/5

B En forme

Lis les messages et complète les phrases avec le bon prénom.

Je fais très peu d'exercice. Quelquefois, mes copains vont à la piscine et je les accompagne, mais je n'aime vraiment pas ça. – **Laura**

Je ne suis pas fort en sport et je déteste les sports d'équipe, mais j'aime bien la randonnée, alors tous les week-ends, je pars à la campagne. C'est excellent pour la forme, et on n'a pas besoin de s'entraîner. – **Sébastien**

Je fais de la danse toutes les semaines, et j'essaie de manger sainement, mais à part ça, je ne fais pas grand-chose. – **Pia**

Je joue au foot le dimanche, et je vais à un club de gym deux fois par semaine. Puis tous les matins, je fais 10 kilomètres à pied. – **Jawad**

Je ne fais pas d'exercice pour le plaisir. Tous les jours, je vais au bureau à vélo mais je n'utilise jamais mon vélo pour faire des promenades. – **Gaëlle**

Je n'ai vraiment pas eu le moral récemment – c'est parce que je me suis cassé le bras et que je ne peux pas faire de sport. Pour moi, le sport est très important. – **Raja**

Ex. ..*Jawad*.. fait beaucoup de sport.

1 .... fait rarement d'activité sportive.

2 .... fait de l'exercice tous les jours, sans faire de sport.

3 .... ne fait pas de sport en ce moment.

4 .... ne fait rien de spécial pour rester en forme.

5 .... aime faire des promenades.

/5

C Un régime équilibré

Lis cet article de magazine pour les jeunes.

Pour être en forme, pas besoin de renoncer aux aliments qui te font plaisir. Tu dois aimer ce que tu manges, et manger ce que tu aimes – mais avec modération.

- **Les choses sucrées:** du chocolat de temps en temps, en petite quantité, c'est bon pour le moral, et ça, ça fait du bien.
- **Les fruits et les légumes:** quand tu veux – mais au moins cinq par jour. Ils coupent la faim, sans trop de calories. Entre les repas, choisis un fruit ou un légume cru.
- **Les produits laitiers:** pour avoir des os et des dents sains, tu dois en consommer régulièrement – mais attention au cholestérol.
- **Les matières grasses:** pour la cuisine, essaie de faire cuire tes steaks au grill – ça donne meilleur goût, et c'est plus sain.
- **Viande rouge:** si tu aimes un bon steak ou une côtelette, pourquoi pas? C'est une bonne source de vitamines et de protéines. Mais une ou deux fois par semaine, pas tous les soirs!
- **Autres viandes et poisson:** comme la viande rouge, source de protéines, et moins de matières grasses. À manger quand tu veux.
- **Aliments industriels (plats préparés, biscuits, chips):** attention! En général, ils contiennent beaucoup de sel ou de sucre.
- **Coca, café:** avec modération – mais choisis plus souvent de boire de l'eau.

Coche (✓) les conseils qui, d'après l'article, sont vrais.

1 Mange la nourriture qui te fait plaisir. ☑

2 Mange quelquefois un peu de chocolat. ☐

3 Mange souvent des légumes. ☐

4 Ne mange jamais entre les repas. ☐

5 Si possible, fais la cuisine sans matière grasse. ☐

6 Mange de la viande rouge avec modération. ☐

7 Mange souvent du poisson. ☐

8 Évite la nourriture industrielle. ☐

/6

Tricolore Total 3 © Mascie-Taylor, Spencer, Honnor, Oxford University Press

Épreuve: Lire (2)

D Des problèmes

Read this letter to a magazine problem page, and the reply. Then answer the questions* in English*.

Cher Alex,

Je suis tellement malheureux. Ça ne va vraiment pas dans ma vie. Je suis tout le temps fatigué, car je ne dors pas bien la nuit – mais le matin, je reste au lit jusqu'à midi.

Mon travail scolaire en souffre. Mes parents se sont disputés à cause de ça. Ma mère dit que c'est normal à mon âge, et qu'il faut simplement attendre que je trouve une petite amie. Mais mon père s'est fâché: il dit que je suis tout simplement paresseux, et que si ça continue, il ne va plus me donner d'argent de poche.

Ne me dis pas de parler de mes problèmes à mes copains, car je n'ai pas de copains! Et je n'aurai jamais une petite amie. Personne ne m'aime, parce que je suis gros et que j'ai des boutons partout. La semaine dernière, je me suis mis à fumer, car je pensais que comme ça, je ferais partie de la bande, et que ça me détendrait, mais ça n'a pas marché.

Qu'est-ce que je peux faire? Aidez-moi.

Lucas (13 ans, La Rochelle)

Cher Lucas

Je ne suis pas d'accord avec ta mère, car il n'est pas normal de se sentir toujours fatigué comme ça. Mais pour changer, il faut faire des efforts. Alors, voilà ce que tu dois faire.

D'abord, trouve une activité qui te plaît – le footing, le vélo, n'importe quoi – et fais ça pendant au moins une heure tous les jours. Ce n'est pas l'exercice qui fatigue, mais le manque d'exercice.

Puis arrête de fumer tout de suite. Les cigarettes font que tu ne peux pas dormir, et l'odeur est affreuse – c'est pas comme ça que tu vas avoir des amis!

Commence à bien manger – beaucoup de légumes, moins de hamburgers, frites, etc. Tu perdras des kilos et tu auras moins de boutons. Je ne te garantis pas que tu vas trouver une petite amie, mais tu seras plus populaire, parce que tu te sentiras mieux, et que tu auras plus de confiance en toi.

Écris-moi dans un mois pour me donner de tes nouvelles

Alex

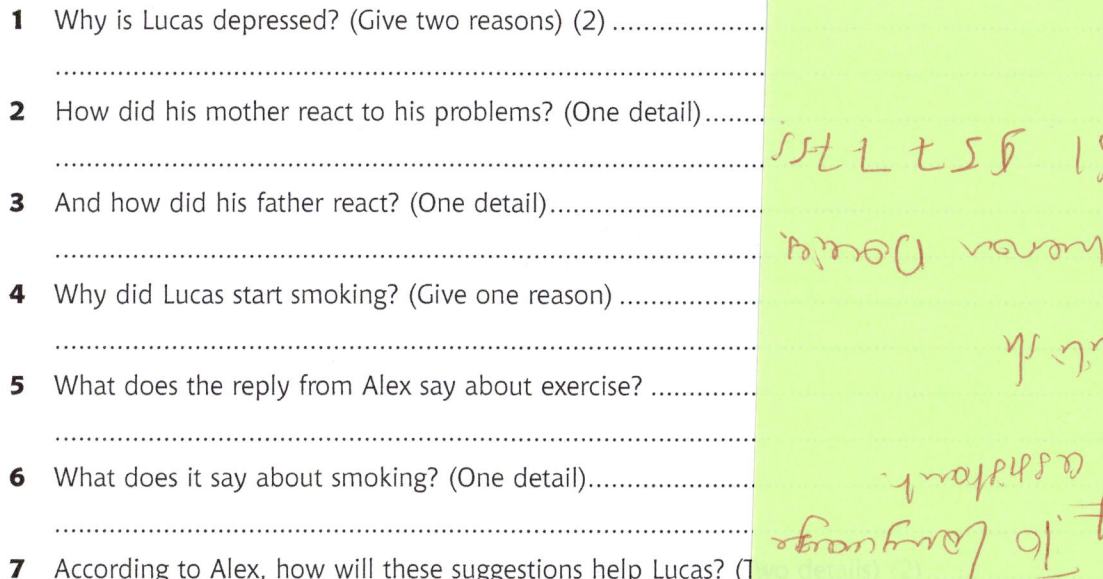

1 Why is Lucas depressed? (Give two reasons) (2) ....

....

2 How did his mother react to his problems? (One detail) ....

....

3 And how did his father react? (One detail) ....

....

4 Why did Lucas start smoking? (Give one reason) ....

....

5 What does the reply from Alex say about exercise? ....

....

6 What does it say about smoking? (One detail) ....

....

7 According to Alex, how will these suggestions help Lucas? (Two details) (2) ....

....

/9

TOTAL /25

Épreuve: Écrire et grammaire

A Questionnaire

Fill in this questionnaire in French about your favourite foods.

Fruit préféré: ....

Légume préféré: . . ..

Produit laitier préféré: ....

Boisson préférée: .. ..

4

B Ça va?

Complete the sentences using the correct form of an expression with avoir.

Ex. J' ....*ai*....... ......*mal*.... à la main.

1 Tu .... de la ....

2 Il ....

3 Nous ....

4 Elle ....

5 Vous ....?

6 Elles .... à la tête.

6

C Des verbes

Put the verbs in the following sentences into the perfect tense.

Ex. Elle se couche à dix heures. ..*Elle s'est couchée à dix heures*..

1 Je m'amuse le week-end. ....

2 Vous vous amusez à la plage? ....

3 Ma mère se fâche contre moi. ....

4 Tu te réveilles à sept heures? ....

5 Ils se disputent avec leurs copains. ....

6 Nous nous ennuyons ici. ....

6

D Je suis en forme

Write in French to a website forum about what you do to keep fit and healthy.

Mentionne:

- ce que tu fais comme sports et ce que tu manges / ne manges pas
- ce que tu faisais quand tu étais plus jeune
- ce que tu feras peut-être dans l'avenir.

....

....

....

....

....

....

9

TOTAL

25

Tricolore Total 3 © Mascie-Taylor, Spencer, Honnor, Oxford University Press

8/1

Les pays du monde

1 Les prochaines vacances

Lis les renseignements puis décide quel voyage tu vas choisir et quand tu vas partir. Complète le message.

Salut, ... (nom)!

En .... (juin, juillet, août) prochain, je vais aller .... (au Canada/en Italie/en Irlande/en Afrique etc.).

Je prendrai l'avion pour .... , puis je vais voyager .... (en voiture/en train/en car).

Je vais partir le .... et je vais revenir le ....

Nous allons ....
(faire du camping/aller dans un hôtel/loger chez une famille).
Pendant les vacances, je voudrais voir ....

....

....

....

....

....

À bientôt,
....

Circuit en Italie

Visitez Rome, Florence et Venise en car.
Demi-pension dans des hôtels 4 étoiles.
Vols: aller Paris–Rome, retour Venise–Paris.
15 jours.

Découvrez le Canada

Pays des trois océans, des 500 000 lacs, des montagnes, des forêts, des plaines.
Traversée du Canada par le train.
Demi-pension dans des hôtels 3 étoiles.
Vol aller-retour Paris–Montréal.

Safari en Afrique

Regardez vivre en liberté les lions, les girafes, les éléphants et les rhinocéros.
Vol aller-retour Paris–Nairobi.
21 jours, 4 nuits à l'hôtel à Nairobi, 16 nuits sous la tente.

Découvrez l'Irlande

Passez une semaine en famille et découvrez la vraie Irlande.
Vol aller-retour Paris–Dublin.
Une semaine.

2 Une carte postale

Tu es en vacances. Écris une carte postale à tes amis. Réponds aux questions.

- Tu passes des vacances où et avec qui?
- Quand es-tu arrivé(e)?
- Qu'est-ce que tu as fait hier?
- C'était bien?
- Quel temps fait-il?
- Qu'est-ce que tu vas faire demain?
- Quand est-ce que tu vas rentrer à la maison?

3 Des pays du monde

Est-ce que tu peux penser à ...

4 pays d'Europe continental?
3 pays qui font partie du Royaume-Uni?
2 pays d'Amérique?
1 pays qui est aussi une île?

....

....

....

....

....

....

On va au bureau d'accueil 

Tarif		
emplacement (*tente/caravane/ camping-car*)		**6,80 €**
voiture		**2,70 €**
adulte		**5,60 €**
enfant (*de 3 à 14 ans*)		**2,80 €**
chien		**2,70 €**
électricité		**3,70 €**

❶ Au bureau d'accueil

Travaillez à deux.

a ***Lisez cette conversation au bureau d'accueil d'un camping. Puis changez de rôle.***

b ***Changez les mots soulignés et inventez d'autres conversations.***

A Bonjour, monsieur. Avez-vous un emplacement, s'il vous plaît?

B C'est pour une caravane ou une tente?

A Une tente.

B Et c'est pour combien de nuits?

A Quatre nuits.

B Oui. Il y a de la place. C'est pour combien de personnes?

A Trois personnes.

B Vous avez une voiture?

A Oui.

B Voulez-vous l'électricité?

A Oui, s'il vous plaît.

B Alors, un emplacement avec électricité, trois personnes et une voiture pour quatre nuits, ça fait 120 euros.

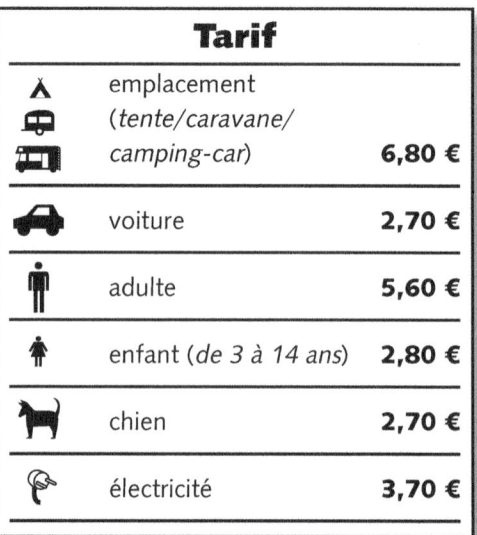

un (deux, etc.) emplacement(s)

pour	une (deux, etc.)	
	un	

une (deux, etc.)	× 7

une (deux, etc.)	personne(s)
un (deux, etc.)	

Oui, (s'il vous plaît). Non, (merci).

❷ Complète le lexique

	Français	Anglais
1	un	*a campsite*
2	un	*a place (on a campsite)*
3	....	*a tent*
4	....	*a car*
5	.... caravane	a ....
6	....	*a camper van*
7	l'	*electricity*
8	....	*a dog*
9	.... personne	a ....
10	....	*one night*

Tricolore Total 3 © Mascie-Taylor, Spencer, Honnor, Oxford University Press

Au camping

1 2 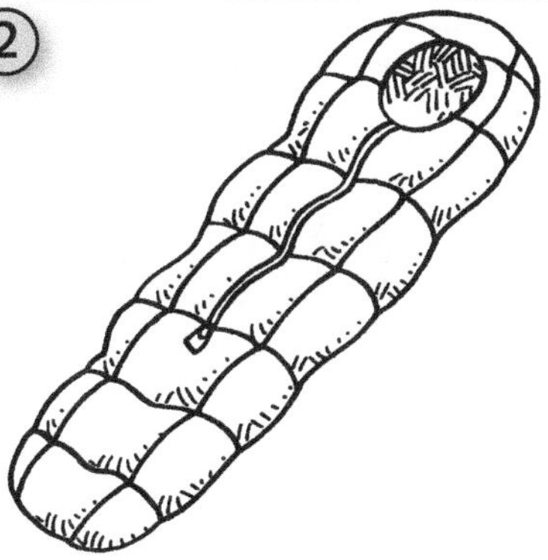 3  4 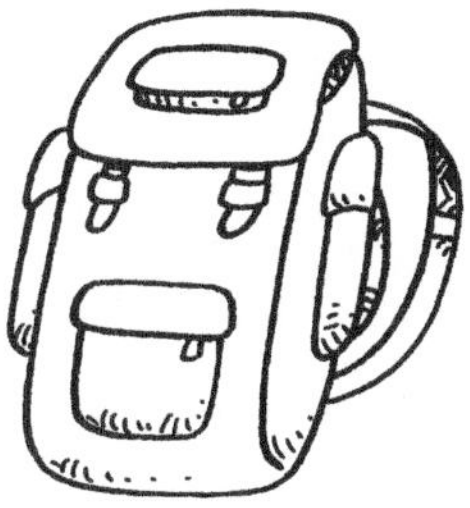 5 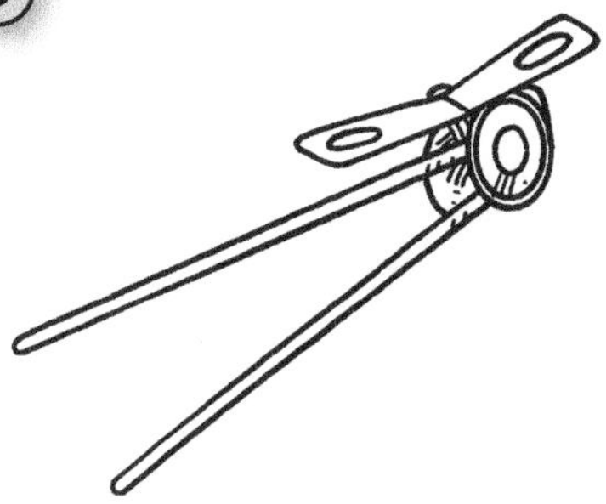 6 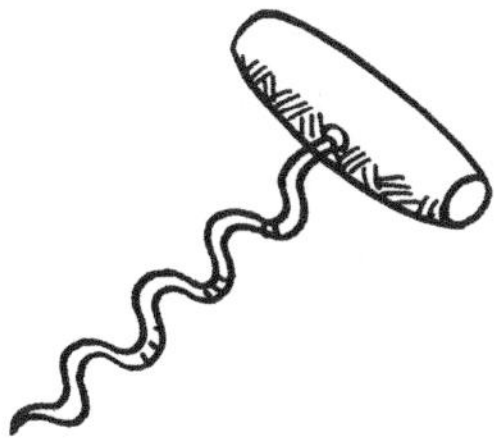 7  8  9  10 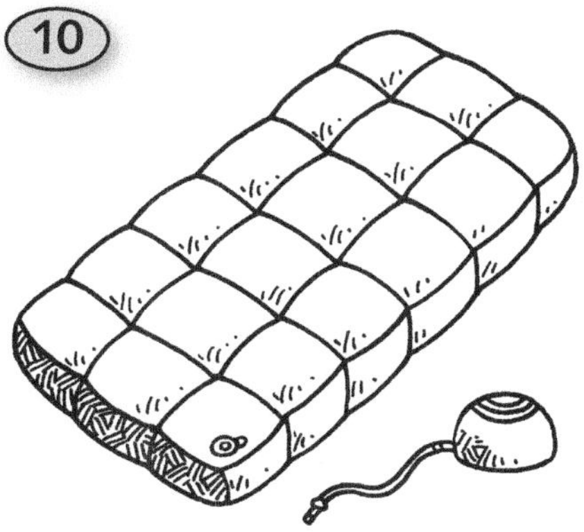 11 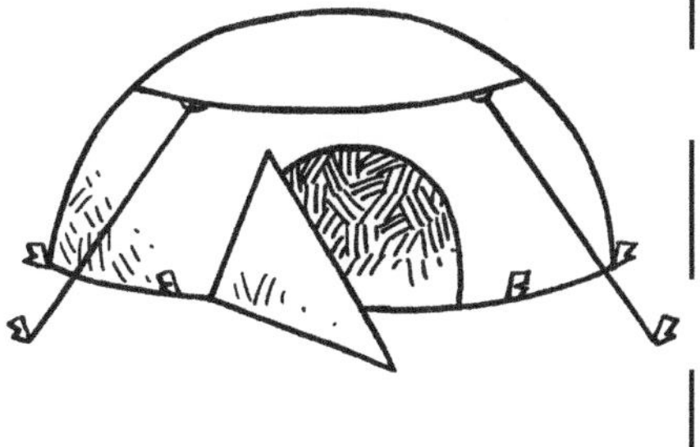 12

Trouve le bon texte pour chaque image.

Exemple: 1 *e une lampe de poche*

a une tente
b un tire-bouchon
c un sac de couchage
d un camping-gaz
e une lampe de poche
f une bouteille d'eau
g un sac à dos
h un matelas pneumatique
i des piles (*f pl*)
j des allumettes (*f pl*)
k un ouvre-boîte
l la prise de courant

Tricolore Total 3 © Mascie-Taylor, Spencer, Honnor, Oxford University Press

Les étages et les chambres

a ***Trouve le bon texte pour chaque partie de l'auberge de jeunesse.***

Exemple: A *3 le deuxième étage*

1 la salle à manger
2 le dortoir
3 le deuxième étage
4 la salle de jeux
5 le premier étage
6 les toilettes
7 la salle de séjour
8 le sous-sol
9 la cuisine
10 les douches
11 le bureau
12 le rez-de-chaussée

b ***Regarde l'image et écris vrai (V) ou faux (F).***

1 La cuisine est au rez-de-chaussée. **Ex.** [V]
2 Le dortoir des garçons est au premier étage. [ ]
3 La salle de séjour est au rez-de-chaussée. [ ]
4 Les douches sont au sous-sol. [ ]
5 Les toilettes sont au deuxième étage. [ ]
6 Le bureau ne se trouve pas au premier étage. [ ]
7 Le dortoir des filles est à côté de la cuisine. [ ]
8 La cuisine est entre la salle à manger et le bureau. [ ]

Tricolore Total 3 © Mascie-Taylor, Spencer, Honnor, Oxford University Press

Un plan de l'auberge de jeunesse 

a ***Complète les questions.***

Exemple: 1 – *Où se trouve la chambre numéro 4?*

b ***Travaillez à deux. Posez les questions et répondez à tour de rôle.***

Exemple: – *Où se trouve la chambre numéro 4?*
– *C'est au rez-de-chaussée.*

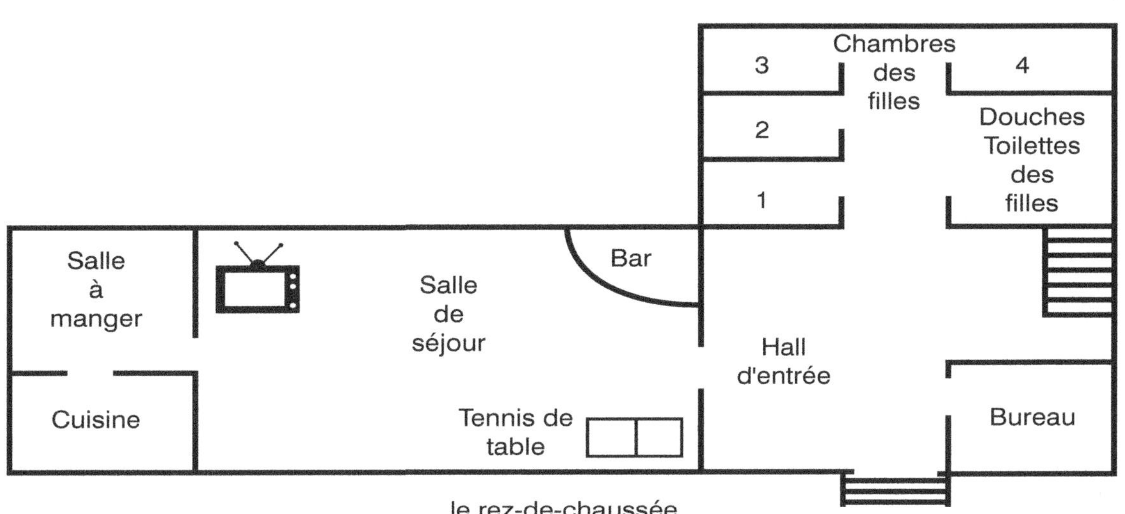

le rez-de-chaussée

Repas à l'auberge
servis dans la salle à manger
- Petit déjeuner (3,70 €): 7h30–9h00
- Dîner (10 €, boisson en plus) à 19h

Fermeture le soir: 23h30

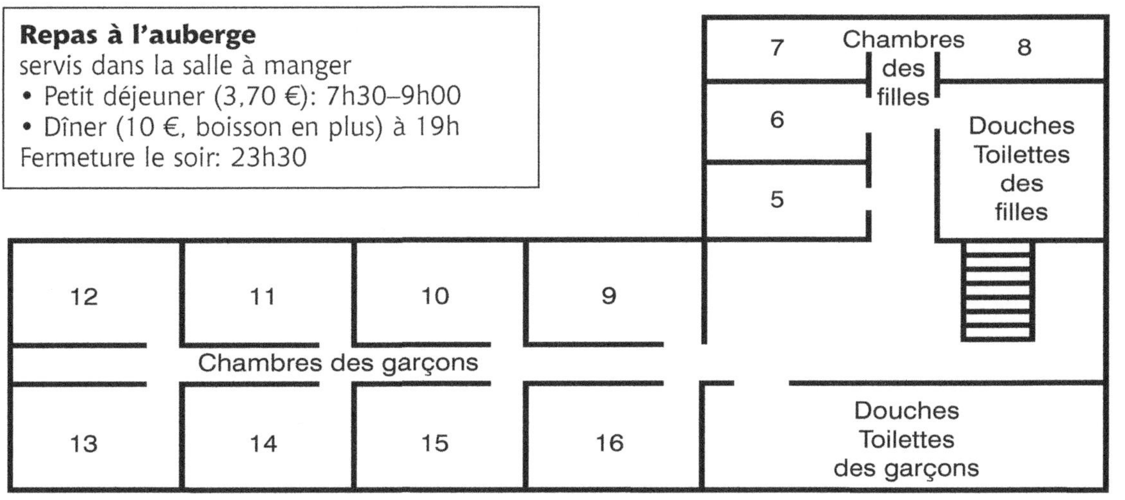

le premier étage

Au gîte

1 2  3 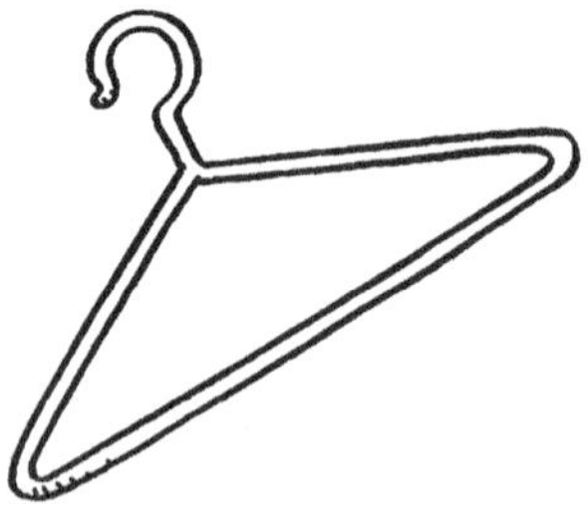 4  5  6  7 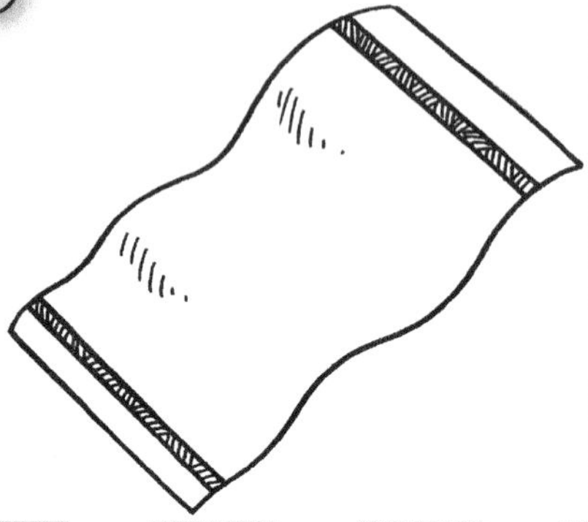 8  9  10  11  12

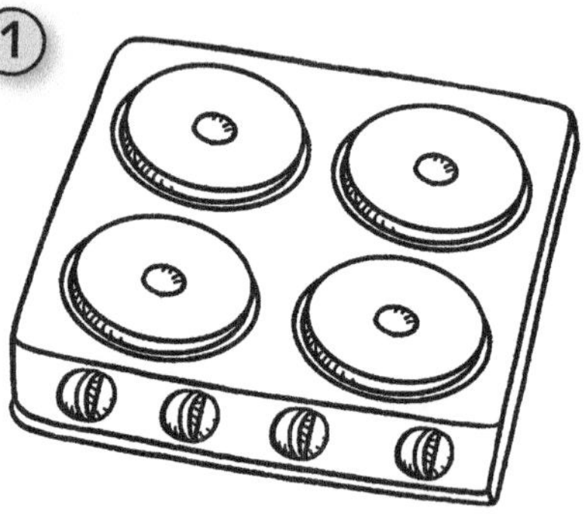

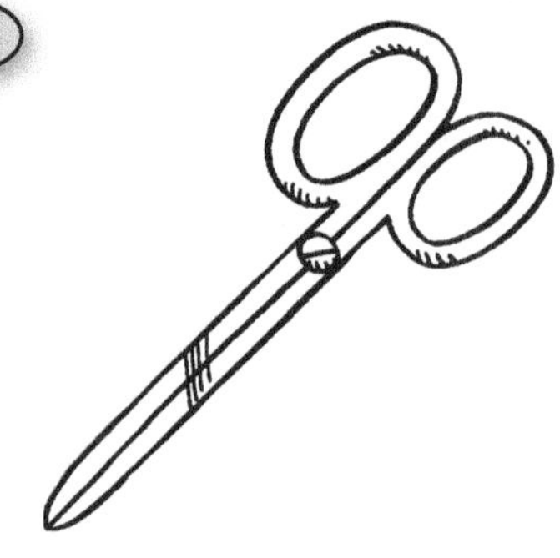

Écris le bon texte pour chaque image.

Exemple: 1 *d une cuisinière*

a un cintre
b un salon de jardin
c une paire de ciseaux
d une cuisinière
e la poubelle
f la vaisselle (une tasse, un bol, une assiette)
g une casserole
h les couverts (*m pl*) (une cuillère, une fourchette, un couteau)
i un chauffe-eau
j un robinet
k une poêle
l une serviette

Tricolore Total 3 © Mascie-Taylor, Spencer, Honnor, Oxford University Press

Jeux de mots

1 Gîtes de France

Complète le texte avec les mots de la case.

a campagne **b** équipé **c** modéré **d** populaires
e réserver **f** séjour **g** vacances

La Normandie, pays de vacances

Passez vos **1** .... dans un gîte rural. Choisissez une maison à la **2** .... que vous pouvez louer à un prix **3** .... Chaque gîte est meublé et **4** .... de tout le matériel nécessaire pour un **5** .... agréable, indépendant et pas cher! Mais, attention! Les vacances en gîte deviennent de plus en plus **6** .... et il faut **7** .... bien à l'avance.

2 Un acrostiche

Complète l'acrostiche avec le nom des objets.

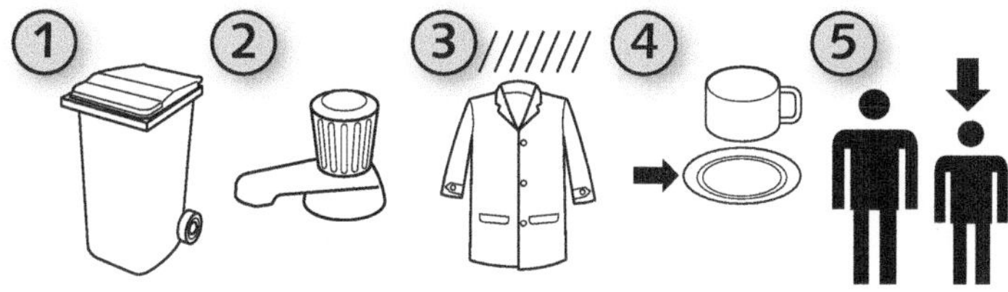

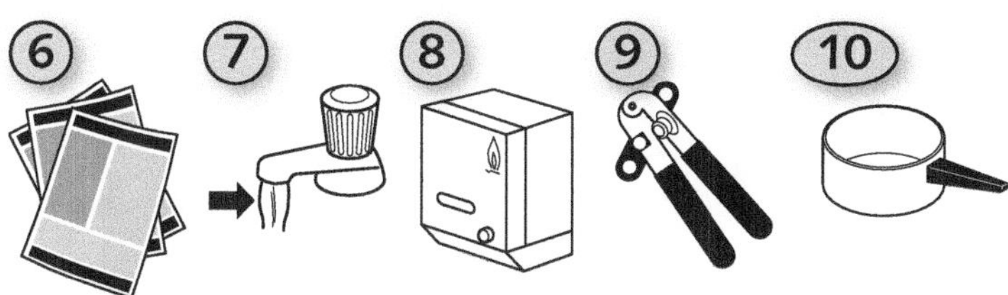

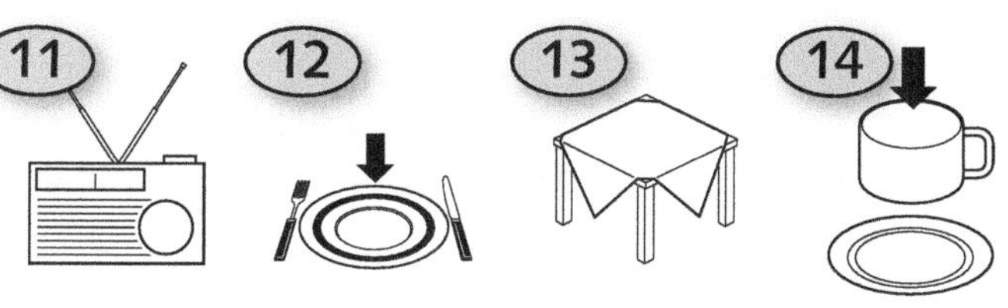

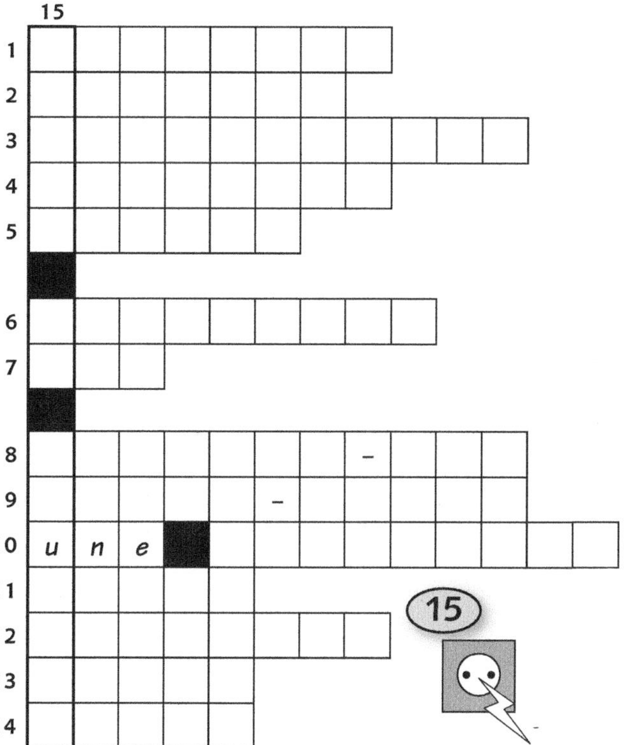

3 Dans la cuisine

Regarde les images et complète les phrases.

1 Il y a six _ _ _ _ _ _ _ _ _ _

2 Il y a deux _ _ _ _ _ _ _ _ _ _

3 Il y a quatre _ _ _ _ _ _ _ _ _ _ _ _

4 Il y a un _ _ _ _ _ _

5 Il y a une _ _ _ _ _ _

6 Il y a trois _ _ _ _ _

7 Il y a cinq _ _ _ _ _ _ _ _ _ _ _ _ _ _

Bon anniversaire!

❶ Bon anniversaire, Laura

Aujourd'hui, c'est l'anniversaire de Laura. Mets ces mots dans le bon ordre pour faire des phrases.

1 lui a téléphoné Sa copine ....

2 a envoyé une carte lui Sa cousine ....

3 Sa grand-mère une longue lettre lui a écrit ....

4 lui Son petit ami de prendre un verre au café a proposé ....

5 un bon anniversaire Ses voisins lui ont souhaité ....

6 Et on beaucoup de cadeaux a offert lui ....

❷ Les cadeaux de Laura

Qu'est-ce qu'on lui a offert comme cadeaux? **Exemple: 1** *Ils lui ont offert un appareil photo.*

1 Qu'est-ce que ses parents lui ont offert? ....

2 Qu'est-ce que ses grands-parents lui ont offert? ....

3 Qu'est-ce que son frère lui a offert? ....

4 Qu'est-ce que sa sœur lui a offert? ....

5 Qu'est-ce que sa copine lui a offert? ....

6 Qu'est-ce que son petit ami lui a offert? ....

❸ Mots croisés

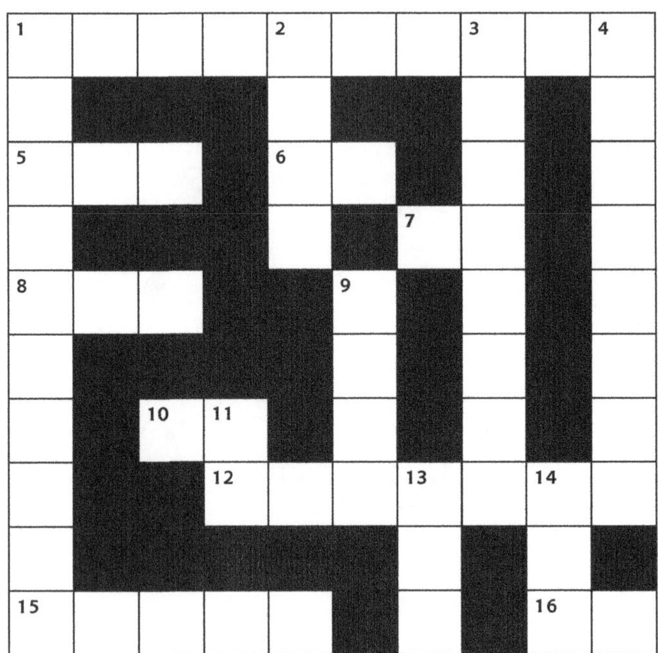

Horizontalement

1 On la voit à Paris. C'est un des monuments les plus hauts. (deux mots) (4, 6)

5 – Est-ce que tu as écrit à Marion?
– Oui, je ... ai envoyé une carte postale. (3)

6 – Tu prends la jupe verte?
– Oui, je ... prends. (2)

7 – C'est déjà les vacances?
– Oui, ... part demain! (2)

8 C'est une boisson alcoolisée. On le sert souvent aux repas en France. Il peut être rouge, blanc ou rosé. (3)

10 – Tu as vu mon nouveau t-shirt?
– Oui, ... est dans le salon. (2)

12 On l'écrit sur l'enveloppe quand on écrit à quelqu'un. Ça indique où une personne habite. (7)

15 On la voit souvent en hiver, surtout à la montagne. Elle est blanche et elle tombe du ciel. (5)

16 – Est-ce que tu connais le garçon là-bas?
– Non, je ne ... connais pas. (2)

Verticalement

1 On la trouve dans presque toutes les maisons. Beaucoup de gens la regardent tous les soirs. (10)

2 – Où est ma chemise?
– ... est sur le lit. (4)

3 On l'apprend à l'école et on le parle en France, au Québec et dans d'autres pays. (8)

4 On peut l'acheter à l'épicerie ou au supermarché. C'est une boisson non-alcoolisée. (8)

9 – Tu vas téléphoner à tes parents?
– Oui, je vais ... téléphoner ce soir. (4)

11 – Tu aimes la tarte?
– Non, je ... trouve trop sucrée. (2)

13 On la boit toute seule et on l'utilise pour faire d'autres boissons. (3)

14 On le met sur la table avec le poivre. (3)

Tricolore Total 3 © Mascie-Taylor, Spencer, Honnor, Oxford University Press

Complet!

a ***Trouve le bon texte pour chaque image.*** **Exemple: 1** *c*

a C'est dangereux! Je veux rentrer chez nous!
b Pas de problème! Allons à un autre camping!
c Cette année, je veux aller à l'hôtel.
d Qu'est-ce que je dois écrire?
e – On ne peut pas faire ça, c'est trop cher. On va faire du camping.
– Mais Papa, tout le monde fait ça!
f Avec cet argent, nous pouvons aller à l'hôtel!
g Zut! On ne peut pas entrer avec Lulu.
h Oui, oui, bonne idée!

b ***Complète le résumé avec les mots de la case.*** **Exemple: 1** *d discutait*

La famille Chauvet **1** .... des vacances. Mathilde voulait aller à l'hôtel, mais son père **2** .... que c'était trop cher. Ils **3** .... de faire du camping, mais les enfants n'**4** .... pas contents parce que tout le monde faisait ça.

En août, ils **5** .... en voiture avec leur chien et ils sont allés à un camping. Cependant, c'**6** .... complet. À un autre camping, il y **7** .... de la place, mais les chiens étaient interdits. Enfin, ils ont trouvé une ferme où on **8** .... faire du camping, mais c'était trop dangereux.

Soudain, Luc **9** .... une bonne idée. Ils **10** .... chez eux et ils ont monté les tentes dans le jardin. Des touristes **11** .... pour passer quelques nuits au camping 'Chez Nous'.

Avec l'argent du camping, la famille Chauvet **12** .... à l'hôtel!

a a dit
b a eu
c avait
d discutait
e est allée
f étaient
g était
h ont décidé
i ont payé
j pouvait
k sont partis
l sont retournés

Écoute et parle 

1 Et après? (l'alphabet)

Écoute la lettre puis dis et écris la lettre qui suit dans l'alphabet.

Exemple: 1 ...d.., **2** ...., **3** ...., **4** ....,

5 ...., **6** ...., **7** ...., **8** ......

2 Et après? (les chiffres)

Écoute le numéro puis dis et écris le numéro qui suit.

Ex. ....14.... ....

....

3 Quand, exactement?

Écoute, répète et complète les phrases.

1 L'__ __ __ __ __ dernière, j'ai commencé à apprendre à jouer de la guitare.

2 Tu as vu l'émission sur le match à la télé hier __ __ __ __?

3 __ __ __ __ __ __ dernier, je n'ai rien fait d'intéressant.

4 Qu'est-ce que tu vas faire __ __ __ __ __ __ matin?

5 L'année __ __ __ __ __ __ __ __ __, je voudrais aller au Canada.

6 Dans __ __ __ __ jours, j'irai à Paris.

7 Tu viendras au concert la __ __ __ __ __ __ __ prochaine?

8 Je ne sais pas ce que je ferai plus __ __ __ __ dans la vie.

4 Des conversations

Écoute les questions et réponds comme indiqué ci-dessous, puis écoute pour vérifier.

1 En forme

- Qu'est-ce que tu fais pour rester en forme?
- sport rég.

....

- Qu'est-ce que tu fais comme sports?
- **2 x p. sem.**

....

- Tu veux venir à la piscine cet après-midi?
- *X*

....

2 Projets de vacances

- Où est-ce que tu vas aller pendant les vacances?
- **Québec** COLLÈGE

....

- Vous y allez pour combien de temps?
- **3 sem. – 15.07–04.08**

....

- Comment allez-vous voyager?
-

....

3 Au téléphone

- Allô, Martin. Tu es en vacances! Où es-tu?
- la Rochelle

....

- Qu'est-ce que tu as fait?
- **Hier + visiter l'aquarium +**

....

- Et qu'est-ce que tu vas faire?
- **demain**

....

Tricolore Total 3 © Mascie-Taylor, Spencer, Honnor, Oxford University Press

Tu comprends?

1 Tu prends ça?

Loïc fait sa valise. Écoute la conversation et coche (✓) la bonne case.

		prend	ne prend pas
a			
b	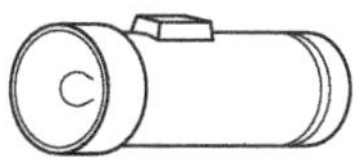		
c	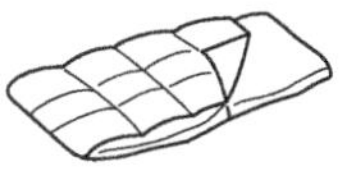		
d			
e			
f			
g			
h	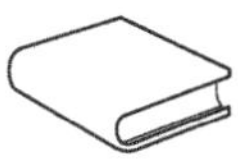		

2 Des problèmes au camping

Écoute les conversations avec le gardien d'un camping et choisis la bonne réponse.

Exemple: 1 *c*

1 Les douches …
- **a** ☐ sont trop basses.
- **b** ☐ sont trop sales.
- **c** ☑ sont trop froides.

2 On nettoie …
- **a** ☐ la salle de jeux.
- **b** ☐ la piscine.
- **c** ☐ le bureau d'accueil.

3 On a cassé …
- **a** ☐ la tente.
- **b** ☐ des chaises.
- **c** ☐ des tables.

4 Qu'est-ce qui ne marche pas?
- **a** ☐ Le branchement électrique.
- **b** ☐ La caravane.
- **c** ☐ Les douches.

5 Le gardien doit …
- **a** ☐ casser des bouteilles.
- **b** ☐ ouvrir des boîtes.
- **c** ☐ nettoyer la poubelle.

6 La machine à laver …
- **a** ☐ n'est pas arrivée.
- **b** ☐ ne marche pas.
- **c** ☐ marche bien depuis hier.

7 Les toilettes sont …
- **a** ☐ très chères.
- **b** ☐ très sales.
- **c** ☐ tout près.

8 Pour ouvrir la barrière du camping, il faut …
- **a** ☐ avoir une clef.
- **b** ☐ payer 5 euros.
- **c** ☐ attendre cinq minutes.

3 On arrive à l'auberge

Écoute les conversations et complète les renseignements sur l'auberge de jeunesse (à droite).

Exemple: 1 *e repas*

- **a** cuisine
- **b** deux
- **c** télévision
- **d** sous-sol
- **e** repas

Auberge de jeunesse

- 32 places en dortoirs de 4 à 8 lits. Douches et sanitaires communs.
- L'auberge ne fait pas de **1** .... , mais il y a une **2** .... pour vous permettre de préparer vous-même vos repas.
- Une salle de séjour avec **3** .... et jeux de société est à votre disposition au **4** ....
- L'auberge est située dans une ancienne école à **5** .... kms du centre du village.

Tricolore Total 3 © Mascie-Taylor, Spencer, Honnor, Oxford University Press

TRICOLORE Total 3

Sommaire

Now I can ...

talk about holiday plans

Je vais passer ...	I'm going to spend ...
dix jours	ten days
une semaine	a week
quinze jours	a fortnight
un mois	a month
au bord de la mer	at the seaside
à la campagne	in the country
à la montagne	in the mountains
à l'étranger	abroad
dans une famille française	with a French family
chez mes grands-parents	at my grandparents'
Je vais voyager ...	I'll travel ...
en avion	by plane
en bateau	by boat
en train	by train
en voiture	by car
à vélo	by bike
On va ...	We're going ...
faire du camping	to go camping
louer un gîte	to rent a gîte
aller à l'hôtel	to go to a hotel

understand the use of qui and que (see Student's Book page 115)

un sport qui m'intéresse	a sport that interests me
une activité que je voudrais faire	an activity that I'd like to do

say which countries to visit

les pays	**countries**
l'Allemagne (f)	Germany
la Belgique	Belgium
l'Espagne (f)	Spain
la France	France
la Grèce	Greece
l'Irlande (f)	Ireland
l'Irlande du Nord (f)	Northern Ireland
l'Italie (f)	Italy
la Suisse	Switzerland
l'Angleterre (f)	England
l'Écosse (f)	Scotland
le pays de Galles	Wales
les Pays-Bas (m pl)	Netherlands
le Royaume-Uni	UK
le Canada	Canada
le Maroc	Morocco
le Sénégal	Senegal
les États-Unis (m pl)	USA
les continents	**continents**
l'Afrique (f)	Africa
l'Amérique (f)	America
l'Antarctique (f)	Antarctic
l'Asie (f)	Asia
l'Australie (f)	Australia
l'Europe (f)	Europe

book in at a campsite

Avez-vous de la place, s'il vous plaît?	Have you any room please?
C'est pour deux adultes et un enfant.	It's for two adults and a child.
C'est pour une tente / une caravane / un camping-car.	It's for a tent / a caravan / a camper van.
C'est pour deux nuits.	It's for two nights.

understand campsite notices

les blocs sanitaires (m pl)	showers / toilet block
le bureau d'accueil	reception (office)
le branchement électrique	electric connection
complet	full up
les douches (f pl)	showers
l'eau potable (f)	drinking water
un emplacement	a place (on a campsite)
la poubelle	dustbin
la salle de jeux / de télévision	games / television room
le terrain de jeux / de sport	sportsground
les toilettes (f pl)	toilets

stay at a youth hostel

une auberge de jeunesse	youth hostel
le bureau d'accueil	reception
la carte d'adhérent	membership card
Avez-vous de la place?	Have you any room?
C'est pour une (deux, trois, etc.) nuit(s).	It's for one (two, three, etc.) night(s).
Vous voulez louer des draps?	Do you want to hire sheets?
Vous êtes au dortoir 4 / dans la chambre 6.	You are in dormitory 4 / in bedroom 6.
Où sont les dortoirs / les douches / les toilettes?	Where are the dormitories / the showers / the toilets?
Où est la salle de séjour / la cuisine?	Where is the lounge / the kitchen?
Est-ce qu'il y a une salle de jeux?	Is there a games room?
au sous-sol	in the basement
au rez-de-chaussée	on the ground floor
au premier / deuxième étage	on the first / second floor
L'auberge ferme à quelle heure le soir?	What time does the hostel close at night?
Est-ce qu'on peut prendre des repas à l'auberge?	Can you get meals in the hostel?

describe things to take on holiday

une lampe de poche	torch
des piles (f pl)	batteries
un sac à dos	rucksack
un sèche-cheveux	hair dryer
une valise	suitcase

understand the use of lui and leur

Je lui achète un cadeau.	I buy a present for him/her.
Je lui envoie toujours une carte postale.	I always send a postcard to him/her.
Je leur prête souvent mes livres.	I often lend my books to them.
Je leur téléphone ou je leur écris.	I telephone them or I write to them.

Tricolore Total 3 © Mascie-Taylor, Spencer, Honnor, Oxford University Press

Épreuve: Écouter

A Au camping

Écoute ces conversations. Pour chaque conversation, entoure la bonne option.

Ex. a rubbish bins
b laundry
c (games room)

1 a
b
c

2 a
b
c

3 a
b
c

4 a swimming pool
b shop
c snack bar

5 a 40,69€
b 69,40€
c 49,60€

B Qu'est-ce qu'on prend?

Clara et Enzo vont faire du camping. Qu'est-ce qu'ils prendront? Pour chaque personne, fais une liste de trois choses. Écris une lettre dans chaque case.

Clara prendra: ☐☐☐ Enzo prendra: ☐☐☐

A 
B 
C 
D 
E 
F 
G 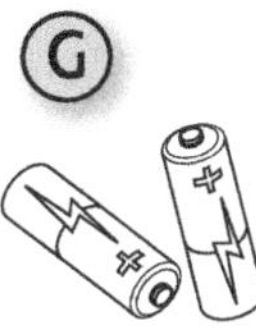
H 
I 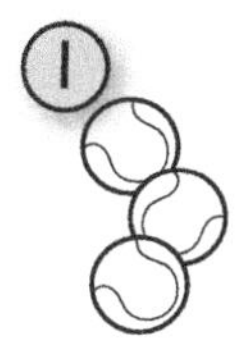
J 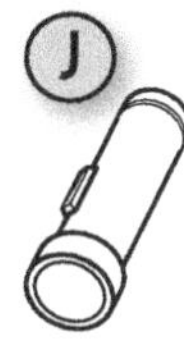

C Les vacances

On parle de ses projets de vacances. Où va-t-on? Pour chaque conversation, choisis la bonne expression.

Ex. *F* **1** ☐ **2** ☐ **3** ☐ **4** ☐ **5** ☐ **6** ☐

A au bord de la mer
B à la montagne
C à la campagne
D à l'étranger
E dans un gîte
F à l'hôtel
G dans un camping
H près d'un lac

6

D Des voyages

On parle des voyages. Qu'est-ce qu'on a aimé? Qu'est-ce qu'on n'a pas aimé? Complète la grille en français en utilisant les mots de la case.

	aimé	**n'a pas aimé**
Ex. Marc	*le paysage*	*les grandes villes*
1 Hélène		
2 Jean		
3 Louise		
4 Karim		

les animaux
les grandes villes
le climat
la forêt
les habitants
les jeunes
la nourriture
le paysage
les plages
les poissons
le sport
les touristes
le voyage

8

TOTAL

Épreuve: Parler

Carte A

Au camping

You arrive at a French campsite, and are talking to the warden. Your teacher or another person will play the part of the warden and will speak first.

1. Ask if there is room for a tent.
2. Say it's for two adults and two children.
3. Say how many nights you want to stay.
4. Ask how much it costs.

Carte B

Au camping

Tu parles avec le/la gardien(ne) du camping. Je suis le/la gardien(ne).

1. Oui, monsieur/mademoiselle. Je peux vous aider?
2. Oui, bien sûr. C'est pour combien de personnes?
3. Pas de problème.
4. Très bien.
5. Trente euros quarante.

/12

Conversation

Prépare tes réponses aux questions puis travaille avec ton professeur.

Des vacances actives

- Il y a un sport ou une activité que tu voudrais essayer? Pourquoi?
- Il y a un pays, une région ou une ville que tu voudrais visiter? Pourquoi?
- Qu'est-ce qui t'intéresse comme vacances? Pourquoi?
- Tu préfères la montagne ou la côte? Pourquoi?
- Tu préfères les vacances d'été ou d'hiver? Pourquoi?
- Tes meilleures vacances, c'était où?

On va en vacances

- Où vas-tu en vacances cette année?
- Avec qui?
- Comment allez-vous voyager?
- Qu'est-ce que tu aimes faire en vacances?
- Où es-tu allé(e) l'année dernière?
- Tu as fait des photos en vacances? De quoi?

/13

TOTAL

/25

Tricolore Total 3 © Mascie-Taylor, Spencer, Honnor, Oxford University Press

Épreuve: Lire (1)

A Des vacances actives

Choisis la bonne image.

Ex. [E] Le canyoning est une vraie aventure.
1 [ ] On peut faire des promenades à cheval.
2 [ ] En été, l'escalade est sensationnelle.
3 [ ] Venez faire des randonnées à pied.
4 [ ] Faites de la planche à voile au soleil.
5 [ ] Allez à la montagne pour les sports d'hiver.
6 [ ] Nous offrons de fantastiques promenades à vélo.

6

B À l'auberge de jeunesse

Lis le règlement de l'auberge de jeunesse, puis remplis les blancs. Utilise les mots de la case.

fumer   minuit   louer   réserver   le petit déjeuner
faire la cuisine   le gardien   onze heures
neuf heures   jouer

Ex. Pour les draps, on doit voir ...*le gardien*....

1 On ne peut pas .... dans les dortoirs.

2 On doit préparer .... soi-même.

3 On peut .... les draps.

4 On ne peut pas .... dans l'auberge.

5 On doit rentrer avant ....

6 Si on veut prendre le dîner, on doit ....

- **Location de draps: adressez-vous au gardien avant 21h.**
- **Repas du soir: 19h30 – réservation obligatoire avant 18h30.**
- **Petit déjeuner: vous avez accès à la cuisine entre 7h et 8h.**
- **La préparation des repas dans les dortoirs est formellement interdite.**
- **Défense de fumer partout dans l'auberge.**
- **La porte d'entrée sera fermée à partir de 23h.**
- **Vous êtes priés de ne pas faire de bruit entre 0h et 6h30.**

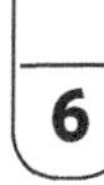

Épreuve: Lire (2)

C Où aller en vacances?

Lis ces petites annonces.

(A) **Hôtel Ritz ☆☆☆☆ (Nice, Côte d'Azur)**
Chambres tout confort; restaurant superbe; piscine et gymnase; beau temps garanti.

(B) **Camping Delmar ☆☆☆☆ (Méditerranée)**
Animations et spectacles tous les soirs; plage à 100m; fast-food (plats chauds à emporter); barbecues.

(C) **Gîte de campagne (Bretagne)**
Maison ancienne à 3 ch; cuisine moderne; chauffage central; très bien équipé; beaux paysages.

(D) **Camping des champs (Normandie)**
Calme et repos; 26 emplacements ombragés; douches chaudes; alimentation; pêche à la ligne; randonnées.

(E) **Studio/appartement (La Rochelle)**
1 lit; coin cuisine; vue sur mer; 13e étage; discothèque au rez-de-chaussée; fast-food à proximité.

(F) **Hôtel Lion d'or ☆☆ (Atlantique)**
Petit hôtel familial dans port de pêche pittoresque; excellente cuisine; personnel sympa; nous aimons recevoir les petits clients et nos amis les animaux.

Qu'est-ce que tu recommandes aux clients suivants? Écris la bonne lettre.

1 Jeune couple; pas d'enfants; adorent danser et faire de la voile ☐
2 Famille – 2 enfants + chien; mère veut se reposer; n'aiment pas les grandes villes ☐
3 Couple riche; cherchent le soleil et le luxe ☐
4 Quatre adolescents; cherchent le soleil, la mer, les distractions ☐
5 Couple, 45 ans; aiment la campagne et le confort ☐

/5

D En vacances

Read Nathalie's e-mail, then answer the questions in English.

1 Why did Nathalie like the campsite? (Give two reasons) (2)

....

....

2 Why does her mother not like camping?

....

....

3 Does Nathalie think this is a fair comment? (Give two details) (2)

....

....

4 What happened to make Nathalie's father unhappy with the holiday? (Give two details) (2)

....

....

5 What does Nathalie think will happen next year?

....

....

J'ai passé deux semaines dans le Roussillon avec ma famille. Nous étions dans un camping au Barcarès.

Mon frère et moi, nous nous sommes bien amusés. Il y avait la mer à deux cents mètres, et le camping était très animé – tous les soirs, on a eu un concert, un barbecue, un bal, un concours de boules. Mais ma mère n'a pas tellement aimé ça. D'abord, elle n'aime pas beaucoup faire du camping, car elle dit que c'est toujours elle qui fait le travail, pendant que mon père joue au golf avec ses copains. C'est vrai – mon père n'a rien fait, mais moi, j'ai toujours fait la vaisselle avec Nicolas. En plus, elle a dit qu'il faisait trop chaud, mais moi, j'adore ça.

Cette année, mon père aussi n'était pas très content des vacances, car il a oublié ses chaussures de golf et son maillot de bain. En plus, son téléphone portable est tombé dans la mer!

Je crois que l'année prochaine, on ira dans un hôtel en Bretagne, où il fera moins chaud! Mais moi, je préférerais retourner dans le Roussillon, car c'est vraiment super.

Nathalie

/8

TOTAL /25

Tricolore Total 3 © Mascie-Taylor, Spencer, Honnor, Oxford University Press

Épreuve: Écrire et grammaire

A On y va

Give four more different means of transport you could use on holiday.

Je vais voyager ...

Ex. ...*en voiture*...

1 ....

2 ....

3 ....

4 ....

/4

B Des phrases

In each sentence, fill the gap with qui or que (qu').

Ex. J'adore le sac ....*qu'*.... elle m'a donné.

1 Voici le maillot .... je veux mettre dans ma valise.

2 C'est ma mère .... a pris cette photo.

3 Où est le livre .... je t'ai prêté?

4 Tu as lu le magazine .... on t'a envoyé?

5 Voilà une photo de l'ami .... est venu en vacances avec moi.

6 Je ne trouve pas le chargeur .... était sur mon lit.

/6

C On réserve au camping

Your French friend is going to accompany you on a camping holiday. Write an e-mail in French to tell him/her the details.

On a réservé ...

....

....

Août

1	2	3	4	5	6	7
8	9	10	11	12	13	14
15	16	17	18	19	20	21
22	23	24	25	26	27	28
29	30	31				

....

/6

D Les vacances

Écris un e-mail en français à un(e) ami(e) pour parler de tes vacances récentes.

Mentionne:

- le logement que tu as choisi
- ce que tu as fait en vacances
- ce que tu feras l'année prochaine.

/9

....

....

....

....

TOTAL /25

Contrôle: Écouter (1) 

A Les métiers

Qu'est-ce qu'ils font dans la vie? Pour chaque personne, choisis la bonne image.

Ex. F **1** ☐ **2** ☐ **3** ☐ **4** ☐ **5** ☐

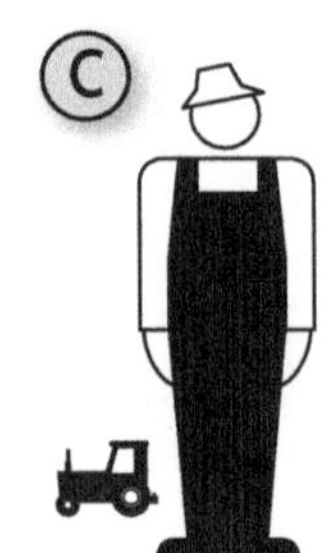

/5

B Un séjour à Paris

Écoute la conversation et choisis la bonne réponse.

Ex. a ☐ juin

b ☑ juillet

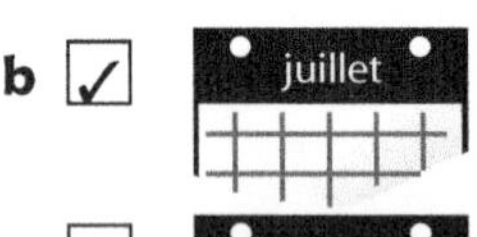

c ☐ août

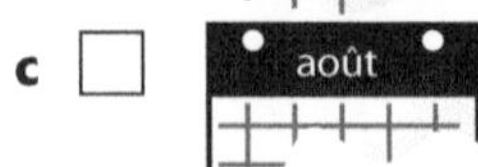

1 a ☐

b ☐

c ☐

2 a ☐

b ☐

c ☐

3 a ☐  le Louvre

b ☐  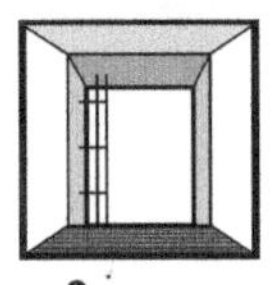 la Grande Arche

c ☐   le jardin du Luxembourg

4 a ☐

b ☐  

c ☐ H

5 a ☐ lu. mar. mer. jeu. ven. (sam.) (dim.) lu. mar. mer. jeu. ven. sam

b ☐ lu. mar. mer. jeu. (ven.) (sam.) (dim.) lu. mar. mer. jeu. ven. sam

c ☐ lu. mar. mer. jeu. (ven.) (sam.) (dim.) (lu.) (mar.) mer. jeu. ven. sam

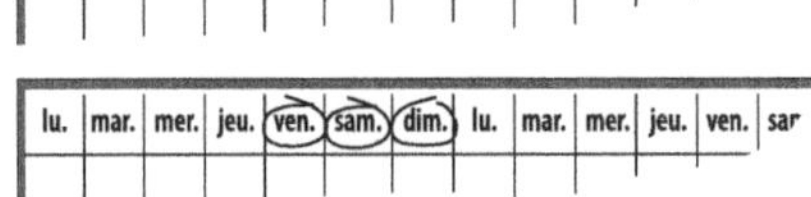

C La forme

Pour chaque personne, choisis la bonne phrase.

Ex. D **1** ☐ **2** ☐ **3** ☐ **4** ☐ **5** ☐

A Je mange trop de choses sucrées.
B Je fais beaucoup de sport.
C Je ne fumerai jamais.
D J'adore le fast-food.
E Je suis végétarienne.
F Je ne fais pas assez d'exercice.

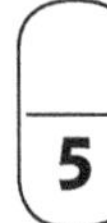

Tricolore Total 3 © Mascie-Taylor, Spencer, Honnor, Oxford University Press

Contrôle: Écouter (2)

D Les films, les livres et les émissions télé

C'est quel genre? Pour chaque personne, choisis la bonne image.

Ex. C **1** ☐ **2** ☐ **3** ☐ **4** ☐ **5** ☐

/5

E La famille

Listen to the conversation, then answer the questions in English.

Ex. Mention one critical thing Halima says about her parents. ...*They treat her like a little girl*.....................

1 What does she says is good about her father? ....

2 What does she says is good about her mother? ....

3 What does she say about the age of her brother?..

4 Mention two things she considers 'not fair' in her brother's behaviour. (2)..

....

....

/5

TOTAL

/25

Contrôle: Parler (Role play)

Les loisirs (Carte A)

You are talking to a young French person about leisure activities. Your teacher or another person will play the part of the French person and will speak first.

1 Say what you like doing.

2 Say where you go.

3 Say how often you do it.

4 Ask your friend what his/her favourite sport is.

Les loisirs (Carte B)

Tu parles avec un(e) jeune Français(e). Je suis le/la jeune Français(e).

1 Qu'est-ce que tu fais pour t'amuser?

2 Où est-ce que tu fais ça?

3 Tu fais ça souvent?

4 Ah bon!

5 J'adore le tennis.

Les vacances (Carte A)

When you see this – ! – you will have to respond to a question you have not prepared.

When you see this – ? – you must ask a question.

You are talking to a young French person about your holiday plans. Your teacher or another person will play the part of the French person and will speak first.

1 Sorte de vacances

2 Où, cette année

3 !

4 L'année dernière?

Les vacances (Carte B)

Tu parles avec un(e) jeune Français(e). Je suis le/la jeune Français(e).

1 Qu'est-ce que tu aimes comme vacances?

2 Et cette année, où vas-tu?

3 Tu pars quand? Avec qui?

4 Bon.

5 Je suis allé(e) en France.

Tricolore Total 3 © Mascie-Taylor, Spencer, Honnor, Oxford University Press

Contrôle: Parler (Conversation)

Ma famille et moi
- Quel âge as-tu?
- Tu as des frères et sœurs?
- Tu t'entends bien avec ta famille? Pourquoi/Pourquoi pas?

Mes amis
- Décris ton/ta meilleur(e) ami(e).
- Quelles sont les qualités d'un(e) ami(e)?

L'internet
- Tu passes combien d'heures en ligne chaque semaine?
- Qu'est-ce que tu fais principalement?
- À ton avis, est-ce que l'internet est utile pour le travail scolaire? Pourquoi?
- Est-ce que tu regardes des films ou des émissions en ligne? Si oui, qu'est-ce que tu as regardé récemment?

Les loisirs
- Quels sont tes passe-temps préférés?
- Qu'est-ce que tu aimes lire?
- Qu'est-ce que tu as fait, le week-end dernier?
- Que feras-tu ce soir pour t'amuser?
- Parle-moi d'un film que tu as vu/un livre que tu as lu récemment.

À la maison
- Tu t'es levé(e) à quelle heure ce matin?
- Et le week-end, à quelle heure est-ce que tu te lèves, normalement?
- Qu'est-ce que tu as dans ta chambre?
- Quand est-ce que tu fais tes devoirs?
- Que feras-tu à la maison, ce week-end?

Ma ville/ma région
- Où habites-tu?
- Qu'est-ce qu'on peut faire dans la ville?
- Qu'est-ce qu'il y a d'intéressant pour les jeunes?
- Qu'est-ce qu'il y a à voir dans la région?
- Qu'est-ce qu'on doit faire pour améliorer la ville? (Il faut ... On doit ...)

L'environnement
- Qu'est-ce qu'on fait chez toi pour protéger l'environnement?
- À ton avis, quel est le plus grand problème pour l'environnement?
- Qu'est-ce que le gouvernement fait dans ta ville/ta région pour réduire la pollution?
- Tu penses que les problèmes vont devenir plus graves à l'avenir?

Au collège
- Quelle est ta matière préférée?
- Où est-ce que tu manges, à midi?
- Que penses-tu du collège?
- Quelle matière est-ce que tu n'aimes pas? Pourquoi?
- Qu'est-ce que tu vas étudier l'année prochaine? Pourquoi?

Le travail
- Que fait ta mère/ton père dans la vie?
- Et toi, qu'est-ce que tu voudrais faire?
- Il y a un emploi que tu ne voudrais pas faire? Pourquoi?

La forme
- Qu'est-ce que tu aimes manger et boire?
- Quel est ton sport préféré?
- Qu'est-ce qu'on doit/ne doit pas manger pour être en forme?
- Que fais-tu pour être en forme?

Les vacances
- Où vas-tu en vacances?
- Qu'est-ce que tu fais en vacances?
- Tu préfères aller à l'hôtel ou au camping? Pourquoi?
- Parle-moi de tes vacances de l'année dernière.
- Si tu étais riche, où voudrais-tu aller? Pourquoi?

Contrôle: Lire (1)

A La classe

C'est qui? Pour chaque image, écris la bonne lettre.

Ex. *D* 1 ____ 2 ____ 3 ____

4 ____ 5 ____ 6 ____

A **Aimée** est petite. Elle a les cheveux longs et blonds.
B **Benjamin** est très grand. Il a les cheveux courts et noirs.
C **Claire** est une jeune fille de taille moyenne, aux longs cheveux marron.
D **Daniel** est le plus petit de la classe. Il a les cheveux courts et frisés.
E **Élodie** est grande. Elle a les cheveux longs et blonds.
F **Frédéric** est de taille moyenne. Il a les cheveux longs et marron.
G **Georges** est assez grand. Il a les cheveux bruns et frisés.

/6

B En Dordogne

Remplis les blancs dans cette brochure en français. Utilise les mots de la case.

Une **Ex.** ...*H semaine*... en Dordogne

◆ Pour un séjour gourmand.
Venez goûter la cuisine régionale dans un de nos **1** .... célèbres. Venez découvrir nos marchés fermiers, où on vend de nombreux produits du pays.

◆ Pour un voyage dans le **2** ....
Vous trouverez dans la vallée de la Vézère le **3** .... de la Préhistoire, où vous découvrirez les origines de l'Homme.

◆ Pour des vacances **4** ....
Nos activités:
5 .... ou rafting en eau vive sur la Dordogne, randonnées à cheval, à VTT ou même à pied, il y en a pour tous les goûts. Vous pouvez même survoler notre magnifique région en **6** .... ou en hélicoptère si ça vous dit!

A avion
B calmes
C canoë
D cinéma
E futur
F musée
G passé
H semaine
I restaurants
J sportives

/6

Tricolore Total 3 © Mascie-Taylor, Spencer, Honnor, Oxford University Press

Contrôle: Lire (2)

C Les parcs d'attractions

Lis ces contributions à un forum sur les parcs d'attractions.

Salut!
Moi, je n'aime pas beaucoup les parcs d'attractions. Même en France, ils sont trop américains. On mange vite, on passe vite d'une attraction à une autre. Il n'y a qu'une chose qui n'est pas rapide – et ça, ce sont les queues.

Moi, je préfère des vacances tranquilles en France, avec la bonne cuisine et les beaux paysages de ce pays.
Karim (13 1/2 ans)

Hello!
Pour moi, les parcs d'attractions sont cool. Il y a toujours quelque chose à faire, chaque minute de la journée – et de la soirée.

Quand je pars en vacances 'normales' avec mes parents, je m'ennuie très vite, car mes parents aiment regarder les vieux bâtiments, les églises, ou passer des heures dans un restaurant.

Le parc d'attractions, ce sont 'mes' vacances, on fait ce que moi je veux faire. C'est peut-être égoïste, mais c'est cool!
Yasmine (12 ans)

Hi!
Je voudrais bien aimer les parcs d'attractions, comme tous mes copains, mais je ne peux pas. Pourquoi? Parce que ça me fait peur. C'est vrai. J'ai le vertige – je n'aime même pas regarder par une fenêtre du troisième étage. Alors les attractions à sensations fortes, comme les grands huit et les montagnes russes, – non merci!!!!

Le problème, c'est que je ne peux pas le dire, même à mes amis. Alors je dois inventer des excuses pour ne pas y aller: 'Mon père ne veut pas' ou 'Ma sœur ne les aime pas'.
Thomas (13 ans)

Maintenant, pour chaque phrase, écris vrai (V), faux (F) ou pas mentionné (PM).

Ex. Karim est déjà allé aux États-Unis. ..PM...

1 Karim pense que les parcs ne sont pas vraiment français. ......
2 Il n'aime pas la vie française. ......
3 Yasmine trouve les vacances normales ennuyeuses. ......
4 Elle pense que les parcs d'attractions, ce sont des vacances idéales. ......
5 Thomas adore les attractions extrêmes. ......
6 Il invente des excuses parce qu'il ne veut pas expliquer pourquoi il n'aime pas les parcs d'attraction. ......
7 Il aime aller en vacances avec sa famille. ......

/7

D Le logement

Lis les phrases, puis complète la grille. Il faut* deux *lettres pour chaque genre de logement.

A En vacances, je ne m'occupe de rien; je ne fais même pas mon lit. C'est ça, les vacances!
B Je n'ai pas beaucoup d'argent, et je n'aime pas partager une chambre.
C Nous sommes une famille nombreuse, alors l'hôtel c'est trop cher, mais nous aimons un peu de confort.
D J'aime partir à pied, avec juste un petit sac à dos, et j'adore rencontrer d'autres jeunes.
E Ma mère n'aime pas faire la cuisine ni la vaisselle en vacances.
F J'aime être en plein centre-ville, mais comme je suis étudiant, je ne peux pas me payer une chambre d'hôtel.
G Avec trois jeunes enfants, on doit être loin des autres; moi, je n'aime pas les tentes, alors une petite maison, c'est l'idéal.
H J'adore être le plus possible en plein air, retourner un peu à la nature.

1	Qui a fait du camping?	B	
2	Qui est allé à une auberge de jeunesse?		
3	Qui est allé à l'hôtel?	A	
4	Qui a loué un gîte?		

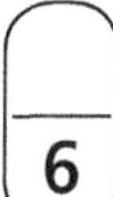
/6

TOTAL

/25

Contrôle: Écrire

A Les loisirs

Complète en français ce questionnaire sur tes loisirs.

Ex.	À la télé, j'aime regarder:	les dessins animés
1	Comme sport, j'aime:	....
2	... mais je n'aime pas:	....
3	Mon passe-temps préféré, c'est:	....
4	Ma musique préférée, c'est:	....
5	Comme instrument, je joue:	....
6	Le week-end, j'aime:	....

/6

B La routine de tous les jours

Écris un e-mail en français à un(e) ami(e).

Dis ce que tu fais:
- le matin
- à midi
- le soir.

....
....
....
....
....
....
....

/6

C Le collège

Écris un message en français à un(e) ami(e).

Mentionne:
- les matières
- les clubs
- ce que tu as fait la semaine dernière.

....
....
....
....
....
....
....

/6

D Des projets

Écris un e-mail en français à un(e) ami(e) pour faire des projets pour les grandes vacances. Écris ton e-mail sur une autre feuille, si nécessaire.

- Propose une excursion.
- Parle des activités que vous ferez.
- Pose-lui une question sur ses loisirs.

....
....
....
....
....
....
....

/7

TOTAL

/25

Tricolore Total 3 © Mascie-Taylor, Spencer, Honnor, Oxford University Press

Contrôle: Record sheet

Name:

Écouter (AT1)	Task	Marks	
	A	/5	
	B	/5	
	C	/5	
	D	/5	
	E	/5	
TOTAL		**/25**	

Parler (AT2)	Task	Marks	
	Role play	/12	
	Conversation	/13	
TOTAL		**/25**	

Lire (AT3)	Task	Marks	
	A	/6	
	B	/6	
	C	/7	
	D	/6	
TOTAL		**/25**	

Écrire (AT4)	Task	Marks	
	A	/6	
	B	/6	
	C	/6	
	D	/7	
TOTAL		**/25**	

Contrôle: Record sheet

Name:

Écouter (AT1)	Task	Marks	
	A	/5	
	B	/5	
	C	/5	
	D	/5	
	E	/5	
TOTAL		**/25**	

Parler (AT2)	Task	Marks	
	Role play	/12	
	Conversation	/13	
TOTAL		**/25**	

Lire (AT3)	Task	Marks	
	A	/6	
	B	/6	
	C	/7	
	D	/6	
TOTAL		**/25**	

Écrire (AT4)	Task	Marks	
	A	/6	
	B	/6	
	C	/6	
	D	/7	
TOTAL		**/25**